今注本二十四史

宋書

梁 沈約 撰

朱紹侯 主持校注

中國社會科學出版社

一

紀〔一〕

圖書在版編目（CIP）數據

宋書／朱紹侯主持校注 . —北京：中國社會科學出版社，2020. 7
（今注本二十四史）
ISBN 978-7-5203-5014-3

Ⅰ . ①宋… Ⅱ . ①朱… Ⅲ . ①中國歷史—宋國—紀傳體
②《宋書》—注釋 Ⅳ . ①K239. 110. 42

中國版本圖書館 CIP 數據核字（2019）第 200640 號

出 版 人 趙劍英
項目統籌 王 茵
責任編輯 張 潜 劉艷强 郝玉明
特約編輯 高文川 彭 麗 崔芝姝 張 欣 郝輝輝 賈啓博
責任校對 李金濤 韓 悦 王思桐
封面設計 蔡易達
責任印製 王 超

出 版 中國社會科學出版社
社 址 北京鼓樓西大街甲 158 號　　郵 編 100720
網 址 http://www.csspw.cn
發 行 部 010-84083685　　　　門 市 部 010-84029450
經 銷 新華書店及其他書店　　印刷裝訂 三河弘翰印務有限公司
版 次 2020 年 7 月第 1 版　　　印 次 2020 年 7 月第 1 次印刷
開 本 1/16　　　　　　　　　成品尺寸 228mm×152mm
印 張 327. 25　　　　　　　　字 數 3979 千字
定 價 1310. 00 元(全 15 册)

《今注本二十四史》工作委員會

《今注本二十四史》編纂委員會

領 導 小 組	何茲全	林甘泉	伍　傑	陳高華　陳祖武
	卜憲群	趙劍英		
總 編 纂	張政烺			
執行總編纂	賴長揚	孫　曉		

委　　員（按姓氏筆畫排列）

卜憲群	王玉哲	王　茵	王毓銓	王榮彬	王鑫義
毛佩琦	毛　蕾	史爲樂	朱大渭	朱紹侯	朱淵壽
伍　傑	李天石	李昌憲	李祖德	李錫厚	李　憑
吳松弟	吳樹平	何茲全	何德章	余太山	汪福寶
林甘泉	林　建	周天游	周偉洲	周　群	段志洪
施　丁	紀雪娟	馬俊民	華林甫	晁福林	高榮盛
陳久金	陳長琦	陳祖武	陳時龍	陳高華	陳得芝
陳智超	崔文印	商　傳	梁滿倉	張玉興	張　欣
張博泉	萬繩楠	程妮娜	童　超	曾貽芬	游自勇
靳　寶	楊志玖	楊　軍	楊際平	楊翼驤	楊耀坤
趙　凱	趙劍英	蔣福亞	鄭學檬	漆　俠	熊清元
劉中玉	劉迎勝	劉鳳翥	薄樹人	戴建國	韓國磐
魏長寶	蘇　木	龔留柱			

秘 書 長	宗月霄	趙　凱

《今注本二十四史·宋書》項目組

主　持　人　朱紹侯

執行主持人　龔留柱

成　　　員（按姓氏筆畫排列）

王大良　王建欣　朱紹侯　吳　羽　宋會群

胡阿祥　陳久金　陳長琦　程有爲　楊恩玉

魏得良　蘇　木　龔留柱

《今注本二十四史》出版説明

　　二十四史，是中國古代二十四部史書的統稱，包括
《史記》《漢書》《後漢書》《三國志》《晋書》《宋書》
《南齊書》《梁書》《陳書》《南史》《魏書》《北齊書》
《周書》《北史》《隋書》《舊唐書》《新唐書》《舊五代
史》《新五代史》《宋史》《遼史》《金史》《元史》和
《明史》。其成書時間自公元前二世紀下半葉至十八世紀中
葉，前後相距約兩千年，總卷帙（不含複卷）達 3213 卷，
共 4000 餘萬字。它們采用本紀、列傳、表、志等形式，構
成了一個完整地記述清朝以前中國古代社會的著作體系。
二十四史上起傳説時代的黄帝，下迄明朝滅亡，包容了我
國古代的政治、軍事、經濟、思想、文化、天文、地理、
民風、民俗等廣闊的社會内容，形成了一套展現中華民族
起源和發展的最重要的核心典籍，被後人稱爲“正史”。
世界上没有任何一個國家有如此内容涵蓋宏富、時間接續
綿延、體例基本統一的歷史記載。

　　共同的歷史文化是一個民族賴以整體維繫的基本條件之一。而對歷史著作的不斷整合和續修，顯然有利於促進國家的統一、民族的團結、社會的進步。從《史記》到《明史》，不同地位、不同民族的史家和政治家，以同一體例連續不斷地編纂我們祖國發展演進的歷史，本質上反映了我國人民尋求構建多民族國家共同歷史的强烈願望。歷史上隨時把正史歸爲"三史""十三史""十七史""廿一史""廿二史""廿四史"，不僅反映了人們對正史的認同，更重要的是反映了對共同歷史文化的認同，即民族的認同。而對正史進行大規模的整理，在另一個層面上，更有利於妥善保存民族文化遺產，豐富民族文化内涵，陶鑄民族文化精神，從而强化民族的尊嚴與自信心，提升國家的榮譽和國人對國家的歸屬感。

　　對二十四史進行整理，在此次之前規模較大的有三次。第一次是清朝乾隆年間，其成果是殿本；第二次是二十世紀三十年代張元濟先生組織的整理，其成果是百衲本；第三次即毛澤東同志倡議，由中華書局出面進行的整理，其成果是中華書局標點本。這一次是由張政烺先生等史學家倡議，由中華文化促進會主持編纂的今注，其成果是《今注本二十四史》。應當充分地注意到，這四次整理的發動，都有與其所處時代社會歷史息息相關的背景。乾隆朝的武英殿大量刊刻文化典籍，尤其是對二十四史的選本、校勘都經"欽定"，絶不是僅僅要製造盛世氣象；張元濟先生奔走於國難深重的二十世紀初的中國，"當中華文化存亡絶續之交"，有更深刻的原動力；毛澤東同志指示標點正史，倡議於中華人民共和國成立、百廢待舉之初；而我們如今正在進行的今注，則發軔於改革開放、萬象更新之時。這絶不是歷史的偶然。可以説，每每針對二十四史的重大舉措，都是應社會對具有主體性的統一的歷史文化需求而展開的。

當今世界，文化的融合過程逐漸加快，在共生的基礎上融合，在融合中保持共生，互補互融直至趨一。因此，各種文化都面臨着選擇。面臨選擇，充分展示本民族的歷史文化是學者們義不容辭的職責。而作爲歷史文化直接守護者的歷史學者，有責任爲世界提供對本民族歷史文化文本的正確詮釋，有責任努力爲民衆争取對民族歷史文化解讀的話語權。

《今注本二十四史》1994 年 8 月由中華人民共和國文化部批准立項，2005 年被中華人民共和國新聞出版總署列入"十一五"期間（2006—2010）"國家重點圖書出版規劃"。自 1994 年起，迄今已經進行了二十餘年。

《今注本二十四史》總編纂張政烺先生爲本書做了奠基性的工作。在他學術生命的最後時期，不僅親自審訂了最初的《今注本二十四史編纂總則》，還逐一遴選了各史主編。

《今注本二十四史》編纂委員會主要由各史主編與相關同仁組成。張政烺先生逝世後，根據多位主編的建議，我們陸續邀請了何兹全、林甘泉、伍傑、陳高華、陳祖武、卜憲群、趙劍英七位編委成立領導小組，全面指導編纂出版工作。他們爲本項目的編纂出版，付出了大量心血與智慧，没有他們的支持，本項目難以玉成。

本項目動員了全國三十餘所科研機構和高等學府的中

國古史專家共襄其事。全書設總編纂一人，執行總編纂二人，各史設主編一人或二人；某些特殊的"志（書）"如律曆、天文、五行（靈徵）等歸類單列，各設主編一人。各史主編自選作者，全書作者總計約三百人。多年來，他們薄利求義、任勞任怨、兢兢翼翼，惟敬業畢功是務，繼承和發揚了我國史學家捨身務實的優良傳統，爲本書的完成做出了不可磨滅的貢獻！

本項目啓動之初，老一輩的歷史學家王玉哲、王毓銓、陳可畏、張博泉、萬繩楠、楊志玖、楊翼驤、漆俠、薄樹人、韓國磐等先生不僅從道義上給予全力支援，而且主動承擔各史（志）主編。何兹全、林甘泉先生更是不厭其煩，爲編纂工作提出具體建議，爲項目立項奔走呼籲。執行總編纂賴長揚先生鞠躬盡瘁，承擔了大量繁雜的組織工作。現在，雖然以上先生已經辭世，但他們學術生涯的最後抉擇所表現出的對民族、對國家的崇高責任感，永遠值得我們銘記和學習！

本項目自動議始就得到了中華文化促進會及社會各界的回應與傾力支持。中華文化促進會主席王石先生、副主席段先念先生及前任領導人蕭秋先生在本項目立項、推動、經費籌措等方面辛勤奔走，起到了關鍵作用。

香港企業家黄丕通、劉國平先生在項目前期曾給予慷慨資助。

國家出版基金與中國社會科學院也給予本項目一定的出版資助。

四川省出版集團及巴蜀書社曾在編纂和出版方面起了重要的推動作用，已出版今注本《三國志》《梁書》。

《今注本二十四史》編纂出版工作，自 1994 年立項以來，一波三折、幾經沉浮。2017 年深圳華僑城集團予以鼎力襄助，全面解決了編纂出版經費拮据的問題，編纂出版工作方步入正軌。在此，編委會全體成員向深圳華僑城集團謹表達深深敬意和感謝！

鑒古知今，學史明智。中國社會科學出版社歷來重視歷史學及中國古代典籍的整理與出版工作，爲本項目組織專門團隊，秉持專業、嚴謹、高效的原則，爲項目整體的最終出版提供了重要保障。中國社會科學出版社將與各相關單位通力協作，努力將《今注本二十四史》打造成一部具有思想穿透力與廣泛影響力的精品力作，從而爲講好中國歷史、推動中國歷史研究做出貢獻。

謹以本書紀念爲弘揚中華文化而做出貢獻的歷史學家們！
謹以本書感謝爲傳承中華文化而支援和幫助我們的人們！

《今注本二十四史》編纂委員會
中國社會科學出版社
2020 年 6 月

凡　例

　　《今注本二十四史》在編纂過程中一共産生了四個總體規範性質的文件。這就是：《今注本二十四史編纂總則》（1995 年，2005 年 4 月修改，2017 年 8 月修訂）、《關於〈編纂總則〉的修改和補充意見》（2006 年 3 月）、《關於編纂工作若干問題的決定》（2007 年 1 月）、《關於〈今注本二十四史編纂總則〉幾點重要的補充説明》（2017 年 10 月）。它們確定了全書編纂的目的、特點及其具體操作規則。綜其要概述如下。

　　本書的基本特點是史家注史。工作主要集中在三個方面：版本的改誤糾謬；史實的正義疏通；史料的補充增益。由各史主編撰寫《前言》，扼要介紹該史所涉及的時代背景、作者生平、寫作過程、著作特點、史料價值、在史學史上的地位和研究概況。

　　本書的學術目標有兩個。一個是通過校勘，得到一套善本；一個是通過今注，得到一套最佳的注釋本。即完成由史家校勘並加以注釋的二十四史的新校勘新注釋本。它從史家的角度出發，集數百年以來學界的研究成果，采取有圖有文的注釋形式，力圖以新的角度、新的内容、新的形式，爲二十四史創造出一整套代表當代學術水準的、權威的現代善本。

一　校勘

1. 底本：原則上以商務印書館百衲本爲底本；因百衲本並非善本的另行確定底本。

2. 校勘：充分吸收包括中華書局標點本在内的前人的校勘成果，全面參校，以形成一個全新的校勘本。

各史采用的底本和參校本，在各史序言中寫出全稱和簡稱。整套書統一規定的簡稱有六個：武英殿本簡稱“殿本”；國子監本，相應簡稱“南監本”“北監本”；毛氏汲古閣本簡稱“汲古閣本”；同治五書局本簡稱“局本”；商務印書館百衲本簡稱“百衲本”。

校勘成果反映在原文中，即依據有充分把握的校勘結果，將底本中的衍、脱、誤、倒之處全部改正；刊正底本的理由，全部在相應注釋中加以説明。對無十分把握之處，不改原文，祇出校勘記質疑。

采用中華書局標點本爲工作本的史書，不録入原校勘記。直接吸收其校勘成果者則加以説明，對其提出商榷者在相應注釋中加以辨證。

二　注釋

1. 對有古注並已與原書集合行世的前四史，原則上保留古注，視同原文並加注。

2. 注釋程度：以幫助具有大專文化水準以上的讀者讀懂爲限；以給研究者提供簡要索引爲限。注文力求做到：準確、質樸、簡練、嚴謹、規範。

3. 出注（除一些專志外）以卷（篇）爲單位。即對應當加注者，在每卷（篇）第一次出現時加注。此後即使該卷（篇）中再出現，如意義完全等同者，不再加注；而在別卷（篇）再出現時，仍另行加注。有多卷的同類志書出注時視爲同卷，即同類志書對應當加注者在首次出現時加注，其後再現如意義完全等同，亦不再加注。

4. 注釋範圍：冷僻的字音、字義、詞義，成語典故；不易理解的名物制度、地名、人名、別號、謚號、廟號；有爭議或原作記述有歧誤的史實等。

（1）字音、字義、詞義的注釋祇限於生僻字、異體字、避諱字、破讀和易生歧義及晦澀難懂的語辭。對多音字，在文中必讀某音的，以漢語拼音出注。避諱字的注文應說明避諱原因，原文原則上不改，出注。字音標注采用漢語拼音。

（2）對原文中的古體、通假、異體字的處理：古體、通假字不作改動，對其中罕見或疑難者，在注中說明其今體或正體字。全書原文和古注保留異體字，今注除人名、地名、書名和職官（署）名之外，原則上不使用異體字。

（3）成語典故，出注祇限於冷僻的成語典故，注文僅簡單説明成語典故來源、内容和意義。常見的詞語一般不出注，包括常見的古漢語虛詞與實詞，但某些不注會産生歧義者除外。

（4）人名、別號、謚號等，凡係本部書中没有專傳（或紀）的人物一般出注説明係何時、何地之人，姓、氏、名、字一般不出注，有特殊來源者，可出注。常見的歷史人物名號與某些不注無礙於全文理解者不必出注；對暫不可考者則説明未詳。

（5）地名注釋：一般僅注明今地；如須説明沿革方可解讀者，則簡述其沿革。本史有《地理志》者，地名出注從簡；若古今地名相同，所治地區大致相同者，則不出注。

（6）官名、官署名及職官制度和爵位制度名稱出注，遵循以下三個原則：常見者（如丞相、太尉、太守、縣令等），若其意義與通常理解無顯著變化，一般不出注；不常見者（如太阿、決曹、次等司等），應説明品秩、職掌範圍，需叙述沿革等方能理解原文意義者，則説明沿革變化、上下級關係、置廢時間；若本史有相應專志者，此類出注即從簡略；無相應專志者，可稍詳盡。

（7）原文與史實不符處，前後文不符處，則予以辯明。考證力求言之有據，簡明扼要。

（8）紀、傳注文以疏通原文爲目的，一般不采取補注、匯注形式。力求不枝不蔓，緊扣原文。各志（書）注文可采取補注、匯注形式，以求内容豐富、全面。

（9）對有爭議的問題，客觀公允地羅列諸説，反映歧見；同時指出帶傾向性的意見。盡量不作價值評論性質的分析。

（10）今注出注各有重點：“紀”（“世家”“載記”）着重歷史事件；“傳”着重人物事迹及人際關係；“志”着重制度内容及沿革；“表”着重疏理時序。除《史記》外，注文内容貫徹詳本朝略前代的原則。

（11）注釋以段爲單位，統一順次編碼。出注（校）標碼與注文標碼一致，均采用［1］［2］［3］標示。

校注側重學術性，努力吸收前人的研究成果，尤其是現代學者的研究成果，充分準碻地反映當代二十四史學術研究現狀；爲相關專業的學者提供足資利用的準碻原文和内容索引，亦爲一般文史讀者搭建起提高水準的階梯。

《今注本二十四史》編纂委員會
2017 年 10 月

目　録

卷九三　列傳第五十三

前　言

朱紹侯

　　《宋書》所記爲南朝劉宋一國之事。劉宋是南朝四國中第一個王朝，也是南朝四國中領土最廣、實力最强、經濟發展最快的王朝。

　　劉裕在永初元年（420）代晋建宋時，黄河以南（以洛陽、滑臺爲界）基本上都是宋的領土。當時北方尚有北魏、北燕、西凉、北凉、夏、後凉、南凉、匈奴等政權，但實力均不能與劉宋相匹敵。直到北魏太平真君元年（440）拓跋燾統一北方，纔出現劉宋與北魏相對峙的局面。但那時北魏的政治中心尚在代北，北方各族人民不斷起義反抗北魏的統治，尤其是柔然族對北魏的北方邊境還有嚴重的威脅，拓跋燾尚無力南顧。

　　元嘉二十七年（450）是個重要的轉折點。劉宋王玄謨大舉北伐失敗，北魏拓跋燾率六十萬大軍兵臨瓜步（今江蘇南京市六合區），此後淮北的青、冀、徐、兖四州及豫州的淮西九郡相繼被北魏占領。在南北對峙中，劉宋已處於相對劣勢。此後劉宋宗室內訌不斷，骨肉相殘，國力日衰，但直到昇明三年（479）劉宋滅亡，南北方基本以淮河爲界，長江以南包括四川在内全是劉宋的領土。

可以這樣説，在北魏孝文帝太和十七年（493）遷都洛陽之前，南北基本上處於均勢狀態，此後南弱北強成爲定局，那時南朝已經進入蕭齊政權時代。

在經濟方面，由於宋武帝劉裕、宋文帝劉義隆都施行了一些改革措施，宋初政局又相對穩定，故出現"元嘉之治"的興盛局面，江南經濟得到迅速發展。《宋書》卷五四《孔季恭傳》有個簡明的介紹："自義熙十一年（415）司馬休之外奔，至于元嘉末，三十有九載，兵車勿用，民不外勞，役寬務簡，氓庶繁息，至餘糧栖畝，户不夜扃，蓋東西之極盛也。"《宋書》卷九二《良吏傳》也説："雖没世不徙，未及曩時，而民有所係，吏無苟得，家給人足，即事雖難，轉死溝渠，於時可免。凡百户之鄉，有市之邑，謳謡舞蹈，觸處成群，蓋宋世之極盛也。"以上描述雖難免有誇大之處，但宋初三十九年間出現過經濟繁榮期是不爭的事實，江南經濟的開發超過以前任何一個朝代。當然，經濟發展的成果主要還是爲地主階級所攫取，"富强者兼嶺而占，貧弱者薪蘇無託，至漁採之地，亦又如兹"，① 貧富兩極分化更加激烈。

一般史書多籠統地説魏晋南北朝是門閥政治，其實門

---

① 《宋書》卷五四《羊希傳》。

閥政治在魏晋南北朝時期有很大的變化。據筆者研究，門閥制度醞釀於東漢，形成於曹魏九品中正制的建立，發展於西晋的占田蔭客及租調制，到東晋"王與馬共天下"已達頂峰，至劉宋時，已由頂峰開始走下坡路。

劉裕建宋後，君主專制的皇權已完全恢復，對包括王、謝高級門閥士族在内的文臣武將均有生殺予奪之權。儘管門閥士族在社會上還有廣泛的影響和很高的聲譽，爲保持門第的尊榮，士庶不交往，士族與寒人不通婚，在參政方面，高級士族可以"平流進取，坐至公卿"，[①] 但是劉宋的中央與地方的實權已不在門閥士族之手。劉姓諸王多兼任都督中外諸軍事或都督諸州諸軍事，成爲中央和地方握有實權的軍政首長，而門閥士族即使位至三公，也必須看皇帝的臉色行事，在地方也祇能任劉姓諸王的長史、主簿、司馬等職，成爲諸王的下屬。對此皇帝猶不放心，還要用中書通事舍人和典籤，采取"以賤治貴"的手段，以控制、削弱門閥士族的權力（典籤也有控制諸王的作用）。所以在劉宋，門閥士族也有伴君如伴虎的恐懼感。如謝晦在宋初得勢，其兄謝瞻就警告説："汝遂勢傾朝野，此豈門户之福邪？"[②] 最後謝晦果然招來了殺身之禍。又如琅邪王釗官至司徒左長史，祇因觸犯了建安王休仁，先被貶爲始興相，休仁仍不解恨，最後王釗被明帝賜死。再如吳興沈璞，祇因奉迎孝武帝晚了一點，就被處死。這些南北一流門閥，看起來聲名顯赫，權勢非凡，但皇帝想要處死他

---

① 《南齊書》卷二三《褚淵王儉傳》。
② 《宋書》卷五六《謝瞻傳》。

們，總能找到適當的理由。

在劉宋，士族走下坡路的一個明顯標志，就是由司徒王弘主持召開的令僕丞郎八座會議，專題討論符伍制度問題。會議決定取消士族在符伍中不受連坐的特權。當然劉宋政權還是離不開門閥士族的支持，所以在經濟上儘量給予優待，容忍他們享有占山封水、占有佃客的特權，超過限量也不予追究。因此劉宋時期，門閥士族的田莊空前擴大。如謝靈運的田莊，左湖右江，包含南北二山，有水田、旱田及果園五處。“田連岡而盈疇，嶺枕水而通阡。阡陌縱橫，塍埒交經。”①孔靈符的田莊，“周回三十三里，水陸地二百六十五頃，含帶二山，又有果園九處”。②這説明在劉宋時期門閥士族的政治勢力雖有所衰落，而經濟實力仍很雄厚，故在社會上仍有不可忽視的影響力。

目前，研究魏晉南北朝史存在兩個誤識。一是祇要提到門閥士族，就説它是最腐朽、最反動的集團。由於門閥士族具有變相世襲性的特徵，它的腐朽性、反動性可以説是與門閥制的產生而俱來的。但也應承認門閥士族有適應社會發展趨勢的一面，如士族所經營的綜合性生產組織田莊及新型的租佃關係，就有小農經濟無可比擬的優越性，對開發江南、發展南方經濟，具有積極的推動作用。又如門閥士族的家學淵源，在當時官學衰頹不振的情況下，對南方文化、教育事業的發展，起了無可代替的作用。就是在政治方面也不能説門閥士族都是腐朽、反動的。如在東

---

① 《宋書》卷六七《謝靈運傳》。
② 《宋書》卷五四《孔靈符傳》。

晋門閥士族處於頂峰期，王導、謝安可以説是高級士族的政治代表人物，無可否認，他們對東晋政局的穩定和發展起了積極的作用。直到劉宋時期，門閥士族仍不乏有爲之士，在經濟、文化、教育方面的作用仍不可忽視。二是認爲門閥士族居官必任清流而忽視武職，好像門閥士族不重視軍權，其實這也是誤識。如東晋的王、桓、庾、謝幾家高門士族都重視抓軍權。所謂"王與馬共天下"，琅邪王氏的最大資本，就是王敦在荆州握有重兵。謝安名高天下，也是由於謝氏掌握了北府兵。東晋末年孫恩、盧循起兵摧毀了王、謝兩家的兵權，北府兵轉爲劉裕所掌握，並以此創建了劉宋政權。劉裕、劉義隆吸取東晋的教訓，不再允許門閥士族握有軍事實權，從此士族纔甘居清流，"藐視"武職，實際是"落花流水春去也"，無可奈何的選擇。

以上是淺談劉宋一朝的大勢，下面談談《宋書》作者、成書及流傳過程和今注《宋書》的工作等問題。

一 《宋書》作者沈約的身世

沈約（441—513），字休文，吳興郡武康縣（今浙江德清縣）人，出身於江東高級門閥士族，自稱爲少昊金天氏之後裔，可謂"遥遥華胄"。僅從東漢沈靖算起，至沈約已傳有十六世，中間雖有幾次挫折，但基本是代代爲官，且有家學淵源，世通《左氏春秋》，到東吳時達到興盛。西晋統一孫吳，江東豪族受到壓抑，東晋建國於江東，重視團結南方士族，吳興沈氏成爲舉足輕重的門第。時稱"江東之豪，莫强周沈"的沈警，[①]"家世富殖，財産累千金"，[②]是地方實力派，但與東晉政權關係並不融洽。沈警、沈穆夫父子世奉五斗米道，曾參與孫恩的反晉鬬爭，後被族人告發，沈警及其子穆夫兄弟五人被殺，穆夫五子淵子、雲子、田子、林子、虔子因藏於民間，得免於難。後田子、林子投靠劉裕，並參與討伐盧循、從征關中等戰爭，屢立戰功，成爲劉宋的開國功臣，吳興沈氏在政治上纔得以重見天日。林子之子沈璞"好學不倦，善屬文"，[③]歷任揚州主簿，秣陵令，盱眙、淮南太守。後宋孝武帝劉駿平定元凶劉劭之亂，進至建康，沈璞因"奉迎之晚"而被殺。其子沈約時年十三歲，竄逃民間而得免，後遇赦始得復出。這是沈家第二次遭難。

沈約在竄逃期間，雖"流寓孤貧"，仍"篤志好學，晝夜不倦"。其母怕他"以勞生疾"，常"減油滅火"使沈約無法夜間讀書。沈約遂改爲"晝之所讀，夜輒誦之"，[④]乃博通群籍，能寫一手好文章，爲其以後在政治上、學業上的發展奠定了良好基礎。

沈約歷仕宋、齊、梁三朝。在宋起家奉朝請，是較爲閑散的官職，不爲時人所重。後以才華得到安西將軍、郢州刺史蔡興宗的賞識，請他做安西將軍的外兵參軍，兼記

---

① 《晉書》卷五八《周札傳》。
② 《宋書》卷一〇〇《自序》。
③ 同上。
④ 《梁書》卷一三《沈約傳》。

室。蔡興宗升任征西將軍，遂轉爲征西將軍府記室參軍，兼厥西令。蔡興宗卒後，沈約轉投郢州刺史、晋熙王劉燮。宋末，沈約進入中央任尚書度支郎，掌軍國財務及會計，這是沈約在宋所任最高官職。

及齊代宋，沈約以其才華受到蕭道成的重視，被任命爲嫡皇孫南郡王、雍州刺史、征虜將軍蕭長懋的記室，兼襄陽令。齊武帝蕭賾即位後，立蕭長懋爲皇太子，沈約遂被任爲太子步兵校尉，兼管書記，直永福省，校四部圖書，深受文惠太子的重用。後遷太子家令，成爲東宫總管。當時東宫人才濟濟，而沈約特被崇遇，每次入見，"影斜方出"。太子曾對沈約説："吾生平嬾起，是卿所悉，得卿談論，然後忘寢。卿欲我夙興，可恒早入。"① 太子表現出的對沈約的尊崇和依賴，已達到親密無間的程度。以後沈約又以本官兼著作郎，遷中書郎、本邑中正、司徒右長史，大有青雲直上之勢。

時竟陵王蕭子良與太子過從甚密，皆崇尚文學之士，因此沈約得爲竟陵王蕭子良長史。蕭子良是位很有文化修養的皇子，開西邸盛招文學之士。當時名士如蕭琛、王融、范雲、任昉、陸倕、蕭衍、謝朓、沈約八人，皆爲竟陵王府坐上客，號稱"八友"，深受子良青睞。此外，范縝、劉繪、張融等也經常參與探討學術問題。當時佛學盛行於南方，蕭子良對佛教篤信不疑，而范縝著《神滅論》，反對佛教的神不滅説。蕭子良組織府中學士反駁《神滅

① 《梁書》卷一三《沈約傳》。

論》，沈約遂先後作《形神論》《神不滅論》《難范縝神滅論》，與范縝進行辯難。發生在竟陵王府的佛學大辯論，一直延續到梁代，對推動南朝學術思想發展起到了積極作用，而沈約是其中最活躍的人物之一。沈約一生寫了很多宣揚佛學、佛教的文章，説明他是虔誠的佛教信徒，對南朝佛教盛行起了推波助瀾的作用。因此，他得到了文惠太子的賞識和竟陵王蕭子良的重視而官運亨通，由黄門郎而兼尚書左丞、御史中丞、車騎長史，已進入中央高層的行列。在竟陵王府中，沈約結識了蕭衍，這爲以後他在梁朝的發展創造了有利條件。

永明十一年（493）正月，文惠太子蕭長懋病逝。七月，齊武帝蕭賾駕崩，鬱林王蕭昭業即皇帝位，極力排斥東宫舊人，竟陵王蕭子良受到壓抑，於建武元年（494）四月憂鬱而死。對“自負高才，昧於榮利”的沈約來説，[1]先後失去兩座政治靠山，仕途受阻，不久他就被調離京師，到東陽（今浙江金華市）任太守。在東陽，沈約意志消沉，似有止足之意。鬱林王蕭昭業、海陵王蕭昭文先後被廢，齊明帝蕭鸞即皇帝位，沈約在政治上出現了轉機，被調回建康，先後任著作郎、五兵尚書、國子祭酒等職，但其被信任的程度遠不如前。

齊末政治混亂，人心思變。永元三年（501），雍州刺史蕭衍率軍進入建康，掌握了蕭齊的軍政大權。時南康王、荆州刺史蕭寶融已被蕭衍立爲帝，但尚未至建康。此

① 《梁書》卷一三《沈約傳》。

時蕭衍已有篡奪之意，但仍猶疑不決。沈約與蕭衍在竟陵王西邸時已是“意好敦密”，故蕭衍在任驃騎大將軍時，就以沈約爲驃騎將軍府司馬，收爲親信。在蕭衍舉棋不定時，沈約對蕭衍説：“今童兒牧豎皆知齊祚已終，明公當承其運，天文讖記又復炳然，天心不可違，人情不可失，苟曆數所在，雖欲謙光，亦不可得已。”沈約的話可謂披肝瀝膽，但蕭衍仍説“吾方思之”。所以沈約又進一步説：“公初建牙樊、沔，此時應思；今王業已成，何所復思？若不早定大業，脱有一人立異，即損威德。且人非金石，時事難保，豈可以建安之封遺之子孫！若天子還都，公卿在位，則君臣分定，無復異心，君明於上，臣忠於下，豈復有人方更同公作賊！”[①] 沈約的意思是説，奪權建國的事早就該想了，如果皇帝回京，君臣分定，誰還幫你篡位作亂。這話説得很徹底，再没有任何猶豫的餘地，終於促成蕭衍下定立即代齊自立的決心。代齊之後，蕭衍原想“以南海郡爲巴陵國邑”，讓齊和帝蕭寶融居住，但沈約、任昉均不同意，並引用曹操的話説：“不可慕虚名而受實禍。”[②] 又促使蕭衍下決心除掉齊和帝以絶後患。其實没有沈約，蕭衍也要滅齊奪權；没有沈約，蕭衍也會殺掉齊和帝。這是魏、晋、宋、齊篡權時早有的先例，蕭衍當然也不例外。祇不過沈約的話迎合了蕭衍的預謀，纔起了作用。蕭衍對此當然非常贊賞，視沈約、任昉爲建國的功臣，而説：“我起兵於今三年矣，功臣諸將，實有其勞；然

---

① 《資治通鑑》卷一四五《梁紀一》。

② 同上。

成帝業者，乃卿二人也。"① 所以梁建國後，沈約扶搖直上，封建昌縣侯，先後任尚書令，僕射，侍中，中書令，左、右光禄大夫，領軍將軍，前將軍，鎮軍將軍，丹陽尹，太子詹事，少傅加特進等要職。然而沈約要當三公，梁武帝蕭衍没有答應。沈約想求外任，又不准許。又因出言不慎而得罪蕭衍，屢遭譴責，憂懼而卒，享年七十三歲。但從沈約在梁的總體情況看，仍可以説是一帆風順。身爲蕭梁政權最高決策層的一員，其政治地位顯赫當時。

沈約的一生，雖然位不至三公，却已封侯拜相，② 成爲梁中央政府的核心人物，祇是在政治上建樹不多。史稱其"自負高才，昧於榮利，乘時藉勢，頗累清談。及居端揆，稍弘止足，每進一官，輒殷勤請退，而終不能去，論者方之山濤。用事十餘年，未嘗有所薦達，政之得失，唯唯而已"。③ 這就是説史學家對沈約的政治評價不僅不高，而且頗有煩言。

沈約一生的成就主要表現在文學和史學方面。史家説他歷仕三代，"該悉舊章，博物洽聞，當世取則。謝玄暉善爲詩，任彦昇工於文章，約兼而有之，然不能過也"。④ 説沈約兼有謝朓、任昉詩文之才，評價是相當高的。實際上沈約確實是一位才華橫溢的才子、造詣頗深的史學家，

---

① 《梁書》卷一三《沈約傳》。
② 南朝尚書令、僕及中書令皆有宰相職能，故可稱沈約已拜相、或稱端揆，而三公在南朝雖無實權，却是政治上的最高榮譽頭衔。
③ 《梁書》卷一三《沈約傳》。
④ 同上。

在音韵學方面也有創造性的成就。他一生著作等身，計有《謚例》十卷、《四聲》一卷、《晋書》一百一十卷、《宋書》一百卷、《齊紀》二十卷、《高祖紀》十四卷、《宋世文章志》三十卷、《邇言》十卷、《俗説》五卷、《雜説》二卷、《袖中記》二卷、《袖中略集》一卷、《珠叢》一卷、《集鈔》十卷、《集》一百卷。[1] 除《集》《宋書》外，均已失傳。研究沈約的史學成就，祇有靠《宋書》了。

二 《宋書》成書歷程

《宋書》共一百卷，計《本紀》十卷，《列傳》六十卷，《志》三十卷。《宋書》的主綫上起晋義熙元年（405），下迄宋昇明三年（479），是一部劉宋王朝完整的紀傳體斷代史。但旁綫所涉及的歷史上限却遠遠超過劉宋時期，這也是其他紀傳體斷代史的通例。

沈約於齊永明五年（487）春受齊武帝蕭賾之命編撰《宋書》，到永明六年二月完成，歷時不到一年，是二十四史中完成最快、用時最短的一部史書。沈約在《宋書》卷一〇〇《自序》中所載的《上宋書表》中說："《本紀》《列傳》繕寫已畢，合七帙七十卷。"據此可知，沈約在一年內完成的祇是《本紀》《列傳》七十卷，而不包括

---

[1] 此處所引沈約著作據《全梁文》卷二五《沈約》簡介。其中《謚法》，《梁書》作《謚例》；《四聲》，《梁書》作《四聲譜》；《宋世文章志》，《梁書》作《宋文章志》；《集》，《梁書》作《文集》。另外《梁書》無《俗説》《雜説》《袖中記》《袖中略集》《珠叢》《集鈔》等著作。

《志》三十卷。《志》是以後陸續完成的。七十卷《本紀》《列傳》也不完全是沈約撰寫的，而是在何承天、山謙之、孫沖之、蘇寶生、徐爰等人所撰國史（《宋書》）的基礎上彙編、改寫、補寫而成的，這就有必要介紹一下《宋書》編寫的全部過程。

據《宋書》卷六四《何承天傳》記載，宋文帝元嘉十六年（439）何承天"除著作佐郎，撰國史"，不久"轉太子率更令，著作如故"，繼續撰寫國史。《宋書》卷九四《徐爰傳》也説何承天"草創國史"。關於何承天撰寫國史的情況，沈約在《上宋書表》中有所説明："宋故著作郎何承天始撰《宋書》，草立紀傳，止於武帝功臣，篇牘未廣。"蘇晉仁據此推斷"則今本《宋書》中的《武帝》《少帝本紀》和武帝功臣的列傳，應是何承天的舊本"。[①]繼何承天之後，著名歷史學家裴松之也曾受宋文帝之命繼修國史，但未及撰述而病故。[②]另據《史通·古今正史》《隋書·經籍志》《舊唐書·經籍志》《新唐書·藝文志》記載，裴松之的助手孫沖之却寫出了"別自創立爲一家之言"的《宋書》。[③]

在孫沖之之後，奉朝請山謙之又奉孝武帝之命撰述

①　蘇晉仁：《〈宋書〉叢考——附援老信札》，載《紀念陳垣誕辰百周年史學論文集》，北京師範大學出版社 1981 年版。

②　《宋書》卷六四、《南史》卷三三《裴松之傳》。

③　孫沖之，名嚴，或作碞，所著《宋書》，《隋書·經籍志》作六十五卷，《舊唐書·經籍志》作四十六卷，《新唐書·藝文志》作五十八卷，各書記載不一，但已經成書當無疑義。

《宋書》，不久山謙之病故，南臺御史蘇寶生續寫諸傳。[①]
蘇晉仁認爲，"今本《宋書》中《文帝本紀》和元嘉諸臣
部分是出自山、蘇二人之手"。[②] 後來蘇寶生因受高闍謀反
案牽連，被處死刑。大明六年（462），著作郎徐爰又受命
續著《宋書》，"使終其業"。徐爰遂在何、山、蘇、孫的
基礎之上"而專爲一家之書"。[③] 但書中的臧質、魯爽、王
僧達諸傳，"皆孝武帝自造，而序事多虚，難以取信"。[④]
據《南齊書》卷五二《丘巨源傳》記載，徐爰著《宋
書》，丘巨源是他的助手。這就是説，今本《宋書》的
《孝武帝本紀》和大明以前諸臣傳都出自徐、丘之手，它
就是沈約《宋書》最主要的藍本。

徐爰《宋書》，《隋書·經籍志》記爲六十五卷，《舊
唐書·經籍志》《新唐書·藝文志》記爲四十二卷，三書
所記卷數雖不同，但説明徐爰所著國史確已成書，並成爲
沈約寫《宋書》的主要依據。故趙翼《廿二史劄記》卷九
《宋書多徐爰舊本》説："今按其《自序》而細推之，知約
書多取徐爰舊本而增删之者也。" 又説："爰本有晋末諸臣
及桓玄等諸叛賊，並劉毅等與宋武同起義者，皆列於《宋
書》，約以爲桓玄、譙縱、盧循身爲晋賊，無關後代；吴
隱、郗僧施、謝混義止前朝，不宜入宋；劉毅、何無忌、
諸葛長民、魏詠之、檀憑之志在匡晋，亦不得謂之宋臣，

① 《宋書》卷九四《徐爰傳》、《上宋書表》。
② 蘇晉仁：《〈宋書〉叢考——附援老信札》。
③ 《宋書》卷九四《徐爰傳》。
④ 《史通·古今正史》，沈約《上宋書表》是其所本。

故概從删除……余向疑約修《宋書》，凡宋齊革易之際，宜爲齊諱；晉宋革易之際，不宜爲宋諱，乃爲宋諱者反甚於爲齊諱，然後知爲宋諱者，徐爰舊本也，爲齊諱者約所補輯也。"

蘇晉仁對趙翼的考證提出三點補充意見：一，沈約所删徐爰舊本列傳不止桓玄等十一人，尚有司馬休之、魯宗之、孟昶三人，共删除十四人；二，晉宋革易之際爲宋諱，何承天、山謙之、蘇寶生等就會如此，沈約可以直接取材於何書和山、蘇之書；三，因徐爰《宋書》已在社會上流行，沈約不會毫無改變地把徐書大部移植過來，恐怕除孝武帝這一階段依據徐書外，以前部分還是依據他書，並以《御覽》卷一二八所引徐爰《宋書》的《高祖本紀》《少帝本紀》與約書不同爲例，證明沈約《宋書》並非全部取材於徐書。

蘇晉仁的意見是有説服力的，可以視爲不易之定論。此外還應進一步説明：徐書止於大明末年，以後之歷史自應由沈約補寫。沈約在《上宋書表》中説："自永光以來，至於禪讓，十餘年内，闕而不續，一代典文，始末未舉。且事屬當時，多非實録，又立傳之方，取捨乖衷，進由時旨，退傍世情，垂之方來，難以取信。臣今謹更創立，製成新史，始自義熙肇號，終於昇明三年。"從沈約的話中可以看出，他寫《宋書》是以"製成新史"自居的。首先他要補上徐書所缺的宋末十餘年的歷史，其次他認爲徐書立傳取捨由皇帝決定，不夠公平，有的限於世勢人情，内容也不夠公允，難以取信於未來，他必須改寫。根據沈約奏表可知，今本《宋書》的《前廢帝本紀》《明帝本紀》《順帝本紀》以及前廢帝至順帝宋末十餘年的人物列傳都爲沈約所撰，對徐書一些有違史實處也有所更正。

不過，沈約《宋書》的立傳，也有"取捨乖衷""退傍世情"之弊。如對忠於宋室、反對蕭道成篡奪的袁粲是否立傳，也要由齊武帝蕭賾來決定。沈約《宋書》原來對孝武帝、明帝的"諸鄙瀆事"有所揭露，由於齊武帝的反對，也不得不多所省除。① 還有沈約的助手劉祥，在寫《宋書》時有"譏斥禪代"的文字，也因齊武帝的反對而刪除。② 至於《南史》卷三三《裴松之傳》所記載的裴松之曾孫裴子野與沈約爲了互相保護先祖，裴子野在《宋略》中刪去"戮淮南太守沈璞"事，沈約在《宋書》中刪除"松之以後無聞焉"句，頗具典型性，這是舊史的通病，沈約也沒能避免。

以上所述就是沈約在吸收前人成果的基礎上，撰成《宋書》中的《本紀》《列傳》的全部經過，沈約所以能在一年內編成《宋書》，其原因也在於此。但這是否說明沈約在撰寫《宋書》時沒有付出多大氣力呢？不是的。沈約在編撰《宋書》時，是"夕惕載懷，忘其寢食者也"，是在"鞠躬跼蹐，覿汗亡厝"的緊張心情下完成任務的。③《宋書》反映了沈約在文學、史學方面的較高水平。

關於《宋書》的《志》，沈約在《上宋書表》中説：

---

① 《南齊書》卷五二《王智深傳》。
② 《南齊書》卷三六《劉祥傳》。
③ 《上宋書表》。

"所撰諸志，須成續上。"但八志的具體完成時間，以後並無下文。蘇晉仁根據各志中的避諱情況，大致找出了各志的成書時間綫索。如《符瑞志》記漢宣帝時神鳥集長樂宫東闕樹上，按《漢書》卷八《宣帝紀》"神鳥"本作"鸞鳥"，知是爲避齊明帝蕭鸞諱，據此推斷《符瑞志》應完成於蕭齊建武年間（494—498）。《樂志》避"衍""順"二字，將"鄒衍"寫作"鄒羨"，是避梁武帝蕭衍諱，將"順時讀令"寫作"從時讀令"，"順天道"寫作"從天道"。《天文志》《禮志》也避"順"字，將"太白順行"寫作"太白從行"，"宋順帝"寫作"宋從帝"，這都是避蕭衍之父蕭順的名諱。據此可知，《宋書》八志拖的時間很長，直到蕭梁初期纔全部補齊。①

　　《宋書》八志同樣也吸收了何承天、山謙之、徐爰等書的成果。沈約在《上宋書表》中説："其（指何承天）所撰志，唯《天文》《律曆》，自此外，悉委奉朝請山謙之。"據《宋書·志序》記載，何承天所撰《宋書》，"其志十五篇"。這就是説除何承天自撰的《天文》《律曆》二志外，其餘十三志均爲山謙之所撰。何承天是劉宋時期著名天文、曆算學家，所撰二志，爲其特長，自有獨到之處，沈約理所當然地儘量吸收。關於山謙之所撰十三志，史無明文，已難盡知，但沈約《宋書》的《天文》《律曆》《禮》《樂》《州郡》《百官》都引有何承天的按語，説明《宋書》各志普遍吸收了何承天《宋書》有關志的成

---

　　①　以上一段文字是綜合蘇晉仁意見而寫成，詳見《〈宋書〉叢考》。

果，其中當然也包括山謙之的成果。《宋書·志序》還記載說，徐爰的《宋書》也有志。其文云："《天文》《五行》自馬彪以後，無復記錄，何書自黃初之始，徐志肇義熙之元。"這説明何、徐兩家《宋書》都有志，祇是其上下限時間不同。何志上起於曹魏，下至於劉宋，徐志則上起東晉義熙元年，下至劉宋末大明年間。徐志内容雖不可考，但沈約《宋書》的《禮志》《天文志》《州郡志》都引有徐爰的按語，説明沈約也吸收了徐志的成果。

由上可見，在沈約《宋書》的很多志中都可以找到吸收何志、徐志成果的痕迹，那麼沈約在八志中又做了什麼工作呢？對此沈約在《宋書·志序》中也有所説明："其（指何志）證引該博者，即而因之，亦由班固、馬遷共爲一家者也。其有漏闕，及何氏後事，備加搜采，隨就補綴焉。"這就是説，沈約對於何志"證引該博"的優秀成果，就像班固寫《漢書》吸收司馬遷《史記》的優秀成果那樣，使它與新志融爲一體。對於"漏闕"及何志以後的事，則儘量搜集完備，隨處增補，並把它連綴起來。足見今本《宋書》的八志，既吸收了何志、徐志的優秀成果，又有沈約增新補綴的貢獻。説明《宋書》八志是各種《宋書》諸志的集大成之作，反映了南朝志書的最高水平。

三　對《宋書》的簡介和評價

根據《宋書》完成的先後順序，《宋書》的目録應該是先《本紀》《列傳》而後纔是《志》，事實上《宋書》

最早的編排順序正是這樣。劉知幾在《史通·編次》中說："舊史以《表》《志》之帙，分於《紀》《傳》之間，降及蔚宗，肇加釐革，沈、魏繼作，相與因循。"按劉知幾的說法，把《志》放在《本紀》《列傳》之後，是范曄《後漢書》開創的先例，魏收的《魏書》、沈約的《宋書》因循而不改，這說明劉知幾在唐代見到的《宋書》，是《本紀》《列傳》在前，《志》在其後。大約在北宋時，《宋書》的刻本纔把《志》放在《本紀》《列傳》之間，但是在南宋紹興年間（1131—1162），洪邁輯《南朝史精語》節錄《宋書》部分，仍是《本紀》《列傳》在前，《志》在最後，因此我仍按這種格局介紹《宋書》。

《宋書》有《本紀》十卷，《武帝本紀》獨居其三。劉裕在位雖祇三年，但《本紀》記事從東晉安帝時劉裕參與鎮壓孫恩、盧循起兵開始，寫了討桓玄、滅南燕、伐後秦、消滅異己、篡晉稱帝、改革朝政等業績。劉裕是劉宋王朝的開國皇帝，其功勳無與倫比，一人獨占三紀符合重點突出的編史原則。其他七帝，一帝一紀，但各紀的分量各不相同，如《少帝本紀》僅用 1200 餘字，而《文帝本紀》則是它十倍以上。各紀的分量與各帝的在位年限和事迹多少是基本相稱的，可以起到本朝大事記的作用。《本紀》中最大的問題是"爲尊者諱"，不敢直書皇帝的醜事，這是正史的通病，《宋書》也不例外。

《宋書》有《列傳》六十卷，除以族計、國計的《索虜》《鮮卑吐谷渾》《蠻夷》《氐胡》等列傳外，標明傳主姓名的有 230 餘人，加上附傳和夾帶叙述的人物，總數近

500 人。附傳一般都是親族間如祖孫、父子、兄弟、叔伯及侄輩的相互附傳，這與當時重門第、重家世的習俗相一致，有的附傳則以事相關聯而附列，還有的傳中夾敘人物，即某個人物的身世、事迹在相關的《列傳》中夾帶敘述。對於設附傳及夾帶敘述法，清代史學家趙翼非常贊賞。他説"人各一傳，則不勝傳，而不爲立傳，則其人又有事可傳，有此帶敘法，則既省多立傳，又不没其人，此誠作史良法……此例乃《宋書》所獨創耳"。①

　　還有一點值得注意，個別附傳或帶敘人物，其重要性甚至超過傳主。如蔡興宗附在《蔡廓傳》中，孔靈符附在《孔季恭傳》中，而蔡興宗和孔靈符的重要性絶不次於傳主。再如鮑照在《劉義慶傳》中附帶夾敘，而鮑照的重要性也不低於劉義慶。當然，有些附傳，特別是王子的附傳，祇記官稱、爵號及生卒時間，雖然不能説毫無意義，但説它意義不大是毫不過分的。

　　《宋書》所設《列傳》反映了時代特點，門閥士族的人物傳幾乎占了半數，而王、謝兩家一流門閥士族的入傳者有 30 人左右，反映出門閥士族的政治實力雖然從東晉時左右政局的地位跌落下來，但仍有舉足輕重的作用，在社會上還有相當大的影響。但以一姓入傳人數來統計，則劉姓皇族占有絶對多數，且劉姓諸王在中央和地方都握有軍政實權。劉姓諸王多擔任都督一州或數州以及都督中外諸軍事的重任，而門閥士族無論在中央和地方一般都處於軍

---

　　① 《廿二史劄記》卷九《宋齊書帶叙法》。

府幕僚和州、郡、縣行政官的地位。《宋書》設有獨特的《恩倖傳》，從沈約主觀目的講，可能是要貶低寒人出身而握實權的政治人物，實際反映了皇帝對門閥士族的疑慮，而把政治實權交給寒人擔任的中書舍人，劉宋的專制皇權就是通過寒人和劉姓皇族實現的。寒人是皇帝專制的馴服工具，而劉姓皇族内部矛盾重重，勾心鬥角互相殘殺。《宋書》卷九九《二凶傳》即反映了握有實權的劉姓皇族爭權奪利、互相傾軋的醜惡血腥的一面。

《宋書》設有《孝義傳》，反映了劉宋政權的特殊政治形勢。劉宋統治不到六十年，而異姓篡奪就發生了兩次，即劉裕篡奪司馬氏政權，蕭道成篡奪劉氏皇位。以篡奪立國的政權，就很難把忠君思想放在第一位，但封建倫理道德又不能不維護，於是就移忠爲孝，移節爲義。如果在家能孝，則社會就能穩定，遇事能明大義，不死守名節，新舊政權的更替就可以順利實現。這就是《孝義傳》設置的歷史背景。

《宋書》設有《索虜傳》，所記是劉宋敵對政權北魏的歷史。現代學者對傳稱"索虜"多有非議，說這是沈約大漢族主義的體現。其實當時北方人稱南人爲"島夷"，南方人稱北人爲"索虜"，這種雙方間的互相蔑稱，的確反映出一種狹隘的敵愾情緒。但在當時如不這樣稱呼，就涉及對敵國的政治態度問題，所以祇要是南朝人寫《宋書》，北朝人寫《魏書》，都避免不了"索虜""島夷"這類蔑稱。對此應有歷史主義的認識，既批判其狹隘性，又承認其不可避免性。其實《索虜傳》中最大的問題是歪曲歷史。如對宋魏戰争的記載，宋敗則曰"引軍還"，魏軍轉移則云"奔走"，魏使來宋則曰"求和""貢獻"，掩蓋歷史真相。還有由於南北隔絶，互不瞭解，把一些傳聞不實之辭也寫入歷史，因此出現了趙翼所説的"《宋書》紀魏事多誤"的情况。① 如《索虜傳》記魏太武帝死後文成帝即位之事，就與《魏書》不合，顯然有誤。這是應該認真對待和認真考證的問題。

《宋書》還設有《芮芮》《槃槃》《鮮卑吐谷渾》及《氐胡》等傳，主要是記述幾個少數民族的發展狀况及與劉宋政權的關係。《夷蠻傳》則是記述亞洲各國發展狀况及與劉宋政權的交往，是研究亞洲鄰國古史的最珍貴資料。其中《天竺迦毗黎國傳》記述了佛教傳入中國後在南方的傳播情况，反映佛教與儒、道的關係及相互吸收、改造的過程，是研究中國學術文化史的重要資料。

由於沈約采取了"諱之於本紀，而散見其事於列傳"的體例，所以列傳叙事比較開放，甚至連帝王的隱私，如孝武帝與其母路淑媛的曖昧關係，在《后妃傳》中也有所暴露，反映了史學家敢於秉筆直書的優良傳統。

《宋書》共八志，三十卷。其内容既有自然科學，也有社會科學，有精華也有糟粕。讀八志必須取其精華而棄其糟粕，尤其要有披沙揀金的精神，從糟粕的外觀中，吸取其内核的精華。

八志之前有篇《志序》，舊本《宋書》多印爲《律志

---

① 《廿二史劄記》卷九《宋書紀魏事多誤》。

序》。細讀其全文就知道它是八志的總序，故中華本《宋書》已改名《志序》，放在八志之前，以下對八志略作簡單介紹。

《律曆志》三卷。《律曆志上》記述了從漢至劉宋的音律發展史和音律理論。古代的律呂知識，特別是晋協律中郎將列和的笛律和劉宋著名律曆家何承天的新律度，賴本志得以保存下來，使有關音律的計算方法和資料得以流傳後世，是研究我國音律學史的寶貴財富。《律曆志》中、下卷記述了由古代至劉宋的曆法發展史，魏楊偉《景初曆》、宋何承天《元嘉曆》、祖沖之《大明曆》的全部結構、推算法則及各項數據和祖沖之與戴法興有關曆法的辯論，都在這兩卷中保存下來。這對中國古代曆法研究，具有非常高的史料價值。

《禮志》共五卷。一、二卷是禮儀，三、四卷是祭禮，第五卷是輿服。凡魏晋典制，諸儒議論，均有收錄。清代學者郝懿行贊頌"《禮志》詳博淹贍，勝於《史記·禮書》《漢書·禮志》多矣"。但由於《禮志》成書有個較長的過程，五卷全部完成後，沈約又没有做統一合併、删節工作，故前後互有重複。如第一卷有郊祀、殷祠（祭）、耕籍、親蠶、釋奠、養老等禮，而第三卷又有郊祀、殷祭等禮，第四卷又有耕籍、親蠶、釋奠、養老等禮。儘管文字內容、寫作角度有所不同，如能統一歸類删削，或可免此缺陷。

《樂志》共四卷。沈約精通律呂之學，故備載前史所無的八音之器，對民間流傳的歌謠如《子夜》《團扇》

《懊憹》《六定》等均收録其中。這反映了古代人民在文學、音樂、藝術等方面的輝煌成就，同時也記録了漢、魏、晋、宋宫廷樂舞演變和發展的情况，凡屬歷代郊廟樂章，"非淫哇之聲，盡皆詳載"。尤爲可貴的是，還記載了晋代以來帶有音符曲譜的詩歌。這些音符曲譜現在雖已不能演唱，但它證明了我國音樂具有源遠流長的歷史，彌足珍貴。

　　《天文志》共四卷。反映了當時天文學的最高成就。收録了古代有關天體論的各派學説。如"宣夜""蓋天""渾天""安天""穹天""昕天"六家理論。還記載了流星雨、新星、超新星和太空星雲、極光變化等情况。晋代王渾的渾天儀形制也賴以保存下來，這都是研究天文學的難得資料。志中對當時還不能認識的天象變異情况作了與政治相聯繫的祥瑞和灾異迷信性的解説，這當然屬於糟粕，但當科學能對那些疑難天象作出解釋時，《宋書·天文志》中的某些記載，就會成爲最難得的寶貴資料。

　　《符瑞志》共三卷。這是《宋書》"補前史之缺"的新創造，但這也是最受史學家貶斥的一類專志。陳振孫在《直齋書録解題·宋書》一文中説："（沈約）所創《符瑞志》，不經且無益，其贅甚矣。"《符瑞志》把遠古至劉宋歷代所出現的麒麟至、鳳鳥來、瑞草生、神龍見、寶鼎出、玉鈎現等傳説，都視爲聖主受命的符瑞，宣揚君權神授説，達到"欲使逐鹿弭謀，窺覦不作"的目的，[1] 其實

---

① 《宋書·律曆志上》。

這是自欺欺人。出現了祥瑞所有野心家都可以利用，對這類糟粕當然應該批判、摒棄，但從《符瑞志》的記載中可以研究古代的物種分布、氣候變化及文物出土情況。《符瑞志》中還記有無法解釋的怪異現象，其中有一些是謠言讖語，有一些在科學發展之後，有可能作出令人信服的解釋，這必須做些披沙揀金的工作。

《五行志》共五卷。根據古迷信書《五行傳》，把各種災變按木、金、水、火、土分爲五大類，每大類集爲一卷，每卷中再分若干細目。如一卷爲“木不曲直”，二卷“金不從革”，三卷“火不炎上”，四卷“水不潤下”，五卷“稼穡不成”。所以出現以上五種不正常現象，都是因爲五行“失其性而爲災也”。五行之災各有細目，如木冰、大風、恒暘、隕石、火災，恒寒、雷震、蝗蟲、恒風、螟災、地震、山崩地陷、常陰、大疫、日蝕、日中黑子，等等。還把這些自然災害與政治和人事聯繫起來，認爲這是由於君主和權臣某種不道行爲而招致的，是上天的震怒和譴責。這些附會當然是迷信，是不科學的，但在客觀上對專制君權和跋扈的權臣也起一種約束作用，唯這種約束作用是極其微弱的。另外，最引人注意的問題是在各種自然災害的記錄中蘊藏著不被當時人所認識的天文、地理、氣候、疾疫等現象，它給很多領域提供了值得探討、研究的資料，對此不應忽視。

《州郡志》共四卷。將《地理志》改爲《州郡志》，這也是《宋書》的創造。自東晉定都建康（今江蘇南京市）後，南北形成分裂割據的形勢，州、郡、縣的變動很大，特別是僑置郡縣的設置，更造成地方建制的混亂。正如沈約在《州郡志序》中所説，"地理參差，其詳難舉，實由名號驟易，境土屢分，或一郡一縣，割成四五，四五之中，亟有離合，千回百改，巧曆不算，尋校推求，未易精悉"。這説明編撰《州郡志》的難度相當大。儘管《宋書·州郡志》並没有把晋宋的州郡縣的分合，特別是對僑置郡縣的設置完全梳理清楚，但成就還是很大的。它對哪些郡縣是秦漢舊置，哪些是晋宋新置或僑置，尤其對州郡縣的分合，户口的消長，都有基本交待。從益州、寧州、廣州、交州新設置郡縣中，還可以看出各地人口分布和南方開發狀況，資料極爲可貴。《宋書·州郡志》的成就，遠遠超出《南齊書·州郡志》，並爲《晋書·地理志》《隋書·地理志》的編纂提供了豐富資料，打下了堅實的基礎。

《百官志》共二卷。既追述了古代官制，又重點介紹了魏、晋、宋的官制。由中央到地方，包括文武官員的官稱、職務及州郡縣佐吏、軍府幕僚、四征、四鎮、四平和各種雜號將軍，還有尚書、中書、太子府的官員都有比較詳細的記載。這既彌補了《三國志》無《百官志》的缺陷，也爲《隋書·百官志》提供了豐富的素材，爲官制史研究者所重視。

《宋書》没有《食貨志》《刑法志》《藝文志》，應該説是個遺憾。儘管沈約在《志序》中説："刑法、食貨前説已該，隨流派別，附之紀傳。"但這種解釋並不能令人滿意。所謂"前説已該"，難以考實，"附之紀傳"，以食貨而言較爲有據。在孔靈符、羊希、孔琳之、何尚之、范泰、謝靈運、顔竣、周朗等列傳中都記有長篇大論的經濟資料，諸如貨幣、屯田、田莊、占山封水、商品交換、賦稅雜稅等都有詳細記載，各個本紀中也不乏經濟資料，但這並不能彌補無《食貨志》的缺憾。正如郝懿行所説，"若隨檢一條，動抽百卷，讀史既不勝其煩，作史亦從無此例"。① 爲了查一條經濟資料，要看遍百卷《宋書》，此理是説不通的。所幸郝懿行已從《宋書》中網羅出食貨和刑法資料，寫出《補宋書食貨志》《補宋書刑法志》，以補《宋書》的不足。關於《藝文志》，聶崇岐據《隋書·經籍志》《開元釋教録》，同時參考《宋書》《南史》《舊唐書·經籍志》《新唐書·藝文志》《大唐內典録》《貞元新定釋教目録》及其他史書而撰寫《補宋書藝文志》，共收録劉宋時的著作六百餘部、六千餘卷，以補《宋書》的不足。《宋書》無表，亦屬缺憾。盛大士撰《宋書補表》，羅振玉撰《補宋書宗室世系表》，萬斯同撰《宋諸王世表》《宋將相大臣年表》和《宋方鎮年表》。由於《宋書·州郡志》疑難舛誤處較多，成孺撰《宋州郡志校勘記》，以補《宋書》之失。以上所列舉的補志、補表、校勘記均收録於《二十五史補編》中，可供參考。

　　以上對《宋書》的內容作了簡單介紹，但流傳至今的《宋書》已非沈約原書的全貌，在流傳過程中，已有不少流失和脱落。

---

① 《補宋書刑法食貨二志跋》，《二十五史補編》，中華書局 1956 年版。

　　宋人晁説之在《嵩山集》卷二二《讀宋書》中説：
"沈約《宋書》一百卷，嘉祐末詔館閣校讐，始列學官，
尚多殘脱駢舛，或雜以李延壽《南史》。"① 這説明到北宋
嘉祐末年《宋書》已殘缺不全，並有用《南史》補缺的情
況，今查《宋書》，除《到彦之傳》有目無文、缺而未補
之外，卷四六之《張邵傳》，就是後人據《南史》抄補的。
令人遺憾的是，由於抄補者未通檢全書，而把《張邵傳》
中的張敷、張暢附傳也抄補進去了，致使《宋書》中出現
了兩個《張敷傳》和兩個《張暢傳》。還有《宋書》卷四
《少帝本紀》、卷七六《朱脩之宗愨王玄謨列傳》原文也有
缺失，皆由後人以《南史》等書補入。《宋書》中還有些
缺字、漏字，也是在流傳中造成的，有的可以用他書補
上，有的則無據查考了。對此，中華本《宋書》的《出版
説明》已有介紹，此不贅言。

　　關於對《宋書》的評價問題，儘管《宋書》存在著
以上所説不足之處，但它能進入二十四史，就足以説明
其"正史"的地位和史料價值，雖不能與《史記》《漢
書》相提並論，但相比《後漢書》《三國志》並不遜色。
在南朝四書中應屬上乘。《史通·書志》説："宋氏年唯
五紀，地止江淮，書滿百篇，號爲繁富。"

　　劉宋六十年的歷史資料，主要靠《宋書》得以保存
下來。由於沈約是一位造詣高深的文學家、歷史學家，
特別注意全文收録名家的奏議、書札和詩文。甚至有些

---

　　① 《嵩山集》卷二二《讀宋書》。

政府決策性的會議記録、對外交往的言論也都詳細摘録。如鄭鮮之、徐羨之的奏議，顔延之、謝靈運的詩賦，劉勔、王微之的書札，符伍會議和鑄錢會議的爭論，張暢與北魏李孝伯的對話，所記可以説達到了不厭其繁的程度。有的史學家認爲這是《宋書》的缺點，失於繁雜，其實正是因爲有了這些詳細記載和全文照録，纔可以從中看到劉宋社會政治、經濟、文化的一些真實情況。如劉宋時期經濟發展情況，由於商業的畸形發展出現的物賤錢貴情況，大地主田莊的發展情況，門閥士族的悠閑生活，士族在符伍中地位的變化，門閥士族與庶族寒人的關係，宋魏之間的交往禮儀，劉宋時期的文學及音韵學的發展情況，等等。至於《宋書》中所記載的“農民起義”、民族鬬争與交往以及《夷蠻傳》中所反映的我國與亞洲各國人民之間的經濟、文化友好往來情況，更是研究劉宋一代階級鬬争、民族關係、國際交往的珍貴資料。

《宋書》流傳至今經過了歷史的考驗。在沈約《宋書》問世的同時或稍後，還有五種《宋書》也在流傳。如南齊孫嚴《宋書》六十五卷、王智深《宋紀》三十卷，蕭梁裴子野《宋略》二十卷，王琰《宋春秋》二十卷，鮑衡卿《宋春秋》二十卷，都曾流行於世，但是它們都被歷史淘汰而亡佚，唯有沈約的《宋書》歷盡波折而保存下來。現在研究劉宋的歷史，主要就靠沈約的《宋書》了。

四　今注《宋書》的工作

《宋書》在流傳過程中，曾出現了各種不同的版本，現存的主要版本有：宋元明三朝遞修本（簡稱三朝本）、明北監本（簡稱監本）、毛氏汲古閣本（簡稱毛本）、武英殿本（簡稱殿本）、金陵書局本（簡稱局本）、商務印書館影印三朝本（簡稱百衲本）以及中華書局校勘本（簡稱中華本）。

到目前爲止，可以肯定地説，中華本是《宋書》最好的本子。原因在於它對上舉各種版本進行了認真細緻的互校，而且擇善而從。另外在"紀傳方面，還通校了《南史》、《建康實録》、《册府元龜》（簡稱《元龜》）、《資治通鑑》（簡稱《通鑑》）和《資治通鑑考異》（簡稱《通鑑考異》）等書的有關部分；志的方面，也參校了《晉書》《通典》等書的有關部分"。① 對於前人研究、校勘成果也予以充分吸收，中華本"利用了張元濟、張森楷的兩種《宋書校勘記》稿本，成孺《宋書州郡志校勘記》，李慈銘《宋書札記》，孫彪《宋書考論》以及錢大昕《廿二史考異》等書"。② 可以説中華本《宋書》集其他各種版本《宋書》的大成，而作出了簡且明的校勘記，並加以標點，給攻讀《宋書》的人以前所未有的方便。

今注本《宋書》在注釋過程中，首先以追溯的方式，

---

① 中華本《出版説明》。
② 同上。

對中華本《宋書》利用各種版本《宋書》及《南史》《建康實録》等古籍進行互校及吸收前人校勘成果的實效進行了核查，發現中華本確實是擇善而從，其校勘記除少數有誤外，基本上是正確的，據此決定以中華本《宋書》作爲我們的底本。對中華本校勘記，凡是我們認爲正確的一律吸收。但出注時有所區別，對於由中華本作者發現的勘誤，即使我們也查到了它的出處，仍注明引自中華本校勘記，以避掠美之嫌。如果中華本校勘記的勘誤引自前人的成果，我們就直接注明引自何人何書，不再提中華本校勘記，以減少注文的字數。凡是我們認爲中華本的校勘記有錯和標點失誤，一律出注更正。

今注本《宋書》是在中華本校勘記的基礎上開展工作的，但我們的注釋範圍遠遠超過中華本校勘記，大體説來今注本《宋書》做了以下幾個方面的工作。

（一）注釋人名。凡《宋書》每卷中第一次出現的人名一律出注（其他各種注釋均同此），如果《宋書》中有紀傳的人，則祇簡注其字和籍貫，然後注明本書卷幾有紀有傳。注其字是爲了區別同姓名的人，如與劉裕同起兵反桓玄的劉毅，字希樂，《晋書》卷八五有傳，而《晋書》卷四五還有個劉毅，字仲雄。注劉毅的字，就是要把兩個劉毅區別開來。注籍貫，是因魏晋南北朝門閥士族重視郡望，一看郡望，就可以知道其門第的高低。如東晋南朝僑姓士族以王謝袁蕭最尊。吴郡門閥以朱張顧陸爲高。而王則指琅邪王氏，謝是陳郡謝氏，袁是陳郡袁氏，蕭則指蘭陵蕭氏。而朱張顧陸，則是吴郡的朱氏、張氏、顧氏、陸氏。姓同而郡望不同，就表明其社會地位的不同，這是史家注史所必須注意的問題。對《宋書》沒有紀傳的人，則儘可能注其一生的經歷，如在《宋書》僅一兩見，而其他史書也不見記載者，則注其事不詳。在注釋人名時，張忱石的《南朝五史人名索引》《晋書人名索引》、陳仲安等人的《北朝四史人名索引》和王利器、王貞珉的《漢書古今人表疏證》提供了非常有用的綫索。

（二）注釋官職。職官制度在中國歷史上變化極大，同官名不同職務，同職務而官名不同，又有實職與虛銜之分，其演變情況非常複雜。由於《宋書》有《百官志》，故對職官的注釋從簡，一般僅注出官稱、職務及品級，除有特別需要則不注官職的演變情況。在注職官時，以張政烺主編《中國古代職官大辭典》和吕宗力主編《中國歷代官制大辭典》爲主要參考書。

（三）注釋地名。對《宋書》所見地名均出注，對州、郡、縣均注出其治所在今何地。但由於東晋、劉宋時期疆域變化較大較快，僑置郡縣較多，要一一注明今地向爲歷史學家、歷史地理學家所難。儘管有清徐文範《東晋南北朝輿地表》（商務印書館影印版）、臧勵龢《中國古今地名大辭典》（商務印書館1982年版）和魏嵩山《中國歷史地名大辭典》（廣東教育出版社1995年版）、胡阿祥《宋書州郡志彙釋》（安徽教育出版社2006年版）作參考，有很多地名還是很難注清楚。還有一個困難，中華人民共和國成立後區域變化較爲頻繁，有的地名辭典對某些地名雖然注得很清楚，但與今地也不相合。如琅邪王氏與琅邪顏氏都是琅邪臨沂人，各種地名辭典對臨沂的定位都是在今山東臨沂市。實地考察證明，琅邪王氏的故居在今山東臨沂市，琅邪顏氏的故居則在今山東費縣。再如濟陽蔡氏，本爲濟陽考城人，提到考城人們都知道在河南蘭考縣（因蘭封與考城合併稱蘭考），但實際蔡氏故里卻在河南民權縣。類似這樣的問題，不進行實地調查是難以搞清楚的。《宋書》雖有《州郡志》，還有成孺的《宋書州郡志校勘記》，同樣也理不清這類地名中存在的難題，祇有靠我們在力所能及的範圍內加以解決。《今注本二十四史》編纂委員會爲使今地名有個統一斷限標準，特發《中華人民共和國行政區劃簡冊》（中國地圖出版社 2005 年版），統一規定以 2005 年由政府核定的今地名爲準，以後變動者，不再改動。

人名、職官、地名是瞭解史書的三把鑰匙，如果對所發生的歷史事件，不知與事件相關人物的身份、地位，對其官職高低不分、職掌不明，對其地理位置（包括是否是戰略要地、政治、經濟中心等）不清楚，就難以有正確的認識。因此注史書，就要注明人物身份、官職的高低和地理位置，這也是史家注史的三個要點。

（四）注釋典故。前已提及沈約是位歷史學家，也是大文豪，他著《宋書》喜歡全文收錄奏議、書札、詩賦和文章，如《謝靈運傳》對謝靈運《撰征賦》的序、詞並收，對《山居賦》則兼收注文。又如《顏延之傳》收錄了顏延之的《庭誥》和《自陳表》。《顏竣傳》則收錄顏竣的《讓中書令表》《鑄四誅錢議》《鑄二銖錢議》等文，類似的例子太多，這在二十四史中確屬少見。南朝人爲文善於用典，有的一句一典，有的兩句一典，這就增加了注釋的難度。因爲典故不注明，就不能理解文詞的真意。我們在注釋《宋書》時耗費精力最大的就是查尋典故的出處和含義，爲此幾乎查遍了先秦、秦漢古籍及李善《昭明文選注》和劉宋文人的文集集注。可以説《宋書》中涉及的絶大多數典故均已有注，但仍有少數典故待考，以俟高明。

（五）糾謬勘誤。即對《宋書》中存在的失誤作訂正工作。糾謬勘誤可分三種情況：一是《宋書》原有的失誤，二是《宋書》在流傳過程中產生的失誤，三是中華本在標點校勘過程中的失誤。我在《中華本〈宋書〉校點失誤商榷》一文中，① 已對中華本《宋書》的三種失誤各舉五例加以説明。其實各項失誤何止五例，就是五十例也遠遠不止。我們的今注工作，除了列舉注釋人名、職官、地名、典故和勘誤五項外，對《宋書》中所涉及的政治、經濟、軍事、文化及社會生活中有關制度、習俗及疑難字句也都作了必要的注釋，不再一一列舉。我們的意圖，是讓攻讀《宋書》的人，在看了今注後，可以比較準確地瞭解《宋書》內容，把握劉宋王朝歷史的主要和關鍵問題。由於《宋書》原來沒有注釋本，從這個角度講，今注本《宋書》是一項開創性的工作。但我們的開創，是在中華書局標點校勘本基礎上的開創。中華本《宋書》是在以王仲犖爲代表的標點校勘者個人研究的基礎上，吸收了前人研究

---

① 載於《慶祝何茲全先生九十歲論文集》，北京師範大學出版社2001 年版。

《宋書》的成果後，創造出的目前爲止最好版本的《宋書》。我們則在吸收中華本《宋書》的成果以及中華本《宋書》出版後學術界新的研究、校勘成果的基礎上，而編著的今注本《宋書》。但我們不敢認爲這是最好的注釋本《宋書》。我們知道挑剔別人的錯誤容易，而自己不出錯誤實難。以我們的淺陋學識，從事這樣一種難度較大的開創性工作，又因我們是多人共注一部書，儘管有主編統一把關，其失誤之處、甚至互相矛盾之處，在所難免，衷心期待專家、讀者不吝賜教。

今注本《宋書》的校注分工如下：

朱紹侯（河南大學）　卷一至卷一〇、卷四六、卷五四至卷五九、卷六二、卷七三。

蘇　木（中央音樂學院）　卷一一。

王建欣（天津音樂學院）　卷一九至卷二二。

陳久金（中國科學院自然科學史研究所）　卷一二至卷一三、卷二三至卷二六。

魏得良（浙江大學）　卷一四。

吳　羽（華南師範大學）　卷一五至卷一八。

宋會群（韶關學院）　卷二七至卷三四。

胡阿祥（南京大學）、楊恩玉（青島大學）　卷三五至卷三八。

陳長琦（華南師範大學）　卷三九至卷四〇、卷八五至卷一〇〇。

程有爲（河南省社會科學院）　卷四二至卷四五、卷四七至卷五三。

王大良（中國青年政治學院）　卷六〇至卷六一、卷六三至卷七二。

龔留柱（河南大學）　卷四一、卷七四至卷八四。

例　言

　　一、本書以中華本《宋書》爲工作底本。中華本對校多個版本，擇善而從，可稱目前《宋書》之最佳版本，但仍難免有疏漏之處。對其正確的校勘成果，吸收采納，並説明出自中華本校勘記，以避掠美之嫌。對其疏漏之處，出注勘正，以供討論。

　　二、在中華本校勘工作的基礎上，做進一步的版本對校，並充分利用考據學家、校勘學家的成果，結合今注作者自身研究所得，將底本中衍、脱、誤、倒之處進行更正，每條校勘，爭取做到有據可循。對例證不足之文，則提出質疑，不改原文。

　　三、本書今注力求不枝不蔓，緊扣原文。本紀、列傳注文從簡，志書注文則求詳備，文字表達難盡其意時，采用圖、表等形式予以輔助。

　　四、官名。本書有《百官志》，對職官的注釋從簡，一般僅注明官稱、職掌、品級，除有特別需要，不注官職的演變情況。歷代職官多有名同而職掌不同、名異而職掌相同的情況，今注中難以一一說明，我們在參考各種職官辭典後，對職官注釋力求精準，但仍有部分有待今後深入考證。主要參考張政烺主編《中國古代職官大辭典》、呂宗力主編《中國歷代官制大辭典》。

五、地名。本書所見地名均出注，一般僅注明今地。如需說明沿革方可解讀者，則簡述其沿革。東晉、劉宋時期疆域變化較大，僑置郡縣較多，本書《州郡志》亦不能全部理清，今注儘可能保證準確無誤。今地名及行政區劃，以中國地圖出版社 2005 年出版的《中華人民共和國行政區劃簡册》爲準。

六、人名。本書每卷中第一次出現的人名一般均出注。本書有紀、傳之人簡注，並注明某卷有紀、傳。本書無紀、傳之人，注其主要事迹。本書僅一兩見，其他史書亦不見記載者，則注明其事不詳。

七、凡難以理解的名物制度、典故、有爭議或原文記述有歧誤的史實，均出注。

八、對字音、字義、詞義的注釋一般僅限於生僻字、避諱字、破讀和易生歧義及較難理解的語詞，常見的字、詞一般不出注。某些不注則易產生歧義者需出注，如“周旋”一詞，古今含義截然不同，需注。避諱字，僅出注說明避諱的原因，原文不改。

九、對有爭議的問題，客觀公正地簡介諸說，反映歧見，說明注者傾向性的意見，但儘量不作主觀評論。

主要參考文獻

《宋書》，宋元明三朝遞修本。（簡稱"三朝本"）

《宋書》，明北監本。（簡稱"監本"）

《宋書》，毛氏汲古閣本。（簡稱"毛本"）

《宋書》，武英殿本。（簡稱"殿本"）

《宋書》，金陵書局本。（簡稱"局本"）

《宋書》，商務印書館影印本。（簡稱"百衲本"）

《宋書》，中華書局1974年版。（簡稱"中華本"）

清·萬斯同：《宋諸王世表》，《二十五史補編》，中華書局1956年版。

清·萬斯同：《宋將相大臣年表》，《二十五史補編》，中華書局1956年版。

清·萬斯同：《宋方鎮年表》，《二十五史補編》，中華書局1956年版。

清·郝懿行：《宋瑣語》，齊魯書社2010年版。

清·郝懿行：《補宋書食貨志》，《二十五史補編》，中華書局1956年版。

清·成孺：《宋州郡志校勘記》，《二十五史補編》，中華書局1956年版。

清·李慈銘：《宋書札記》，1930年國立北平圖書館鉛印本。

清·楊守敬：《補校宋書州郡志札記》，《楊守敬集》第七冊，湖北教育出
　　版社1997年版。

孫彪：《宋書考論》，1935年國立北平圖書館館刊九卷一——四號抽印本。

（簡稱“《考論》”）

聶崇歧：《補宋書藝文志》，《二十五史補編》，中華書局 1956 年版。

張元濟：《百衲本二十四史校勘記·宋書校勘記》，商務印書館 2001 年版。

蘇晉仁、蕭煉子：《宋書樂志校注》，齊魯書社 1982 年版。

譚其驤：《〈宋書州郡志校勘記〉校補》，《長水集》，人民出版社 1987 年版。

丁福林：《宋書校議》，上海古籍出版社 2002 年版。（簡稱“《校議》”）

胡阿祥：《宋書州郡志彙釋》，安徽教育出版社 2006 年版。

阮刻《十三經注疏》，中華書局 2009 年影印嘉慶原刊本。

唐·李鼎祚輯：《周易集解》，中華書局 1985 年排印學津本。

北宋·程頤：《伊川易傳》，四庫全書本。

南宋·朱熹：《周易本義》，天津市古籍書店 1986 年影印明善堂刻本。

金景芳、呂紹剛：《周易全解》，吉林大學出版社 1989 年版。

清·孫星衍：《尚書今古文注疏》，中華書局 2004 年版。

曾運乾：《尚書正讀》，華東師範大學出版社 2011 年版。

西漢·韓嬰：《韓詩外傳》，增訂漢魏叢書本。

南宋·朱熹：《詩集傳》，上海古籍出版社 1980 年版。

清·馬瑞辰：《毛詩傳箋通釋》，中華書局 1989 年版。

《大戴禮記》，增訂漢魏叢書本。

元·陳澔：《禮記集說》，上海古籍出版社 1987 年影印世界書局本。

清·盛世佐：《儀禮集編》，四庫全書本。

清·徐乾學：《讀禮通考》，四庫全書本。

清·秦蕙田：《五禮通考》，四庫全書本。

明·朱載堉：《律學新說》，人民音樂出版社 1986 年版。

西漢·董仲舒：《春秋繁露》，增訂漢魏叢書本。

楊伯峻：《春秋左傳注》，中華書局 1981 年版。

清·劉寶楠：《論語正義》，中華書局 1990 年版。

楊伯峻：《論語譯注》，中華書局 1980 年版。

清·焦循：《孟子正義》，中華書局 1987 年版。

南宋·朱熹：《四書章句集注》，中華書局 1983 年版。

清·郝懿行:《爾雅義疏》,上海古籍出版社 1983 年影印同治四年（1865）郝氏家刻本。

遲鐸:《小爾雅集釋》,中華書局 2008 年版。

西漢·揚雄:《方言》,增訂漢魏叢書本。

東漢·許慎:《説文解字》,中華書局 1963 年版。

三國魏·張揖:《廣雅》,中華書局 1985 年排印小學彙函本。

唐·陸德明:《經典釋文》,中華書局 1983 年版。

北宋·陳彭年等:《大宋重修廣韻》,江蘇教育出版社 2008 年影印巾箱本。

南宋·戴侗:《六書故》,中華書局 2012 年版。

唐·釋慧琳、遼·釋希麟:《正續一切經音義》,上海古籍出版社 1986 年影印獅谷白蓮社本。

清·張玉書等:《康熙字典》,上海書店出版社 1985 年版。

清·翟灝:《通俗編》,中華書局 1985 年排印函海本。

清·段玉裁:《説文解字注》,上海古籍出版社 1981 年影印經韵樓刻本。

清·朱駿聲:《説文通訓定聲》,中華書局 1984 年影印臨嘯閣刻本。

清·王先謙:《釋名疏證補》,上海古籍出版社 1984 年影印光緒二十二年（1896）刻本。

明·孫瑴編:《古微書》,中華書局 1985 年影印墨海金壺本。

清·黃奭輯:《易緯》,上海古籍出版社 1993 年版。

清·黃奭輯:《尚書緯》,上海古籍出版社 1993 年版。

清·黃奭輯:《詩緯》,上海古籍出版社 1993 年版。

清·黃奭輯:《禮緯》,上海古籍出版社 1993 年版。

清·黃奭輯:《樂緯》,上海古籍出版社 1993 年版。

清·黃奭輯:《春秋緯》,上海古籍出版社 1993 年版。

清·黃奭輯:《論語緯》,上海古籍出版社 1993 年版。

清·黃奭輯:《孝經緯》,上海古籍出版社 1993 年版。

清·黃奭輯:《河圖》,上海古籍出版社 1993 年版。

清·黃奭輯:《雒書》,上海古籍出版社 1993 年版。

西漢·司馬遷:《史記》,中華書局 1982 年版。

［日］瀧川資言、［日］水澤利忠:《史記會注考證附校補》,上海古籍出

版社 1986 年版。

東漢・班固：《漢書》，中華書局 1962 年版。

清・全祖望：《漢書地理志稽疑》，《二十五史補編》，中華書局 1956 年版。

清・汪遠孫：《漢書地理志校本》，《二十五史補編》，中華書局 1956 年版。

清・吳卓信：《漢書地理志補注》，《二十五史補編》，中華書局 1956 年版。

清・呂吳調陽：《漢書地理志詳釋》，《二十五史補編》，中華書局 1956 年版。

清・汪士鐸：《漢志釋地略》，《二十五史補編》，中華書局 1956 年版。

清・王先謙：《漢書補注》，上海古籍出版社 2008 年版。

南朝宋・范曄：《後漢書》，中華書局 1965 年版。

清・王先謙：《後漢書集解》，中華書局 1984 年影印 1915 年虛受堂刊本。

西晉・陳壽：《三國志》，中華書局 1982 年版。

清・洪飴孫：《三國職官表》，《二十五史補編》，中華書局 1956 年版。

清・林國賛：《讀三國志雜志》，中華書局 1959 年版。

清・謝鍾英：《三國疆域表》，《二十五史補編》，中華書局 1956 年版。

清・沈家本：《三國志瑣言》，《沈寄簃先生遺書》本。

清・吳增僅、清・楊守敬：《三國郡縣表附考證》，中華書局 1982 年影印 1957 年古籍出版社排印本。

金兆豐：《校補三國疆域志》，商務印書館 1935 年版。

盧弼：《三國志集解》，中華書局 1982 年影印 1957 年古籍出版社排印本。

唐・房玄齡等：《晋書》，中華書局 1974 年版。

清・萬斯同：《晋方鎮年表》，《二十五史補編》，中華書局 1956 年版。

清・萬斯同：《東晋方鎮年表》，《二十五史補編》，中華書局 1956 年版。

清・畢沅：《晋書地理志新補正》，《二十五史補編》，中華書局 1956 年版。

清・洪亮吉：《東晋疆域志》，《二十五史補編》，中華書局 1956 年版。

清・方愷：《新校晋書地理志》，《二十五史補編》，中華書局 1956 年版。

清・湯球輯：《九家舊晋書輯本》，中華書局 1985 年排印史學叢書本。

清・周家禄：《晋書校勘記》，叢書集成初編本。

吳士鑑、劉承幹：《晋書斠注》，1928 年吳興劉氏嘉業堂本。

南朝梁・蕭子顯：《南齊書》，中華書局 1972 年版。

唐·姚思廉：《梁書》，中華書局 1973 年版。

唐·姚思廉：《陳書》，中華書局 1972 年版。

北齊·魏收：《魏書》，中華書局 1974 年版。

張儔生：《魏書地形志校釋》，臺灣德育書局 1980 年版。

唐·李百藥：《北齊書》，中華書局 1972 年版。

唐·令狐德棻等：《周書》，中華書局 1971 年版。

唐·李延壽：《南史》，中華書局 1975 年版。

唐·李延壽：《北史》，中華書局 1974 年版。

清·汪士鐸：《南北史補志》，《二十五史補編》，中華書局 1956 年版。

唐·魏徵等：《隋書》，中華書局 1973 年版。

清·姚振宗：《隋書經籍志考證》，《二十五史補編》，中華書局 1956 年版。

清·楊守敬：《隋書地理志考證附補遺》，《二十五史補編》，中華書局
　　1956 年版。

後晉·劉昫等：《舊唐書》，中華書局 1975 年版。

北宋·歐陽修、宋祁：《新唐書》，中華書局 1975 年版。

丘瓊蓀：《歷代樂志律志校釋》，人民音樂出版社 1999 年版。

清·朱右曾：《逸周書集訓校釋》，商務印書館萬有文庫本。

《國語》，上海古籍出版社 1998 年版。

李民等：《古本竹書紀年譯注》，中州古籍出版社 1990 年版。

方詩銘、王修齡：《古本竹書紀年輯證》，上海古籍出版社 2005 年版。

郭人民：《戰國策校注繫年》，中州古籍出版社 1988 年版。

東漢·宋衷注，清·秦嘉謨等輯：《世本八種》，商務印書館 1957 年版。

東漢·袁康：《越絕書》，增訂漢魏叢書本。

東漢·趙曄：《吳越春秋》，江蘇古籍出版社 1986 年版。

東漢·荀悅：《漢紀》，中華書局 2002 年版。

西晉·皇甫謐：《帝王世紀》，中華書局 1985 年排印指海本。

任乃强：《華陽國志校補圖注》，上海古籍出版社 1987 年版。

東晉·袁宏：《後漢紀》，中華書局 2002 年版。

北魏·崔鴻：《十六國春秋》，增訂漢魏叢書本。

清·湯球：《十六國春秋輯補》，中華書局 1985 年排印史學叢書本。

唐·許嵩：《建康實録》，中華書局 1986 年版。

北宋·司馬光：《資治通鑑》，中華書局 1956 年版。（簡稱“《通鑑》”）

北宋·司馬光：《資治通鑑考異》，四庫全書本。

南宋·郭允蹈：《蜀鑑》，巴蜀書社 1984 年影印明嘉靖三十四年（1555）
　　刻本。

清·孫星衍等輯：《漢官六種》，中華書局 1990 年版。

唐·李林甫等：《唐六典》，中華書局 1992 年版。

唐·杜佑：《通典》，中華書局 1988 年版。

南宋·鄭樵：《通志》，商務印書館萬有文庫本。

元·馬端臨：《文獻通考》，中華書局 2011 年版。（簡稱“《通考》”）

清·黃本驥：《歷代職官表》，中華書局 1965 年版。

清·朱銘盤：《南朝宋會要》，上海古籍出版社 1984 年版。

清·朱銘盤：《南朝齊會要》，上海古籍出版社 1984 年版。

清·朱銘盤：《南朝梁會要》，上海古籍出版社 1984 年版。

張純一：《晏子春秋校注》，上海書店出版社 1986 年版。

西漢·劉向：《古列女傳》，四庫全書本。

西晉·皇甫謐：《高士傳》，增訂漢魏叢書本。

清·阮元：《疇人傳》，《疇人傳彙編》，廣陵書社 2009 年版。

北宋·王堯臣等編：《崇文總目》，中華書局 1985 年排印粵雅堂叢書本。

清·郝懿行：《山海經箋疏》，巴蜀書社 1985 年影印《郝氏遺書》本。

許作民：《鄴都佚志輯校注》，中州古籍出版社 1996 年版。

東晉·釋法顯：《佛國記》，增訂漢魏叢書本。

北魏·酈道元：《水經注》，四庫全書本。

清·楊守敬：《水經注疏》，江蘇古籍出版社 1989 年版。

周祖謨：《洛陽伽藍記校釋》，中華書局 2010 年版。

南朝梁·宗懍：《荆楚歲時記》，增訂漢魏叢書本。

陳直：《三輔黃圖校證》，陝西人民出版社 1980 年版。

賀次君：《括地志輯校》，中華書局 1980 年版。

季羨林等：《大唐西域記校注》，中華書局 1955 年版。

唐·李吉甫：《元和郡縣圖志》，中華書局 1983 年版。

清・張駒賢：《元和郡縣圖志考證》，清光緒王氏謙德堂刻畿輔叢書本。

唐・陸廣微：《吳地記》，江蘇古籍出版社 1986 年版。

北宋・樂史：《太平寰宇記》，中華書局 2007 年版。

北宋・宋敏求：《長安志》，叢書集成初編本。

北宋・歐陽忞：《輿地廣記》，四川大學出版社 2003 年版。

北宋・稅安禮：《歷代地理指掌圖》，上海古籍出版社 1989 年影印東洋文庫藏宋刻本。

南宋・張敦頤：《六朝事迹編類》，中華書局 2012 年版。

南宋・祝穆：《宋本方輿勝覽》，上海古籍出版社 2012 年版。

南宋・王象之：《輿地紀勝》，道光岑氏刊本。

南宋・周應合：《景定建康志》，四庫全書本。

清・顧炎武：《歷代帝王宅京記》，中華書局 1984 年版。

清・顧祖禹：《讀史方輿紀要》，中華書局 1955 年版。

《江南通志》，四庫全書本。

清・徐文範：《東晉南北朝輿地表》，廣雅書局本。（簡稱“《輿地表》”）

清・洪亮吉：《十六國疆域志》，商務印書館 1936 年版。

《嘉慶重修一統志》，中華書局 1986 年影印四部叢刊續編本。

清・余賓碩：《金陵覽古》，道光三十年（1850）刻本。

清・胡孔福：《南北朝僑置州郡考》，1912 年刊本。

清・王夫之：《讀通鑑論》，中華書局 1975 年版。

清・朱彝尊：《經義考》，揚州馬氏刻本。

清・張熷：《讀史舉正》，叢書集成初編本。（簡稱“《舉正》”）

清・牛運震：《讀史糾謬》，齊魯書社 1989 年版。（簡稱“《糾謬》”）

清・王鳴盛：《十七史商榷》，中華書局 1985 年版。（簡稱“《商榷》”）

清・趙翼：《廿二史劄記》，上海古籍出版社 2011 年版。（簡稱“《劄記》”）

清・趙翼：《陔餘叢考》，商務印書館 1957 年排印湛貽堂刊本。（簡稱“《叢考》”）

清・錢大昕：《廿二史考異》，中華書局 1985 年版。（簡稱“《考異》”）

清・錢大昕：《考史拾遺》，商務印書館 1958 年排印潛研堂全集叢書本。

（簡稱“《拾遺》”）

清·郝懿行：《晋宋書故》，齊魯書社 2010 年版。

清·洪頤煊：《諸史考異》，廣雅書局本。

清·俞正燮：《癸巳類稿》，商務印書館 1957 年版。

睡虎地秦墓竹簡小組編：《睡虎地秦墓竹簡》，文物出版社 2001 年版。

連雲港市博物館等編：《尹灣漢墓簡牘》，中華書局 1997 年版。

中國社會科學院考古研究所編：《居延漢簡甲乙編》，中華書局 1980 年版。

北宋·呂大臨：《考古圖》，四庫全書本。

清·李富孫：《漢魏六朝墓銘纂例》，中華書局 1985 年排印別下齋叢書本。

清·王先謙：《荀子集解》，中華書局 1988 年版。

西漢·陸賈：《新語》，增訂漢魏叢書本。

西漢·賈誼：《新書》，增訂漢魏叢書本。

西漢·劉向：《説苑》，增訂漢魏叢書本。

西漢·劉向：《新序》，增訂漢魏叢書本。

西漢·揚雄：《法言》，增訂漢魏叢書本。

東漢·班固：《白虎通》，增訂漢魏叢書本。

三國魏·王肅：《孔子家語》，中州古籍出版社 1997 年版。

清·魏源：《老子本義》，中華書局 1985 年排印漸西村舍叢刊本。

高亨：《老子注譯》，河南人民出版社 1980 年版。

王利器：《文子疏義》，中華書局 2009 年版。

清·王先謙：《莊子集解》，上海書店出版社 1986 年版。

楊伯峻：《列子集釋》，中華書局 1979 年版。

東晉·葛洪：《抱朴子》，上海古籍出版社 1990 年影印明道藏本。

北宋·張君房：《雲笈七籤》，書目文獻出版社 1992 年影印明道藏本。

清·戴望：《管子校正》，商務印書館萬有文庫本。

清·王先謙：《韓非子集解》，中華書局 1998 年版。

梁啓雄：《韓子淺解》，中華書局 1960 年版。

蔣禮鴻：《商君書錐指》，中華書局 1986 年版。

三國·曹操等：《孫子十家注》，上海書店出版社 1986 年版。

楊丙安：《十一家注孫子校理》，中華書局 1999 年版。

張震澤：《孫臏兵法校理》，中華書局 1984 年版。

《周髀算經》，中華書局 1985 年排印聚珍本。

隋・蕭吉：《五行大義》，上海書店出版社 2001 年版。

唐・瞿曇悉達：《開元占經》，四庫全書本。

明・李時珍：《本草綱目》，四庫全書本。

《中華大藏經》，中華書局 1990 年版。

李小榮：《弘明集校箋》，上海古籍出版社 2013 年版。

南朝梁・釋慧皎：《高僧傳》，中華書局 1992 年版。

清・孫詒讓：《墨子閒詁》，華書局 2001 年版。

許富宏：《鬼谷子集校集注》，中華書局 2010 年版。

戰國・尸佼：《尸子》，中華書局 1991 年排印平津館叢書本。

許富宏：《慎子集校集注》，中華書局 2013 年版。

陳奇猷：《吕氏春秋新校釋》，上海古籍出版社 2002 年版。

劉文典：《淮南鴻烈集解》，中華書局 2013 年版。

劉盼遂：《論衡集解》，古籍出版社 1957 年版。

東漢・蔡邕：《獨斷》，增訂漢魏叢書本。

吳樹平：《風俗通義校釋》，天津人民出版社 1980 年版。

西晉・崔豹：《古今注》，增訂漢魏叢書本。

北齊・顏之推：《顏氏家訓》，增訂漢魏叢書本。（簡稱"《家訓》"）

五代・馬縞：《中華古今注》，中華書局 1985 年排印古今學海本。

南宋・程大昌：《演繁露》，中華書局 1991 年排印學津本。

南宋・王應麟：《困學紀聞》，上海古籍出版社 2015 年版。

明・徐應秋：《玉芝堂談薈》，四庫全書本。

明・田藝蘅：《留青日札》，上海古籍出版社 1992 年版。

明・周祈：《名義考》，四庫全書本。

清・顧炎武：《日知錄》，上海古籍出版社 2012 年版。

清・姚際恒：《古今僞書考》，中華書局 1985 年排印知不足齋叢書本。

清・錢大昕：《十駕齋養新錄》，上海書店出版社 2011 年版。

清・王念孫：《讀書雜志》，江蘇古籍出版社 2000 年影印王氏家刻本。

清・孫星衍：《五松園文稿》，中華書局 1985 年排印岱南閣叢書本。

清·馬國翰輯：《玉函山房輯佚書》，上海古籍出版社 1990 年影印光緒九
　　年嫏嬛仙館本。

清·張文虎：《舒藝室隨筆》，遼寧教育出版社 2003 年版。

清·勞格：《讀書雜識》，月河精舍叢鈔本。

清·李慈銘：《越縵堂讀書記》，中華書局 2006 年版。

西漢·東方朔：《神異經》，增訂漢魏叢書本。

西晉·張華：《博物志》，增訂漢魏叢書本。

東晉·干寶：《搜神記》，增訂漢魏叢書本。

東晉·王嘉：《拾遺記》，增訂漢魏叢書本。

南朝宋·劉義慶：《世說新語》，上海古籍出版社 1982 年版。（簡稱 "《世
　　説》"）

徐震堮：《世說新語校箋》，中華書局 1984 年版。

余嘉錫：《世說新語箋疏》，中華書局 1983 年版。

南朝梁·任昉：《述異記》，增訂漢魏叢書本。

唐·虞世南等編：《北堂書鈔》，學苑出版社 1998 年影印孔氏三十三萬卷
　　堂影宋刊本。（簡稱 "《書鈔》"）

唐·歐陽詢等編：《藝文類聚》，中華書局 1965 年版。（簡稱 "《類聚》"）

唐·徐堅等編：《初學記》，中華書局 2004 年版。

北宋·李昉等編：《太平御覽》，中華書局 1960 年據上海涵芬樓影印宋本
　　重印。

北宋·李昉等編：《太平廣記》，中華書局 1961 年版。

北宋·王欽若等編：《册府元龜》，中華書局 1960 年影印明刻本。（簡稱
　　"《元龜》"）

南宋·王應麟編：《玉海》，四庫全書本。

清·張英、王士禎等：《御定淵鑑類函》，四庫全書本。

東漢·蔡邕：《蔡中郎文集》，中華書局 1991 年排印十萬卷樓叢書本。

黃節：《曹子建詩注》，中華書局 2008 年版。

趙幼文：《曹植集校注》，人民文學出版社 1984 年版。

顧紹柏：《謝靈運集校注》，中州古籍出版社 1987 年版。

清·錢振倫：《鮑參軍集注》，古典文學出版社 1958 年版。

陳慶元：《沈約集校箋》，浙江古籍出版社 1995 年版。

南宋·晁公溯：《嵩山集》，四庫全書本。

清·錢大昕：《潛研堂集》，上海古籍出版社 2009 年版。

清·洪亮吉：《卷施閣文甲集》，《洪亮吉集》第一冊，中華書局 2001
年版。

清·莫與儔：《貞定先生遺集》，《莫氏四種》，文海出版社 1969 年版。

清·鄭珍：《巢經巢文集》，《鄭珍集·文集》，貴州人民出版社 1994 年版。

清·楊守敬：《晦明軒稿》，《楊守敬集》第五冊，湖北人民出版社 1988
年版。

南宋·洪興祖：《楚辭補注》，中華書局 1983 年版。

黃靈庚：《楚辭異文辯證》，中州古籍出版社 2000 年版。

范文瀾：《文心雕龍注》，人民文學出版社 1962 年版。

唐·吳競：《樂府古題要解》，中華書局 1991 年影印學津本。

南宋·嚴羽：《滄浪詩話》，中華書局 1985 年影印津逮本。

清·朱乾：《樂府正義》，乾隆五十四年（1789）大興朱珪刻本。

清·常澤癸：《樂府題解》，同治十一年（1872）刻本。

南朝梁·蕭統編，唐·李善注：《昭明文選》，中華書局 1977 年影印胡克
家刻本。（簡稱“《文選》”）

南朝梁·蕭統編，唐·李善等注：《六臣注文選》，商務印書館 1919 年影
印涵芬樓藏宋刊本。

南朝陳·徐陵編：《玉臺新詠》，上海書店 1988 年影印世界書局本。

北宋·李昉等編：《文苑英華》，中華書局 1966 年版。（簡稱“《英華》”）

北宋·郭茂倩編：《樂府詩集》，中華書局 1979 年版。

明·劉節編：《廣文選》，嘉靖十六年（1537）陳蕙刻本。

明·張溥輯：《漢魏六朝百三家集》，光緒五年（1879）信述堂刻本。

清·嚴可均輯：《全上古三代秦漢三國六朝文》，中華書局 1958 年影印光
緒二十年黃岡王氏刻本。

逯欽立輯：《先秦漢魏晉南北朝詩》，中華書局 1983 年版。

朱方、劉鈞仁：《中國地名大辭典》，國立北平研究院出版部 1930 年版。

臧勵龢主編：《中國古今地名大辭典》，商務印書館香港分館 1931 年版。

《中華大字典》，中華書局 1978 年版。

《辭海》，上海辭書出版社 1979 年版。

《辭源》，商務印書館 1980 年版。

譚其驤主編：《中國歷史地圖集》，中國地圖出版社 1982 年版。

丁福保編：《佛學大辭典》，文物出版社 1984 年版。

杭州大學中文系《古書典故辭典》編寫組編：《古書典故辭典》，江西人民
　　出版社 1984 年版。

張忱石：《南朝五史人名索引》，中華書局 1985 年版。

武漢大學語言研究室編：《漢語成語大詞典》，河南人民出版社 1985 年版。

復旦大學歷史地理研究所編：《中國歷史地名辭典》，江西教育出版社 1986
　　年版。

《漢語大詞典》，漢語大詞典出版社 1990 年版。

張政烺主編：《中國古代職官大辭典》，河南人民出版社 1990 年版。

陳永正：《中國方術大辭典》，中山大學出版社 1991 年版。

呂宗力主編：《中國歷代官制大辭典》，北京出版社 1994 年版。

魏嵩山主編：《中國歷史地名大辭典》，廣東教育出版社 1995 年版。

劉保全：《佛經解説大辭典》，河南大學出版社 1997 年版。

錢玄、錢興奇：《三禮辭典》，江蘇古籍出版社 1998 年版。

袁英光主編：《南朝五史辭典》，山東教育出版社 2005 年版。

章太炎：《國故論衡》，商務印書館 2010 年版。

王國維：《觀堂集林》，中華書局 1959 年版。

陳垣：《二十史朔閏表》，中華書局 1999 年版。

楊樹達編：《詞詮》，中華書局 1957 年版。

黎正甫：《郡縣時代之安南》，商務印書館 1945 年版。

李祖桓：《仇池國志》，書目文獻出版社 1986 年版。

楊蔭瀏：《中國音樂史綱》，萬葉書店 1953 年版。

唐長孺：《魏晉南北朝史論叢》，三聯書店 1955 年版。

中央民族學院研究部編：《歷代各族傳記會編》，中華書局 1958 年版。

唐長孺：《魏晉南北朝史論叢續編》，三聯書店 1959 年版。

侯仁之等：《中國古代地理名著選讀》，科學出版社 1959 年版。

周一良：《魏晉南北朝史論集》，中華書局 1963 年版。

吳南薰：《律學會通》，科學出版社 1964 年版。

〔英〕李約瑟：《中國科學技術史》，科學出版社 1975 年版。

童恩正：《古代的巴蜀》，四川人民出版社 1979 年版。

陳遵嬀：《中國天文學史》，上海人民出版社 1980 年版。

方國瑜：《中國西南歷史地理考釋》，中華書局 1981 年版。

吉聯抗：《魏晉南北朝音樂史料》，上海文藝出版社 1982 年版。

唐長孺：《魏晉南北朝史論拾遺》，中華書局 1983 年版。

韓國磐：《魏晉南北朝史綱》，人民出版社 1983 年版。

董作賓：《中國年曆簡譜》，臺灣藝文印書館 1983 年版。

呂思勉：《兩晉南北朝史》，上海古籍出版社 1983 年版。

中國社會科學院歷史所編：《魏晉隋唐史論集》第 2 輯，中國社會科學出版社 1983 年版。

安作璋、熊鐵基：《秦漢官制史稿》，齊魯書社 1984、1985 年版。

周一良：《魏晉南北朝史札記》，中華書局 1985 年版。

林野等編：《洛陽的傳說》，中國民間文藝出版社 1985 年版。

中國魏晉南北朝史學會編：《魏晉南北朝史研究》，四川社會科學院出版社 1986 年版。

中國《山海經》學術研討會編：《山海經新探》，四川社會科學出版社 1986 年版。

周振鶴：《西漢政區地理》，人民出版社 1987 年版。

尤中：《中國西南邊疆變遷史》，雲南教育出版社 1987 年版。

傅樂成：《漢唐史論集》，聯經出版事業公司 1987 年版。

朱紹侯：《魏晉南北朝土地制度與階級關係》，中州古籍出版社 1988 年版。

田文堂：《魏晉三大思潮論稿》，陝西人民出版社 1988 年版。

陳玉屏：《魏晉南北朝兵户制度研究》，巴蜀書社 1988 年版。

田餘慶：《東晉門閥政治》，北京大學出版社 1989 年版。

潘鼐：《中國恒星觀測史》，學林出版社 1989 年版。

王志邦：《六朝江東史論》，中國青年版社 1989 年版。

鄭欣：《魏晉南北朝史探索》，山東大學出版社 1989 年版。

張培瑜：《三千五百年曆日天象》，河南教育出版社 1990 年版。

胡阿祥：《東晉南朝僑州郡縣設置及其地理分布》，上海人民出版社 1990 年版。

嚴耕望：《中國地方行政制度史·魏晉南北朝地方行政制度》，上海古籍出版社 2007 年版。

周一良：《魏晉南北朝史論集續編》，北京大學出版社 1991 年版。

魏晉南北朝史學會編：《魏晉南北朝史論文集》，齊魯書社 1991 年版。

陳長琦：《兩晉南朝政治史稿》，河南大學出版社 1992 年版。

李養正主編：《道教手冊》，中州古籍出版社 1993 年版。

方國瑜：《方國瑜文集》，雲南教育出版社 1994 年版。

簡修煒、莊輝明、章義和：《六朝史稿》，華東師範大學出版社 1994 年版。

魏晉南北朝史學會編：《魏晉南北朝史研究》，湖北人民出版社 1996 年版。

陳長琦：《戰國秦漢六朝史研究》，廣東人民出版社 1997 年版。

王仲犖：《魏晉南北朝史》，上海人民出版社 1998 年版。

高敏：《魏晉南北朝兵制研究》，大象出版社 1998 年版。

王應偉：《中國古曆通解》，遼寧教育出版社 1998 年版。

朱大渭：《六朝史論》，中華書局 1998 年版。

張元濟：《校史隨筆》，上海古籍出版社 1998 年版。

李曉傑：《東漢政區地理》，山東教育出版社 1999 年版。

黎虎：《魏晉南北朝史論》，學苑出版社 1999 年版。

華林甫：《中國地名學源流》，湖南人民出版社 1999 年版。

胡阿祥：《六朝疆域與政區研究》，西安地圖出版社 2001 年版。

陳戍國：《中國禮制史》，湖南教育出版社 2002 年版。

陳美東：《中國科學技術史·天文學卷》，科學出版社 2003 年版。

高敏：《南北史掇瑣》，中州古籍出版社 2003 年版。

高敏：《魏晉南北朝史發微》，中華書局 2006 年版。

胡阿祥：《東晉南朝僑州郡縣與僑流人口研究》，江蘇教育出版社 2008 年版。

馬生旺主編：《石勒——武鄉千古一帝》，中國社會科學出版社 2009 年版。

陳長琦：《六朝政治》，南京出版社 2010 年版。

王鍾翰主編：《中國民族史》，武漢大學出版社 2012 年版。

陳長琦：《官品的起源》，商務印書館 2016 年版。

朱紹侯：《軍功爵制研究（增訂版）》，商務印書館 2017 年版。

王毓銓：《漢代"亭"與"鄉""里"不同性質不同行政系統説》，《歷史研究》1954 年第 2 期。

束世澂：《范曄與〈後漢書〉》，《歷史教學》1961 年第 Z2 期。

繆鉞：《顏延之年譜》，《讀史存稿》，生活·讀書·新知三聯書店 1963 年版。

安徽文物工作隊等：《阜陽雙古堆西漢汝陰侯墓發掘報告》，《文物》1978 年第 8 期。

程應鏐：《釋"幹"》，《中華文史論叢》1979 年第 2 輯。

陳光崇：《論范曄之死》，《史學史資料》1980 年第 1 期。

顧頡剛、譚其驤：《關於漢武帝的十三州問題討論》，《復旦學報》1980 年第 3 期。

張澤咸：《六朝徭役制度》，《中國古史論集》，吉林人民出版社 1981 年版。

何兹全：《讀〈宋書·恩倖傳序〉書後》，《紀念陳垣誕辰百周年史學論文集》，北京師範大學出版社 1981 年版。

蘇晉仁：《〈宋書〉叢考——附援老信劄》，《紀念陳垣誕辰百周年史學論文集》，北京師範大學出版社 1981 年版。

李春潤：《論三國兩晉南北朝的幹》，《中華文史論叢》1981 年第 3 輯。

彭神保：《僮幹釋疑》，《中華文史論叢》1981 年第 3 輯。

王利器：《曉傳書齋讀書筆記》，《古籍論叢》，福建人民出版社 1982 年版。

陳連慶：《孫吳的屯田制》，《社會科學輯刊》1982 年第 6 期。

蘇晉仁：《〈宋書·百官志〉考異》，《歷史研究》1985 年第 3 期。

吳松弟：《冶即東部候官辨——〈續漢書·郡國志〉會稽郡下一條錯簡》，《歷史地理》第 4 輯，上海人民出版社 1986 年版。

吳應壽：《東晉南朝的雙頭州郡》，《歷史地理研究》第 1 輯，復旦大學出版社 1986 年版。

黃惠賢：《讀〈宋書·郭世道傳〉書後》，《華東師大學報》叢刊 1986 年。

譚其驤：《晉永嘉喪亂後之民族遷徙》，《長水集》，人民出版社 1987 年版。

譚其驤：《自漢至唐海南島歷史政治地理——附論梁隋間高涼冼夫人功業及隋唐高涼馮氏地方勢力》，《歷史研究》1988 年第 5 期。

丁福林：《點校本〈宋書〉〈南史〉獻疑》，《古籍點校疑誤匯録三》，中華書局 1989 年版。

胡阿祥：《東晉南朝山西州郡縣僑置及人口遷徙考》，《山西地圖》1989 年第 2 期。

胡阿祥：《東晉南朝雙頭州郡考論》，《中國歷史地理論叢》1989 年第 2 期。

胡阿祥：《晉宋時期山東僑州郡縣考述》，《中國歷史地理論叢》1989 年第 3 期。

楊正剛：《蘇毗初探》，《中國藏學》1989 年第 4 期。

譚其驤：《再論海南島建置沿革——答楊武泉同志駁難》，《歷史研究》1989 年第 6 期。

吳應壽：《十六國漢、後趙及南朝齊司州治》，《歷史地理研究》第 2 輯，復旦大學出版社 1990 年版。

牟元珪：《關於西漢十三刺史部治所問題》，《歷史地理研究》第 2 輯，復旦大學出版社 1990 年版。

譚其驤：《海鹽縣的建置沿革、縣治遷移和轄境變遷》，《歷史地理研究》第 2 輯，復旦大學出版社 1990 年版。

胡雄：《錢大昕論〈宋書·州郡志〉所載水陸道里》，《歷史地理》第 17 輯，上海人民出版社 1990 年版。

沈仁安：《倭五王遣使除授考》，《日本研究》1990 年第 4 期。

夏日新：《關於東晉僑州郡縣的幾個問題》，《魏晉南北朝隋唐史資料》第 11 輯，武漢大學出版社 1991 年版。

陳長琦：《六朝廣東發展的考古觀察》，《廣東社會科學》1992 年第 3 期。

宋會群、李振宏：《秦漢時制研究》，《歷史研究》1993 年第 6 期。

胡阿祥：《孫吳特殊政區制度考論》，《贛南師範學院學報》1994 年第 1 期。

胡阿祥：《六朝疆域與政區研究史料評說》，《歷史地理》第 12 輯，上海人民出版社 1995 年版。

郭黎安：《讀史札記三則》，《學海》1995 年第 1 期。

陳長琦：《魏晉九品官人法再探討》，《歷史研究》1995 年第 6 期。

胡阿祥：《南朝寧蠻府、左郡左縣、俚郡僚郡述論》，《歷史地理》第 12 輯，上海人民出版社 1996 年版。

蘇晉仁：《論沈約〈宋書〉八志》，《周紹良先生欣開九秩慶壽文集》，中華書局 1997 年版。

何德章：《〈宋書·州郡志〉札記二則》，《魏晉南北朝隋唐史資料》第 15 輯，武漢大學出版社 1997 年版。

張琳：《東晋南朝時期襄宛地方社會的變遷與雍州僑置始末》，《魏晋南北朝隋唐史資料》第 15 輯，武漢大學出版社 1997 年版。

胡阿祥：《東晋南朝地方州郡略説》，《東北亞歷史地理研究》，中州古籍出版社 1998 年版。

朱紹侯：《中華本〈宋書〉校點失誤商榷》，《慶祝何兹全先生九十歲論文集》，北京師範大學出版社 2001 年版。

胡阿祥：《論土斷》，《南京大學學報》（哲學·人文科學·社會科學版）2001 年第 2 期。

蔣福亞、李瓊英：《〈宋書〉説略》，《經史説略》之《二十五史説略》，北京燕山出版社 2002 年版。

何德章：《六朝建康的水陸交通——讀〈宋書·州郡志〉札記之二》，《魏晋南北朝隋唐史資料》第 19 輯，武漢大學出版社 2002 年版。

朱紹侯：《論劉裕》，《軍事歷史研究》2016 年第 6 期。

宋書　卷一

本紀第一

武帝上

　　高祖武皇帝諱裕，[1]字德輿，小名寄奴，彭城縣綏輿里人，[2]漢高帝弟楚元王交之後也。[3]交生紅懿侯富，[4]富生宗正辟彊，[5]辟彊生陽城繆侯德，[6]德生陽城節侯安民，[7]安民生陽城釐侯慶忌，[8]慶忌生陽城肅侯岑，[9]岑生宗正平，平生東武城令某，某生東萊太守景，景生明經洽，洽生博士弘，弘生瑯邪都尉悝，悝生魏定襄太守某，某生邪城令亮，[10]亮生晋北平太守膺，膺生相國掾熙，熙生開封令旭孫。旭孫生混，始過江，居晋陵郡丹徒縣之京口里，官至武原令。混生東安太守靖，靖生郡功曹翹，[11]是爲皇考。[12]高祖以晋哀帝興寧元年歲次癸亥三月壬寅夜生。[13]及長，身長七尺六寸，風骨奇特。家貧，有大志，不治廉隅。[14]事繼母以孝謹稱。

　　[1]高祖：宋武帝劉裕廟號。歷代開國皇帝廟號多稱高祖。

武：劉裕的諡號。按《諡法》："克定禍亂曰武。"

[2]彭城：縣名。在今江蘇徐州市。 綏興里：各本並無
"興"字，中華本據《御覽》卷一二八、《南史》卷一《武帝
紀》補。

[3]漢高帝：《史記》稱漢高祖，漢開國皇帝劉邦廟號。《史
記》卷八、《漢書》卷一有紀。 楚元王：漢王爵名，都彭城。按
《諡法》："始建國都曰元。""行義説民曰元。" 交：人名。即劉
交，劉邦同父異母弟。因參加反秦戰爭及楚漢戰爭有功，封爲楚
王。《漢書》卷三六有傳。

[4]紅懿侯富：劉交第二子劉富，先封休侯，國都在今山東滕
州市西北。後封紅侯，國都在今山東泰安市。其事見《漢書》卷三
六《楚元王傳》。懿，諡號。按《諡法》："溫柔聖善曰懿。"

[5]宗正：官名。漢九卿之一，秩中二千石，管理皇族、外戚
事務。 辟彊：人名。即劉辟彊，曾任光禄大夫，守長樂衛尉。其
事見《漢書·楚元王傳》。

[6]陽城繆侯德：劉德因替子劉向上書申訴，死後被以惡諡。
按《諡法》："名與實爽曰繆。"陽城侯國在今河南商水縣。

[7]陽城節侯安民：《漢書·外戚恩澤侯表》：劉德薨，"節侯
安民嗣"。按《諡法》："好廉自克曰節。"

[8]陽城釐侯慶忌：《漢書·外戚恩澤侯表》：安民薨，"釐侯
慶忌嗣"。按《諡法》："質淵受諫曰釐。"

[9]陽城肅侯岑：《漢書·楚元王傳》：慶忌薨，"子岑嗣"，岑
"薨，傳子，至王莽敗，乃絕"。但《漢書·外戚恩澤侯表》作：
慶忌薨，"居攝元年，侯颯嗣，王莽敗，絕"。中間没有劉岑。《漢
書補注》引李慈銘曰："德爲地節四年封，更十一年，加子十八年，
孫二十一年，共四十九年，而宣帝地節四年至居攝元年，中隔七十
年，則慶忌後自當更有一代，《公卿表》有太常劉岑可據也。"據
此慶忌之後，應是劉岑，劉岑之後纔是劉颯。肅，諡號。按《諡
法》："剛德克就曰肅。""執心決斷曰肅。"

[10]"宗正平"至"邪城令亮"：此九代均不見於史書，有的官職可能是僞托，其事迹無考，故不一一注出。

[11]"晋北平太守膺"至"功曹翹"：劉裕建國後立廟所尊奉的七世祖，並有《祠登歌》爲其頌德。此"七世祖"也不見於本書以外的史書，其中唯劉混乃劉裕一支的過江始祖是可信的。晋陵，郡名。晋永嘉五年由毗陵郡改，治所在今江蘇鎮江市東南丹徒區，東晋初移治京口（今江蘇鎮江市），京口原爲里名，後升爲郡治。

[12]皇考：古帝王稱亡父爲皇考。

[13]興寧元年歲次癸亥三月壬寅夜生：本書卷四一《孝穆趙皇后傳》云"興寧元年四月二日生高祖"。按：三月壬寅爲三月十七日，與此相差十五日，未知孰是。興寧，晋哀帝司馬丕年號（363—365）。

[14]廉隅：指端方不苟的品行。《禮記·儒行》："近文章，砥厲廉隅。"

　　初爲冠軍孫無終司馬。[1]安帝隆安三年十一月，[2]妖賊孫恩作亂於會稽，[3]晋朝衛將軍謝琰、前將軍劉牢之東討。[4]牢之請高祖參府軍事。[5]十二月，牢之至吴，[6]而賊緣道屯結，牢之命高祖與數十人覘賊遠近。會遇賊至，衆數千人，高祖便進與戰。所將人多死，而戰意方厲，手奮長刀，所殺傷甚衆。牢之子敬宣疑高祖淹久，[7]恐爲賊所困，乃輕騎尋之。既而衆騎並至，賊乃奔退，斬獲千餘人，推鋒而進，平山陰，[8]恩遁還入海。

[1]冠軍：官名。冠軍將軍的省稱，撫軍大將軍的下屬，領有營兵。三品。　孫無終：人名。原爲桓玄部將，後歸謝琰，討孫恩

時任輔國將軍。　司馬：官名。即冠軍將軍司馬，管理府内武職人員，地位次於長史。

［2］隆安：晋安帝司馬德宗年號（397—401）。

［3］孫恩：人名。字靈秀，琅邪（今山東臨沂市）人，因以五斗米道發動反晋鬭争，故被蔑稱爲妖賊。《晋書》卷一〇〇有傳。　會稽：郡國名。秦漢爲郡，時爲司馬道子封國，治所在今浙江紹興市。

［4］衛將軍：官名。位在諸名號大將軍之上，可統兵出征。二品。　謝琰：人名。陳郡陽夏（今河南太康縣）人，謝安之子。《晋書》卷七九有附傳。　前將軍：官名。位在雜號將軍之上，可領兵出征，亦可用作加官。三品。　劉牢之：人名。字道堅，彭城（今江蘇徐州市）人，晋北府軍重要將領。《晋書》卷八四有傳。

［5］請高祖參府軍事：請劉裕任前將軍府參軍，掌管府中軍務。

［6］吴：郡名。治所在今江蘇蘇州市。

［7］敬宣：人名。即劉敬宣。本書卷四七有傳，《晋書》卷八四有附傳。

［8］山陰：縣名。治所在今浙江紹興市。

　　四年五月，恩復入會稽，殺衛將軍謝琰。[1]十一月，劉牢之復率衆東征，恩退走。牢之屯上虞，[2]使高祖戍句章城。[3]句章城既卑小，戰士不盈數百人，高祖常被堅執鋭，爲士卒先，每戰輒摧鋒陷陣，賊乃退還浹口。[4]于時東伐諸帥，御軍無律，士卒暴掠，甚爲百姓所苦。唯高祖法令明整，所至莫不親賴焉。

［1］殺衛將軍謝琰：《建康實録》卷一〇作“孫恩復寇浹口，轉破餘姚，使帳下督張猛别攻，殺内史謝琰”。時謝琰已任會稽内史。

［2］上虞：縣名。在今浙江上虞市。

［3］句章城：地名。在今浙江寧波市南鄞江南岸。

［4］浹口：地名。在今浙江寧波市鎮海區東南甬江河口。

五年春，孫恩頻攻句章，高祖屢摧破之，恩復走入海。三月，恩北出海鹽，[1]高祖追而翼之，[2]築城于海鹽故治。[3]賊日來攻城，城內兵力甚弱，高祖乃選敢死之士數百人，咸脫甲胄，執短兵，並鼓噪而出，賊震懼奪氣，因其懼而奔之，[4]並棄甲散走，斬其大帥姚盛。[5]雖連戰剋勝，然衆寡不敵，高祖獨深慮之。一夜，偃旗匿衆，若已遁者。明晨開門，使羸疾數人登城。賊遥問劉裕所在。曰：“夜已走矣。”賊信之，乃率衆大上。高祖乘其懈怠，奮擊，大破之。恩知城不可下，乃進向滬瀆。[6]高祖復棄城追之。海鹽令鮑陋遣子嗣之以吳兵一千，[7]請爲前驅。高祖曰：“賊兵甚精，吳人不習戰，若前驅失利，必敗我軍。可在後爲聲援。”不從。是夜，高祖多設伏兵，兼置旗鼓，然一處不過數人。明日，賊率衆萬餘迎戰。前驅既交，諸伏皆出，舉旗鳴鼓。賊謂四面有軍，乃退。嗣之追奔，爲賊所没。高祖且戰且退，賊盛，所領死傷且盡。高祖慮不免，至向伏兵處，乃止，令左右脫取死人衣。賊謂當走反停，疑猶有伏。高祖因呼更戰，氣色甚猛，賊衆以爲然，乃引軍去。高祖徐歸，然後散兵稍集。五月，孫恩破滬瀆，殺吳國內史袁山松，[8]死者四千人。是月，高祖復破賊於婁縣。[9]

［1］海鹽：縣名。在今浙江海鹽縣。

[2]追而翼之：張開兩翼追擊。翼指軍隊的陣式，即左右兩翼。

[3]築城：《建康實錄》卷一一作“築壘”。　海鹽故治：海鹽舊城址。海鹽故治在今浙江平湖市。東晉成康七年（341）遷至今地。

[4]奔之：急速追擊。

[5]姚盛：人名。孫恩軍將領。本書僅此一見，其事不詳。

[6]滬瀆：地名。在今上海市。《讀史方輿紀要》卷二四：滬瀆壘“在（嘉定）縣西四十里，傍吳淞江”。

[7]鮑陋：人名。後升任益州刺史，隨劉敬宣赴四川，征譙縱，戰死於白帝城。　嗣之：人名。即鮑嗣之，本書僅此一見，其事不詳。

[8]吳國内史：官名。吳國行政長官，職掌相當於郡守。　袁山松：人名。又作“袁崧”，陳郡陽夏人，晉代著名文史學家。《晉書》卷八三有附傳。

[9]婁縣：地名。在今江蘇昆山市東北。

　　六月，恩乘勝浮海，奄至丹徒，戰士十餘萬。劉牢之猶屯山陰，京邑震動。[1]高祖倍道兼行，與賊俱至。于時眾力既寡，加以步遠疲勞，而丹徒守軍莫有鬪志。恩率眾數萬，鼓噪登蒜山，[2]居民皆荷擔而立。[3]高祖率所領奔擊，大破之，投巇赴水死者甚眾。[4]恩以彭排自載，[5]僅得還船。雖被摧破，猶恃其眾力，徑向京師。樓船高大，值風不得進，旬日乃至白石。[6]尋知劉牢之已還，朝廷有備，遂走向鬱洲。[7]八月，以高祖爲建武將軍、下邳太守，[8]領水軍追討至鬱洲，[9]復大破恩。恩南走。十一月，高祖追恩於滬瀆，及海鹽，又破之。三戰並大獲，俘馘以萬數。恩自是饑饉疾疫，死者太半，自浹口奔臨海。[10]

[1]京邑：指京師，即東晉首都建康（今江蘇南京市）。《通鑑》卷一一二即直言"建康震駭"而不提京邑。

[2]蒜山：山名。在京口附近。《元和郡縣志》卷二五："蒜山在（丹徒）縣西九里，山臨江絕壁。"

[3]荷擔而立：肩上挑著擔子站在那裏。意爲隨時準備逃走。

[4]投巘（yǎn）：從山上往下跳。巘，山，山頂。

[5]彭排：屬盾一類的防禦武器。各本並作"鼓排"，中華本據《御覽》卷三五七引《晉安帝紀》改。《釋名》卷七《釋兵》："彭排：彭，旁也，在旁排敵禦攻也。"故又名"旁排"。"彭排"二字下原有"音敗"二字，今刪。

[6]白石：地名。在今江蘇南京市金川門外。《讀史方輿紀要》卷二〇："白下城在（江寧）府治北十四里。《輿地志》：'即江乘廢縣之白石壘也。'"

[7]鬱洲：洲名。在今江蘇連雲港市東，原在海中，現與大陸連成一片。《讀史方輿紀要》卷二二："（海）州東北十九里，海中有大洲，周圍數百里，謂之鬱洲。"

[8]建武將軍：官名。曹操置，宋時爲五武將軍之一。四品。下邳：郡名。治所在今江蘇睢寧縣西北古邳鎮東。

[9]追討："討"各本並作"罰"，中華本據《元龜》卷一八四改。

[10]臨海：郡名。治所在今浙江臨海市。

元興元年正月，[1]驃騎將軍司馬元顯西伐荊州刺史桓玄，[2]玄亦率荊楚大衆，[3]下討元顯。元顯遣鎮北將軍劉牢之拒之，[4]高祖參其軍事。次溧洲。[5]玄至，高祖請擊之，不許，將遣子敬宣詣玄請和。高祖與牢之甥東海何無忌並固諫，[6]不從。遂遣敬宣詣玄。玄尅京邑，殺元顯，以牢之爲會稽内史。懼而告高祖曰："便奪我兵，禍其至矣。今當北就高雅於廣陵舉事，[7]卿能從我去乎？"答曰："將軍以勁卒數萬，望風降服。彼新得志，威震天下。三軍人情，都已去矣，廣陵豈可得至邪！裕當反服還京口耳。"[8]牢之叛走，自縊死。何無忌謂高祖曰："我將何之？"高祖曰："鎮北去必不免，[9]卿可隨我還京口。桓玄必能守節北面，[10]我當與卿事之；不然，與卿圖之。今方是玄矯情任算之日，[11]必將用我輩也。"桓玄從兄脩以撫軍鎮丹徒，[12]以高祖爲中兵參軍，[13]軍、郡如故。[14]

[1]元興：晋安帝司馬德宗年號（402—404）。

[2]驃騎將軍：官名。重號將軍，亦作爲軍府加授給大臣。二品，開府者一品。　司馬元顯：人名。晋宗室，司馬道子長子。時任中書令，録尚書事，執掌朝政。事見《晋書》卷六四《會稽文孝王道子傳》。　荊州：治所在今湖北荊州市荊州區。　桓玄：人名。字敬道，一名靈寶，譙國龍亢（今安徽懷遠縣）人，桓温第六子，襲爵南郡公。《晋書》卷九九有傳。

[3]荊楚：地區名。泛指今湖南、湖北地區。

[4]鎮北將軍：官名。四鎮將軍之一，持節都督出鎮方面，權勢很重。三品。

[5]溧洲：洲名。在今江蘇南京市江寧區西長江中。

[6]東海：郡名。秦置，治所在今山東郯城縣北。東晋初僑置東海郡，治所在今江蘇常熟市北，後移治京口。此處之東海郡乃指何無忌的籍貫，應是秦漢舊制。　何無忌：人名。曾任東海國中尉，加廣武將軍，後起兵討桓玄，因功官至刺史、内史，在與徐道

覆作戰中戰死。《晋書》卷八五有傳。　　並固諫："諫"各本並作
"請"，中華本據《南史》改。

[7]高雅：人名。即高雅之，劉牢之的女婿。時任廣陵相。
廣陵：王國名。治所在今江蘇揚州市西北蜀崗上。

[8]裕當反服：百衲本作"諱當反服"。反服，脱離隸屬關係。

[9]鎮北：鎮北將軍劉牢之的代稱。

[10]守節北面：遵守臣節，北面稱臣。

[11]矯情任算：掩飾真情而施用計謀。

[12]脩：人名。即桓脩。字承祖。桓玄建楚，封安成郡王，官
至撫軍大將軍。劉裕起兵討桓玄，斬桓脩於京口。《晋書》卷七四
有附傳。　　撫軍：官名。撫軍將軍的省稱。

[13]中兵參軍：官名。諸公府、軍府僚屬，掌府中兵曹事務，
兼備參謀諮議。

[14]軍、郡如故：意爲劉裕原任的建武將軍、下邳太守不變。

　　孫恩自奔敗之後，徒旅漸散，懼生見獲，乃於臨海
投水死。餘衆推恩妹夫盧循爲主。[1]桓玄欲且緝寧東土，
以循爲永嘉太守。[2]循雖受命，而寇暴不已。五月，玄
復遣高祖東征。時循自臨海入東陽。[3]二年正月，玄復
遣高祖破循於東陽。循奔永嘉，[4]復追破之，斬其大帥
張士道，[5]追討至于晋安，[6]循浮海南走。六月，加高祖
彭城内史。[7]

[1]餘衆推恩妹夫盧循爲主：《建康實録》卷一〇作"徐道覆
率餘衆推恩妹夫盧循爲主"。盧循，人名。字于先，小名元龍，晋
司空從事中郎盧諶之曾孫。《晋書》卷一〇〇有傳。

[2]永嘉：郡名。治所在今浙江温州市。

[3]東陽：郡名。治所在今浙江金華市。

　　[4]“二年正月”至“循奔永嘉”：《世説新語箋證》據《通鑑》卷一一二《晋紀》考證，是元年五月以前的事，誤記於此。

　　[5]張士道：人名。盧循軍統帥之一，餘事不詳。

　　[6]晋安：郡名。治所在今福建福州市。

　　[7]内史：官名。諸侯國掌管民政的長官，職如郡太守。

　　桓玄爲楚王，將謀篡盗，[1]玄從兄衛將軍謙屏人問高祖曰：[2]“楚王勳德隆重，四海歸懷。朝廷之情，咸謂宜有揖讓，[3]卿意以爲何如？”高祖既志欲圖玄，乃遜辭答曰：“楚王，宣武之子，[4]勳德蓋世。晋室微弱，民望久移，乘運禪代，有何不可。”謙喜曰：“卿謂可爾，便當是真可爾。”十二月，桓玄篡帝位，遷天子於尋陽。[5]桓脩入朝，高祖從至京邑。玄見高祖，謂司徒王謐曰：[6]“昨見劉裕，風骨不恒，蓋人傑也。”每遊集，輒引接慇懃，贈賜甚厚。高祖愈惡之。或説玄曰：“劉裕龍行虎步，視瞻不凡，恐不爲人下，宜蚤爲其所。”[7]玄曰：“我方欲平蕩中原，非劉裕莫可付以大事。關、隴平定，然後當別議之耳。”玄乃下詔曰：“劉裕以寡制衆，屢摧妖鋒。汎海窮追，十殄其八。諸將力戰，多被重創。自元帥以下至于將士，並宜論賞，以叙勳烈。”

　　[1]篡盗：篡位盗國。意爲桓玄欲推翻晋政權，自立爲帝。

　　[2]謙：人名。即桓謙。字敬祖，桓沖第二子。初以軍功封義陽縣侯，累遷輔國將軍、吳國内史，孫恩起兵離職出奔。元興初任荆州刺史，後拜尚書令，桓玄篡位封新安王。玄敗，奔姚興，後轉而入蜀，被劉道規所殺。《晋書》卷七四有附傳。

　　[3]揖讓：禪讓。儒家政治理想，即將帝位讓給賢者。

〔4〕宣武：桓温謚號。按《謚法》："聖善周聞曰宣。""克定禍亂曰武。"桓温字元子，譙國龍亢人，桓彝長子。晋明帝時，因平蜀功進位征西大將軍，殷浩被廢後獨攬朝權。北伐後進位大司馬、都督中外諸軍事，並加九錫。欲篡位，未及行而病死。《晋書》卷九八有傳。

〔5〕天子：此指晋安帝司馬德宗。　尋陽：郡名。治所在今江西九江市。

〔6〕司徒：官名。東漢改丞相爲司徒，魏改相國爲司徒，均位列三公，總管民政。兩晋民政歸尚書，司徒爲名譽宰相。一品。加錄尚書事者纔是真宰相。　王謐：人名。王導孫，王劭子，過繼給王協，襲爵武岡侯，兼太保。玄敗，以本官加侍中，領揚州刺史，錄尚書事，不久病故。《晋書》卷六五有附傳。

〔7〕或説玄曰：這段話《南史》卷一《宋武帝紀》作桓玄妻劉氏語。

　　先是高祖東征盧循，何無忌隨至山陰，勸於會稽舉義。高祖以爲玄未據極位，[1]且會稽遥遠，事濟爲難，俟其篡逆事著，徐於京口圖之，不憂不剋。至是桓脩還京，[2]高祖託以金創疾動，[3]不堪步從，乃與無忌同船共還，建興復之計。於是與弟道規、[4]沛郡劉毅、[5]平昌孟昶、[6]任城魏詠之、[7]高平檀憑之、[8]琅邪諸葛長民、[9]太原王元德、[10]隴西辛扈興、[11]東莞童厚之，[12]並同義謀。時桓脩弟弘爲征虜將軍、青州刺史，[13]鎮廣陵。道規爲弘中兵參軍，昶爲州主簿。[14]乃令毅潛往就昶，聚徒於江北，謀起兵殺弘。長民爲豫州刺史刁逵左軍府參軍，[15]謀據歷陽相應。[16]元德、厚之謀於京邑聚衆攻玄，並剋期齊發。

　　[1]極位：皇帝之位，因其至高無上，故稱。

　　[2]至是桓脩還京：王鳴盛《十七史商榷》：“《南史》則作還京口。”丁福林《校議》云：“還京”後恐脫“口”字。其實“京”即指京口，這是當時俗稱。

　　[3]金創（chuāng）疾動：戰爭所受創傷突然發作。金創，專指戰爭中所受的兵器創傷。

　　[4]道規：人名。即劉道規。字道則，劉裕少弟。本書卷五一有傳。

　　[5]沛郡：地名。治所在今江蘇沛縣。　劉毅：人名。字希樂，與劉裕共同起兵反桓玄，軍功卓著，後在反劉裕戰爭中失敗，自縊身亡。《晋書》卷八五有傳。

　　[6]平昌：地名。治所在今山東諸城市。　孟昶：人名。字彥遠，與劉裕共謀反桓玄，劉裕以爲長史。後拜丹陽尹，遷吏部尚書，加尚書右僕射。劉裕北伐，監中軍留府事。盧循攻建康，驚懼慌恐，飲藥自盡。

　　[7]任城：地名。治所在今山東微山縣西北。　魏詠之：人名。字長道，家貧有大志，以反桓玄之功，任建威將軍、豫州刺史。後累遷荆州刺史、持節都督六州諸軍事、南蠻校尉等職。爲布衣時不以貧賤爲恥，及居顯位不以富貴驕人。死後追贈江陵公。《晋書》卷八五有傳。

　　[8]高平：地名。治所在今山東巨野縣南。　檀憑之：人名。字慶子，劉裕好友。反桓玄前任東莞太守加寧遠將軍，在與桓玄作戰中，爲桓玄部將所殺。《晋書》卷八五有傳。

　　[9]琅（láng）邪（yá）：郡名。治所在今山東臨沂市北。諸葛長民：人名。曾任桓玄參軍，以貪刻免職。後因討桓玄功拜輔國將軍、宣城內史，又以討盧循功進位都督豫州、揚州之六郡諸軍事、豫州刺史。劉裕滅劉毅，長民懼，有反意，爲劉裕所誅。《晋書》卷八五有傳。

［10］太原：郡名。治所在今山西太原市西南。　王元德：人名。名叡，王仲德兄。過江較晚，先投王愉，不被重視，後投桓玄，任弘農太守。後與劉裕共謀討玄，謀泄被殺，劉裕追封爲安復侯。事見本書卷四六《王懿傳》。

［11］隴西：郡名。秦漢時治所在今甘肅臨洮縣，三國魏移至今甘肅隴西縣東南。　辛扈興：人名。曾任河内太守，與劉裕共謀討桓玄，謀泄被殺。

［12］東莞：郡名。治所在今山東莒縣。　童厚之：人名。曾任振威將軍，與王元德、辛扈興共謀反桓玄，爲内應，因同謀者竟陵太守劉萬告密而被殺。

［13］征虜將軍：官名。可領兵，也可作爲高級文官的加號。三品。　青州：地名。東漢時治所在今山東淄博市臨淄區北，東晉移至今山東壽光市南。

［14］州主簿：官名。主管州内文書簿籍及所經辦事務。

［15］豫州：東晉時僑置州，治所不常，或在今安徽蕪湖市東，或在安徽當塗縣，或在安徽馬鞍山市。　刁逵：人名。字伯道，渤海饒安（今河北鹽山縣）人。曾任廣州刺史、平越中郎將。家“素殷富”“有田萬頃，奴婢數千人”“固吝山澤，爲京口之蠹”。《晉書》卷六九有附傳。

［16］歷陽：郡名。治所在今安徽和縣。

　　三年二月己丑朔，[1]乙卯，高祖託以遊獵，與無忌等收集義徒，凡同謀何無忌、魏詠之、詠之弟欣之、[2]順之、[3]檀憑之、憑之從子韶、[4]韶弟祗、隆、道濟、[5]道濟從兄範之、[6]高祖弟道憐、[7]劉毅、毅從弟藩、[8]孟昶、昶族弟懷玉、[9]河内向彌、[10]管義之、[11]陳留周安穆、[12]臨淮劉蔚、[13]從弟珪之、東莞臧熹、[14]從弟寶符、從子穆生、童茂宗、[15]陳郡周道民、[16]漁陽田演、[17]譙國范清等二十七人；[18] 願從者百餘人。丙辰，詰旦，[19] 城開，無忌服傳詔服，[20] 稱詔居前。義衆馳入，齊聲大呼，吏士驚散，莫敢動，即斬脩以徇。高祖哭甚慟，厚加殯斂。孟昶勸弘其日出獵。未明開門，出獵人，昶、道規、毅等率壯士五六十人因開門直入。弘方噉粥，即斬之，因收衆濟江。

[1]朔：月相名。陰曆以每月初一爲朔。《説文·月部》：“朔，月一日始蘇也。”

[2]欣之：人名。即魏欣之。本書僅此一見，其事不詳。

[3]順之：人名。即魏順之。本書僅此一見，《晉書》卷八五《魏詠之傳》稱他官至琅邪内史，餘事不詳。

[4]韶：人名。即檀韶。字令孫，高平金鄉（今山東嘉祥縣）人。本書卷四五有傳。

[5]韶弟祗、隆、道濟：各本并不叠“韶”字，“道濟”上有“與叔”二字。《考論》云：“祗、隆、道濟並韶弟，依文義當叠‘韶’字，據補。”又《舉正》云：“韶、祗、道濟本傳三人並兄弟，此云‘與叔’，誤據删。”檀祗事見本書卷四七《檀祗傳》。檀道濟本書卷四三有傳。唯檀隆不知何許人，《南史》卷一《宋武帝紀》亦作“祗隆”，《舉正》認爲“或誤‘祗’爲‘祗隆’也”。引此以備一説。

[6]檀範之：人名。本書僅兩見，知其後官至南平太守，餘事不詳。

[7]道憐：人名。即劉道憐。本名道鄰。本書卷五一有傳。

[8]藩：人名。即劉藩。因討桓玄、徐道覆功官至兗州刺史，不久升右將軍。後與劉毅共反劉裕，被劉裕所殺。

[9]懷玉：人名。即孟懷玉。平昌安丘（今山東安丘市）人。本書卷四七有傳。

[10]河内：郡名。治所在今河南沁陽市。　向彌：人名。又名靖，字奉仁，彌爲小字，名與劉裕同，因避諱故稱小字。本書卷四五有傳。

[11]管義之：人名。劉裕建宋的開國功臣，官至驍騎將軍、豫州刺史。

[12]陳留：郡名。治所在今河南開封市祥符區陳留鎮。　周安穆：人名。與劉裕同謀討桓玄，後不知所終。

[13]臨淮：郡名。治所在今江蘇泗洪縣。　劉蔚：人名。與從弟珪之共反桓玄，後不知所終。

[14]臧熹：人名。“熹”各本並作“喜”，中華本據本書卷七四《臧質傳》改。

[15]從弟寶符、從子穆生、童茂宗：以上三人皆不知所終。

[16]陳郡：治所在今河南淮陽縣。

[17]漁陽：郡名。治所在今北京密雲縣。　田演：人名。不知所終。

[18]譙國：地名。治所在今安徽亳州市。　范清：人名。不知所終。

[19]詰旦：平明，清晨。

[20]服傳詔服：穿傳達詔令官所穿的服裝。服式已失傳。

　　義軍初剋京城，[1]脩司馬刁弘率文武佐吏來赴。[2]高祖登城謂之曰：“郭江州已奉乘輿反正於尋陽，[3]我等並被密詔，誅除逆黨，同會今日。賊玄之首，已當梟於大航矣。[4]諸君非大晋之臣乎，今來欲何爲？”弘等信之，收衆而退。毅既至，高祖命誅弘。

[1]京城：地名。即京口，又稱“北府”，在今江蘇鎮江市。
[2]刁弘：人名。本書僅此一見，其事不詳。

［3］郭江州：即郭昶之，時任江州刺史，後不知所終。江州，治所在今湖北黃梅縣。　乘輿：特指皇帝所乘的車子，代指皇帝。此處指晉安帝。

［4］大航：橋名。即朱雀航，在今江蘇南京市鎮淮橋東，跨於秦淮河上。

　　毅兄邁先在京師，事未發數日，高祖遣同謀周安穆報之，使爲内應。邁外雖酬許，内甚震懼。安穆見其惶駭，慮事必泄，乃馳歸。時玄以邁爲竟陵太守，^[1]邁不知所爲，便下船欲之郡。是夜，玄與邁書曰：“北府人情云何？^[2]卿近見劉裕何所道？”邁謂玄已知其謀，晨起白之。^[3]玄驚懼，封邁爲重安侯，既而嫌邁不執安穆，^[4]使得逃去，乃殺之。誅元德、扈興、厚之等。召桓謙、卞範之等謀拒高祖。謙等曰：“亟遣兵擊之。”玄曰：“不然。彼兵速鋭，計出萬死。若行遣水軍，不足相抗，如有蹉跌，則彼氣成而吾事敗矣。不如屯大衆於覆舟山以待之。^[5]彼空行二百里，無所措手，鋭氣已挫，既至，忽見大軍，必驚懼駭愕。我案兵堅陣，勿與交鋒，彼求戰不得，自然散走。此計之上也。”謙等固請，乃遣頓丘太守吳甫之、右衞將軍皇甫敷北拒義軍。^[6]

［1］竟陵太守：《建康實録》卷一一作“襄陽太守”。竟陵，郡名。治所在今湖北鍾祥市。

［2］北府：京口。《通鑑》卷一〇四胡三省注：“晉人謂京口爲北府。”故謝玄在京口組建的軍隊稱“北府兵”。所謂“北府人情云何”，是指北府兵的態度如何。

［3］白之：坦白。指向桓玄坦白了劉裕等的密謀。

［4］嫌：各本並作“廉”，中華本據《通鑑》晉安帝元興三
年改。

［5］覆舟山：山名。一名龍舟山、玄武山，在今江蘇南京市
東北。

［6］頓丘：郡名。治所在今河南浚縣。　吳甫之：人名。桓玄
猛將，被劉裕斬於陣上。　右衛將軍：官名。禁軍主要統帥之一，
負責宮廷宿衛，掌伏飛、虎賁及前驅、由基、強弩三部司馬和其屬
下的虎賁、羽林、上騎、異力、命中虎賁五部督，權任很重。四
品。　皇甫敷：人名。桓玄親信將軍，在戰場上被劉裕所殺。

　　玄自聞軍起，憂懼無復爲計。或曰：“劉裕等眾力
甚弱，豈辦之有成，陛下何慮之甚。”玄曰：“劉裕足爲
一世之雄；劉毅家無擔石之儲，摴蒲一擲百萬；[1]何無
忌，劉牢之甥，酷似其舅。共舉大事，何謂無成。”

［1］摴（chū）蒲：也作“摴蒱”。古代博戲名，以擲骰決勝
負。晉代盛行此游戲，也是賭博的一種形式。

　　眾推高祖爲盟主，移檄京邑，曰：
　　　　夫治亂相因，理不常泰，狡焉肆虐，或值聖
明。自我大晉，陽九屢構，[1]隆安以來，難結皇室，
忠臣碎於虎口，貞良弊於豺狼。逆臣桓玄，陵虐人
鬼，[2]阻兵荆郢，肆暴都邑。天未亡難，[3]凶力繁
興，踰年之間，遂傾皇祚。[4]主上播越，[5]流幸非
所，[6]神器沉淪，[7]七廟毀墜。[8]夏后之罹浞、豷，[9]
有漢之遭莽、卓，[10]方之於玄，未足爲喻。自玄篡
逆，于今歷年，亢旱彌時，[11]民無生氣。加以士庶

疲於轉輸，文武困於造築，父子乖離，室家分散，豈唯《大東》有杼軸之悲，[12]《摽梅》有傾筐之墍而已哉。[13]仰觀天文，俯察人事，此而能久，孰有可亡。凡在有心，誰不扼腕。[14]裕等所以叩心泣血，不遑啓處者也。[15]是故夕寐宵興，[16]援獎忠烈，潛搆崎嶇，[17]險過履虎。[18]輔國將軍劉毅、[19]廣武將軍何無忌、[20]鎮北主簿孟昶、兗州主簿魏詠之、寧遠將軍劉道規、[21]龍驤將軍劉藩、[22]振威將軍檀憑之等，[23]忠烈斷金，[24]精貫白日，[25]荷戈奮袂，志在畢命。益州刺史毛璩，[26]萬里齊契，掃定荊楚。江州刺史郭昶之，奉迎主上，宮于尋陽。鎮北參軍王元德等，[27]並率部曲，保據石頭。[28]揚武將軍諸葛長民，[29]收集義士，已據歷陽。征虜參軍庾賾之等，[30]潛相連結，以爲內應。同力協規，所在蜂起，即日斬僞徐州刺史安城王脩、青州刺史弘首。義衆既集，文武爭先，咸謂不有一統，[31]則事無以輯。裕辭不獲已，遂總軍要。庶上憑祖宗之靈，下罄義夫之力，剪馘逋逆，蕩清京輦。[32]

[1]陽九屢構：多次出現灾難和厄運。陽九，古代數術家的迷信説法，以四千六百一十七年爲一元，初入元一百零六年，內有旱灾九年爲陽九。有水灾九年爲陰九，其餘尚有陽七、陰七、陽五、陰五、陽三、陰三等水旱灾害。因陽九是最大的灾害，故成爲灾難和厄運的代稱。

[2]陵虐：欺凌、暴虐。“陵”同“凌”。

[3]天未亡（wú）難（nàn）：上天没有讓晉朝没有灾難。

[4]皇祚：帝統、皇位。

[5]主上播越：皇帝逃亡。主上，指晉安帝。

[6]流幸非所：流離失所。幸，特指皇帝所到之處。

[7]神器：國家政權的象徵物，如玉璽、寶鼎之類。此處借指帝位、國家政權。

[8]七廟：皇帝祖廟有三昭三穆，加上太祖，共稱七廟。此處泛指皇帝祭祀祖先的宗廟，也是皇權的象徵。

[9]夏后之罹浞、豷（yì）：夏代國君遭到寒浞、豷的篡奪。浞，人名。即寒浞。夏代東夷族的首領，攻殺夏后相，奪取夏政權，後爲少康所滅。豷，人名。寒浞之子，被浞派到戈地執掌政權，後被少康子杼所滅。

[10]有漢之遭莽、卓：兩漢政權遭到王莽、董卓的篡奪。莽，人名。即王莽，字巨君，西漢末哀、平二帝時掌權。先爲大司馬，後進位宰衡，加九錫，孺子嬰時稱攝皇帝，最後篡位建新，在位十八年，爲綠林軍所殺。《漢書》卷九九有傳。卓，人名。即董卓，字仲穎，隴西臨洮（今甘肅岷縣）人，東漢末任并州牧，何進欲誅宦官，召董卓帶兵進京。卓入京後廢少帝，立獻帝，自任相國、太師，後爲王允、呂布所誅。《後漢書》卷七二、《三國志》卷六有傳。

[11]亢旱彌時：大旱很久。

[12]《大東》有杼軸之悲：《詩·大雅·大東》有"杼軸其空"的悲嘆。杼軸，亦作"杼柚"，織布機上兩個部件。杼即梭子，軸即箱，兩者合稱代指織布機。"杼軸其空"説明生產廢弛，貧無所有。

[13]《摽梅》有傾筐之墍：《詩·召南·摽有梅》有"傾筐墍之"，以感嘆男女婚嫁不時。古代女子二十而嫁，女至二十歲，如梅落地，必須傾筐而取之，故以"傾筐之歲"來説明女子已至婚嫁的年齡。墍，收取。

[14]扼腕：用一隻手緊緊握住另一隻手，以表示憤慨的感情。

〔15〕不遑啓處：没有安居的時候。

〔16〕夙寐宵興：晚睡早起，形容勤奮不已。

〔17〕潛搆崎嶇：無形中歷經險阻。

〔18〕履虎：踩了老虎尾巴，比喻身陷險阻。《易·履卦》王弼注：“履虎尾者，言其危也。”

〔19〕輔國將軍：官名。將軍名號。三品。

〔20〕廣武將軍：官名。將軍名號。四品。

〔21〕寧遠將軍：官名。將軍名號。五品。

〔22〕龍驤將軍：官名。將軍名號。三品。

〔23〕振威將軍：官名。雜號將軍。四品。

〔24〕斷金：語出《易·繫辭上》：“二人同心，其利斷金。”原意爲利大利重，引申爲同心協力，無堅不摧。

〔25〕精貫白日：精誠之心，上通天日。

〔26〕益州：治所在今四川成都市。　毛璩：人名。字叔連，滎陽陽武（今河南原陽縣）人。曾參與淝水之戰，因功升寧朔將軍、淮南太守，頗有政績，升益州刺史。因反桓玄功，進位征西將軍。譙縱割據四川，毛璩被害。《晋書》卷八一有傳。

〔27〕王元德：人名。此人當時已被桓玄殺害，劉裕在檄文中仍提到他，可能是虛張聲勢，也可能是尚不知其死訊。

〔28〕石頭：城名。在今江蘇南京市西清涼山，俗稱“鬼臉城”。

〔29〕揚武將軍：官名。將軍名號，宋時列爲五武將軍之一。四品。

〔30〕征虜參軍：官名。即征虜將軍府的參軍，掌參議軍務。庾賾之：人名。其事不詳。《晋書》卷九九《桓玄傳》作“武衛將軍庾頤之”，未知孰是。

〔31〕不有一統：没有統一指揮。

〔32〕京輦：國都。

公侯諸君，或世樹忠貞，或身荷爵寵，而並俛眉猾竪，[1]自效莫由，顧瞻周道，[2]寧不弔乎！今日之舉，良其會也。裕以虛薄，才非古人，勢接於已踐之機，受任於既頹之運。丹誠未宣，感慨憤躍，望霄漢以永懷，眄山川以增屬。授檄之日，神馳賊廷。

以孟昶爲長史，總攝後事；檀憑之爲司馬。百姓願從者千餘人。

[1]俛（fǔ）眉猾竪：低頭向奸猾的小人屈服。俛眉，低眉、低頭，意爲屈服順從。俛，同“俯”。
[2]周道：周的治國之道。

三月戊午朔，遇吳甫之於江乘。[1]甫之，玄驍將也，其兵甚銳。高祖躬執長刀，大呼以衝之，衆皆披靡，即斬甫之。進至羅落橋，[2]皇甫敷率數千人逆戰。寧遠將軍檀憑之與高祖各御一隊，憑之戰敗見殺，其衆退散。高祖進戰彌厲，前後奮擊，應時摧破，即斬敷首。初高祖與何無忌等共建大謀，有善相者相高祖及無忌等並當大貴，其應甚近，惟云憑之無相。高祖與無忌密相謂曰：“吾等既爲同舟，理無偏異。吾徒咸皆富貴，則檀不應獨殊。”深不解相者之言。至是而憑之戰死，高祖知其事必捷。[3]

[1]江乘：縣名。在今江蘇句容市。
[2]羅落橋：地名。在今江蘇南京市北長江南岸。

[3]其事：指反桓玄的事。

　　玄聞敷等並没，愈懼。使桓謙屯東陵口，[1]卞範之屯覆舟山西，衆合二萬。己未旦，義軍食畢，棄其餘糧，進至覆舟山東，使丐士張旗幟於山上，[2]以爲疑兵。玄又遣武騎將軍庾禕之，[3]配以精卒利器，助謙等。高祖躬先士卒以奔之，將士皆殊死戰，無不一當百，呼聲動天地。時東北風急，因命縱火，煙燼張天，鼓噪之音震京邑。謙等諸軍，一時土崩。玄始雖遣軍置陣，而走意已決，別使領軍將軍殷仲文具舟於石頭，[4]仍將子姪浮江南走。

　　[1]東陵口：地名。在今江蘇丹陽市東南陵口鎮。《建康實録》卷一〇作“陵口”，“東”爲衍字。
　　[2]丐士：軍士中的一種，具體含義不詳。
　　[3]武騎將軍庾禕之：《晋書》卷九九《桓玄傳》作“武衛將軍庾頤之”。按：晋無武騎將軍，應以武衛將軍爲是。武衛將軍爲禁軍將領之一。四品。
　　[4]殷仲文：人名。字子康，陳郡長平（今河南西華縣）人。元顯當政任新安太守，桓玄起兵進位侍中，領左衛將軍。玄敗，轉投劉裕，任鎮軍長史，遷東安太守，後以謀反被殺。《晋書》卷九九有傳。

　　庚申，高祖鎮石頭城，[1]立留臺官，[2]焚桓溫神主於宣陽門外，[3]造晋新主，[4]立于太廟。遣諸將帥追玄，尚書王嘏率百官奉迎乘輿。[5]司徒王謐與衆議推高祖領揚州，[6]固辭。乃以謐爲録尚書事，領揚州刺史。於是推高祖爲使持節、都督揚徐兗豫青冀幽并八州諸軍事、領軍將軍、徐州刺史。[7]

[1]鎮石頭城：王鳴盛《十七史商榷》卷五四云："其實當作入。"丁福林《校議》云："觀上文記己未劉裕率衆攻覆舟山，桓玄浮江南走事，則庚申當是劉裕入石頭之日。作'入'文意自佳。"

[2]立留臺官：中華本校勘記云："三朝本、毛本作'立留臺官'。北監本、殿本、局本作'立留臺總百官'。《通鑑》作'立留臺百官'。按時晉安帝尚在尋陽，故建康稱留臺。據下文衆欲推劉裕領揚州，裕固辭，則此時劉裕必無總百官之事，以此知作'總百官'者，誤。"録此以備一説。按：留臺官，恐因留駐臺城而得名，立此官實爲劉裕留駐京師的耳目，即使不能"總百官"，也有"察百官"之意。

[3]宣陽門：門名。爲建康的南面正門，又稱白門，在今南京市中山東路以南淮海路一帶。

[4]造晉新主：造作晉皇室祖先的新牌位。

[5]尚書：官名。漢時尚書原爲内朝官（宫官），魏晉時尚書成爲外朝官（行政官），可對詔書提出駁議。三品。　王碬：人名。各本並作"王假"，中華本據《南史》《通鑑》改。又説："《晉書·王導傳》：'嗣孫碬，歷領軍、尚書。'"

[6]領揚州：兼理揚州刺史。領，官制用語，以地位較高的官兼理較低的職務。揚州，治所在今江蘇南京市。

[7]使持節：官名。魏晉以後，重要軍事長官出鎮或出征，均加使持節頭銜，可誅殺二千石以下官員。　都督諸軍事：官名。地方軍政長官，可領一州或數州刺史，多帶將軍名號，兼理民政，品級不定，分使持節、持節、假節三種，各有不同職權。　領軍將軍、徐州刺史：中華本校勘記云："《御覽》一二八引徐爰《宋書》

《魏書·島夷劉裕傳》《建康實錄》並作'鎮軍將軍'。孫彪《宋書考論》云：'領軍與都督刺史異職，《晉書》及《宋本紀》同卷後進位侍中詔皆作"鎮軍將軍"，則都督刺史加號也。當從之。然高祖時蓋兼領軍，《南史》書領軍在徐州刺史下。'"

　　先是朝廷承晉氏亂政，百司縱弛，桓玄雖欲釐整，而眾莫從之。高祖以身範物，先以威禁內外，百官皆肅然奉職，二三日間，風俗頓改。且桓玄雖以雄豪見推，而一朝便有極位，晉氏四方牧守及在朝大臣，盡心伏事，臣主之分定矣。高祖位微於朝，眾無一旅，奮臂草萊之中，倡大義以復皇祚。由是王謐等諸人時失民望，[1]莫不愧而憚焉。

　　[1]時失民望：北監本、殿本作"時眾民望"，中華本據三朝本、毛本、局本改。李慈銘《札記》云"當作時失人望"。

　　諸葛長民失期不得發，乃逶執送之，未至而玄敗。
　　玄經尋陽，江州刺史郭昶之備乘輿法物資之。[1]玄收略得二千餘人，挾天子走江陵。冠軍將軍劉毅、輔國將軍何無忌、振武將軍劉道規率諸軍追討。

　　[1]法物：皇帝所用的儀仗、祭祀等器物。

　　尚書左僕射王愉、愉子荊州刺史綏等，[1]江左冠族。[2]綏少有重名，以高祖起自布衣，甚相凌忽。綏，桓氏甥，亦有自疑之志。高祖悉誅之。

［1］尚書左僕射：官名。尚書省副長官，位在右僕射上，協助尚書令執行政務，參議大政，諫諍得失，監察糾彈百官，可封還詔旨，常受命主管選舉。三品。　王愉：人名。字茂和，琅邪人。曾任驃騎司馬加輔國將軍，因與王國寶政見不和而辭職，國寶敗亡，出任江州刺史，桓玄當政任尚書左僕射。《晋書》卷七五有附傳。

綏：人名。即王綏。字彥猷，曾任桓玄中書令，劉裕起兵任冠軍將軍、荆州刺史，因其父王愉反劉裕而被殺。

［2］江左冠族：江東的一流門閥士族。冠族，顯貴的豪門士族。

四月，奉武陵王遵爲大將軍，[1]承制。[2]大赦天下，唯桓玄一祖後不在赦例。

［1］武陵王：王爵名。王國在今湖南常德市。　遵：人名。即司馬遵，晋元帝孫，武陵王司馬晞之子。　大將軍：官名。高級軍政長官，西晋時爲八公之一，位在三師、大司馬下，三公上，東晋時可專擅朝政，也可作爲名譽職銜。一品。

［2］承制：秉承皇帝旨意可以便宜行事。

初高祖家貧，嘗負刁逵社錢三萬，[1]經時無以還。逵執録甚嚴，王謐造逵見之，密以錢代還，由是得釋。高祖名微位薄，盛流皆不與相知，唯謐交焉。桓玄將篡，謐手解安帝璽紱，爲玄佐命功臣。及義旗建，衆並謂謐宜誅，唯高祖保持之。劉毅嘗因朝會，問謐璽紱所在，謐益懼。及王愉父子誅，謐從弟諶謂謐曰：[2]“王駒無罪，而義旗誅之，此是剪除勝己，以絶民望。兄既桓氏黨附，名位如此，欲求免得乎？”駒，愉小字也。謐懼，奔于曲阿。[3]高祖牋白大將軍，深相保謐，迎還復位。光禄勳卞承之、左衛將軍褚粲、游擊將軍司馬秀役使官人，[4]爲御史中丞王禎之所糾察，[5]謝牋言辭怨憤。承之造司宜藏。[6]高祖與大將軍牋，白“粲等備位大臣，所懷必盡。執憲不允，自應據理陳訴，而横興怨忿，歸咎有司。宜加裁當，以清風軌”。並免官。

[1]社錢：里社中的活動經費。

[2]諶：人名。即王諶。本書僅此一見，《晋書》卷六五《王諡傳》稱諶“少驍果輕俠，欲誘諶還吴，起兵爲亂”，餘事不詳。

[3]曲阿：縣名。在今江蘇丹陽市。

[4]光禄勳：秦漢時爲九卿之一，魏晋時職任已輕，專掌宮殿門户名籍，其官署已遷至宮禁之外，下屬之五官、左右中郎將雖仍保存，但已無官署。三品。　卞承之：人名。各本並作“丁承之”，中華本據《晋書》卷九九《桓玄傳》改。按：《通鑑》晋安帝義熙三年殺殷仲文時，並誅卞承之，即其人。　左衛將軍：官名。禁衛軍主要統帥之一，權任很重，掌伙飛、虎賁及前驅、由基、强弩三部司馬，屬下還有虎賁、羽林、上騎、異力、命中虎賁等五部督，負責宮禁宿衛。四品。　褚粲：人名。本書、《晋書》均一見，其事不詳。　游擊將軍：官名。禁軍將領，與驍騎將軍分領命中虎賁，掌宿衛，隸中軍將軍（領軍將軍）。四品。　司馬秀：人名。章武王，因反劉裕被殺。

[5]御史中丞：官名。漢時爲御史大夫副手，東漢以後爲御史臺長官，掌監察、執法、奏彈百官，常受命出督軍旅。四品。　王禎之：人名。本書僅此一見，其事不詳。

[6]造司宜藏：造訪有司建議應該收藏起來。

桓玄兄子歆，[1]聚衆向歷陽，高祖命輔國將軍諸葛長民擊走之。無忌、道規破玄大將郭銓等于桑落洲，[2]

衆軍進據尋陽。加高祖都督江州諸軍事。玄既還荆郢，大聚兵衆，召水軍造樓船、器械，率衆二萬，挾天子發江陵，浮江東下，與冠軍將軍劉毅等相遇於峥嶸洲，[3]衆軍下擊，[4]大破之。玄棄衆，復挾天子還復江陵。玄黨殷仲文奉晉二皇后還京師。[5]玄至江陵，因西走。南郡太守王騰之、[6]荆州別駕王康産奉天子入南郡府。[7]初征虜將軍、益州刺史毛璩，遣從孫祐之與參軍費恬送弟喪下，[8]有衆二百。璩弟子脩之時爲玄屯騎校尉，[9]誘玄以入蜀。至枚回洲，[10]恬與祐之迎射之。益州督護馮遷斬玄首，[11]傳京師。又斬玄子昇於江陵市。[12]

[1]兒子歆：各本作“兒子歆”，中華本據《通鑑》晉安帝元興三年改。歆，人名。即桓歆。桓沖子，桓玄篡位，封臨賀縣王，後爲向彌所攻殺。

[2]郭銓：中華本校勘記云：“各本作‘鄭銓’，舊本《臨川王道規傳》（新本已改正）及《御覽》一二八引徐爰《宋書》作‘郭銓’，本書《劉懷肅傳》及《晉書·桓玄傳》《通鑑》作‘郭銓’。按作‘郭銓’是，今改正。”　桑落洲：地名。在今江西九江市東北長江中。

[3]峥嶸洲：地名。在今湖北黄岡市黄州區西北長江中。

[4]衆軍：各本並作“衆驚”，中華本據《元龜》卷一八四改。

[5]晉二皇后：即安帝王皇后、穆帝何皇后。《晉書》卷三二有傳。

[6]南郡：治所在今湖北荆州市荆州區。　王騰之：人名。《晉書》《宋書》均未記其家鄉出處。

[7]州別駕：官名。州的佐吏，因從刺史行部，別乘傳車，故稱“別駕”，位居州吏之首，州事無所不統，秩輕任重。　王康産：

人名。《晋書》《宋書》均未記其家鄉出處。

[8]祐之：人名。即毛祐之。毛璩兄毛球之子，以軍功封夷道縣侯，後被譙縱所害。　參軍：官名。也稱"參軍事"。西晋公以上領兵持節都督置參軍六人，協助治府事，東晋公府諸曹皆置參軍，爲諸曹長官，不開府，將軍出征時也置參軍，品級自六品至九品不等。　費恬：人名。《晋書》《宋書》均未記其家鄉出處。

[9]脩之：人名。即毛脩之。字敬文，滎陽陽武（今河南原陽縣）人。本書卷四八有傳。各本並作"循之"，中華本據《南史》《通鑑》改。　屯騎校尉：官名。西漢時爲北軍八校尉之一，位次列卿，掌本營騎士，戍衛京師，兼任征伐。東漢隸北軍中候，魏晋職位漸輕，隸中領軍（領軍將軍），禁衛軍長官監領屯騎、越騎、步兵、長水、射聲校尉所統北軍五營、秩六百石，三國魏西晋或置或省，仍領宿衛營兵。五品。東晋又省其營兵。

[10]枚回洲：地名。在今湖北江陵縣西南長江中。《晋書》卷一〇《安帝紀》作"貊盤洲"。

[11]州都護：官名。掌一州的軍事。　馮遷：人名。漢嘉（今四川名山縣）人，後升任遂寧太守。元嘉九年（432）帛氏奴在四川起兵反晋，馮遷棄城走，餘事不詳。

[12]昇：人名。即桓昇。桓玄篡位時年僅數歲，即被封爲豫章王。　江陵市：江陵貿易市場。按：中國古代的市既是貿易集中地，也是行刑殺人的刑場。

初玄敗於峥嶸洲，義軍以爲大事已定，追躡不速。玄死幾一旬，衆軍猶不至。玄從子振逃於華容之涌中，[1]招聚逆黨數千人，晨襲江陵城，居民競出赴之。騰之、康產皆被殺。桓謙先匿於沮川，[2]亦聚衆以應。振爲玄舉哀，立喪廷。謙率衆官奉璽綬于安帝。無忌、道規既至江陵，與桓振戰于靈溪。[3]玄黨馮該又設伏于楊林，[4]義軍奔敗，退還尋陽。

[1]華容：縣名。在今湖北監利縣北。　涌中：各本作"浦中"。中華本據《南史》及《晋書》卷七四《桓彝傳》曾孫振附傳改。又説："按杜預《左傳》莊十八年注：'涌水在南郡華容縣。'《水經·江水注》：'江水又東，涌水注之。水自夏水南通於江，謂之涌口。'"據此可知涌中在監利縣境，夏水入長江處。

[2]沮川：地名。在今湖北南漳縣。

[3]靈溪：地名。在今湖北江陵縣。

[4]馮該：人名。桓玄主要將領，歷官揚威將軍、荆州刺史、鎮軍將軍，封魚復縣侯。義熙元年正月被劉懷肅斬於石城。　楊林：地名。在今湖北監利縣楊林山西麓。

兗州刺史辛禺懷貳。[1]會北青州刺史劉該反，[2]禺求征該，次淮陰，[3]又反。禺長史羊穆之斬禺，[4]傳首京師。十月，高祖領青州刺史。甲仗百人入殿。[5]

[1]兗州：治所在今山東鄆城縣。　辛禺：人名。本書僅此一見，其事不詳。

[2]北青州：治所在今江蘇盱眙東南東陽城。　劉該：人名。反後不久，被劉道憐所誅。

[3]淮陰：地名。在今江蘇淮安市淮陰區。

[4]羊穆之：人名。曾任寧朔將軍，後任劉裕長史，升青州刺史，在州爲吏民所稱咏。

[5]甲仗：亦作"甲杖"，指披甲執兵的衛士。

劉毅諸軍復進至夏口。[1]毅攻魯城，[2]道規攻偃月壘，[3]皆拔之。十二月，諸軍進平巴陵。[4]

[1]夏口：地名。在今湖北武漢市黃鵠山上。

[2]魯城：地名。又作“魯山城”，在今湖北武漢市漢陽區東北隅。

[3]偃月壘：地名。又稱“却月城”，在今湖北武漢市漢口。

[4]巴陵：地名。在今湖南岳陽市。

義熙元年正月，[1]毅等至江津，[2]破桓謙、桓振，江陵平，天子反正。三月，天子至自江陵。[3]詔曰：

[1]義熙：晋安帝司馬德宗年號（405—418）。

[2]江津：地名。即江津戍，又名奉城，在今湖北荊州市荊州區。

[3]天子至自江陵：晋安帝自江陵返抵京師建康。

古稱大者天地，其次君臣，所以列貫三辰，[1]神人代序，諒理本於造昧，[2]而運周於萬葉。[3]故盈否時襲，四靈通其變，[4]王道或昧，貞賢拯其危，天命所以永固，人心所以攸穆。[5]雖夏、周中傾，賴靡、申之績，[6]莽、倫載竊，實二代是維。[7]或乘資藉號，或業隆異世，猶《詩》《書》以之休詠，[8]記策用爲美談。未有因心撫民，而誠發理應，援神器於已淪，若在今之盛者也。

[1]三辰：日、月、星。

[2]諒理本於造昧：體察宇宙真理應從上古開始。造昧，混沌蒙昧狀態。借指上古時期。

［3］運周於萬葉：朝代的命運總是周而復始地循環。萬葉，萬代。

［4］四靈通其變：掌握東西南北四方之神靈以通達其變化的奧秘。四靈，即南朱雀、北玄武、東蒼龍、西白虎，也指四方的星宿。

［5］攸穆：長遠和穆順從。

［6］雖夏、周中傾，賴靡、申之績：夏、周雖然一度中衰，依靠靡和申伯的功績才得以復興。靡，人名。夏臣。太康失國，寒浞篡政，夏遺臣靡逃至有鬲，收集兵力，擊殺寒浞，立少康爲帝，夏得中興。申，申侯，周幽王申王后之父。周幽王被犬戎攻殺於驪山，申侯與諸侯共立幽王太子宜臼爲王（平王），遷都洛邑，周得復興。

［7］莽、倫載竊，實二代是維：王莽、趙王司馬倫竊奪皇位，是效仿夏、周二代的舊事。莽，人名。即王莽。倫，人名。即司馬倫。字少彝，司馬懿第九子。晉武帝受禪，先封琅邪郡王，後封趙王。惠帝時賈后亂政，趙王倫乘機起兵廢賈后，自爲使持節都督中外諸軍事、相國，加九錫，永寧元年廢惠帝篡位。後齊王冏起兵，迎惠帝復位，趙王倫賜死。《晉書》卷五九有傳。

［8］休詠：贊美歌頌。

朕以寡昧，遭家不造，^[1]越自遘閔，^[2]屬當屯極。^[3]逆臣桓玄，乘釁縱慝，窮凶恣虐，滔天猾夏。遂誣罔人神，肆其篡亂。祖宗之基既湮，七廟之饗胥殄，^[4]若墜淵谷，未足斯譬。

［1］遭家不造：家遭不幸。語出《詩・周頌・閔予小子》：“閔予小子，遭家不造。”馬瑞辰《毛詩傳箋通釋》：“不爲語辭，造與戚一聲之轉，古通用。”戚，憂傷，不幸。

[2]越自遘閔：遭遇異乎尋常的憂患。遘閔，遭遇憂患。

[3]屯極：困難到極點。屯，艱難，困頓。

[4]胥殄：傾刻滅絕。

皇度有晉，天縱英哲，[1]使持節、都督揚徐兗豫青冀幽并江九州諸軍事、鎮軍將軍、徐青二州刺史，忠誠天亮，[2]神武命世，用能貞明協契，[3]義夫響臻。故順聲一唱，二溟卷波，[4]英風振路，宸居清翳。[5]暨冠軍將軍毅、輔國將軍無忌、振武將軍道規，舟旗遄邁，[6]而元凶傳首，回戈疊揮，則荊、漢霧廓。[7]俾宣、元之祚，永固於嵩、岱，[8]傾基重造，再集於朕躬。宗廟歆七百之祜，[9]皇基融載新之命。念功惟德，永言銘懷。固已道冠開闢，[10]獨絕終古，書契以來，未之前聞矣。雖則功高靡尚，[11]理至難文，而崇庸命德，[12]哲王攸先者，[13]將以弘道制治，[14]深關盛衰。故伊、望膺殊命之錫，[15]桓、文饗備物之禮，[16]況宏徽不世，顧邈百代者，宜極名器之隆，[17]以光大國之盛。而鎮軍謙虛自衷，誠旨屢顯，朕重逆仲父，[18]乃所以愈彰德美也。鎮軍可進位侍中、車騎將軍、都督中外諸軍事，[19]使持節、徐青二州刺史如故。顯祚大邦，啓茲疆宇。

[1]英哲：《建康實錄》卷一〇作“英輔”。

[2]天亮：《建康實錄》卷一〇作“天發”。

[3]用能貞明協契：能够忠貞純正協力同心。

［４］二溟卷波：打敗孫恩、桓玄，勢如卷席。二溟，即南溟、北溟，指南海、北海，此處借指孫恩、桓玄。卷波，亦作“卷白波”。指東漢政權鎮壓白波軍時勢如卷席。

［５］宸居清翳：遮蔽皇帝住所的雲霧被廓清，指消滅桓玄，安帝得以復位。宸居，皇帝的住所、寶座，代指皇帝。

［６］舟旗遄邁：軍船快速前進。舟旗，佩帶，船上的軍旗。代指軍船。

［７］荆、漢霧廓：荆漢地區（指桓玄占據的湖北地區）的烏雲濁霧被廓清。

［８］俾宣、元之祚，永固於嵩、岱：俾使宣帝（司馬懿，西晋的創始人）、元帝（司馬睿，東晋的創始人）的國統，永遠鞏固地生存於神州大地。嵩、岱，即嵩山、泰山，代指中原、神州、中國。

［９］宗廟歆七百之祐：宗廟祭祀能享受長久的大福。歆，饗，聞，指祭祀宗廟時祖先聞到祭品的香味。七百，《左傳》宣公三年：“成王定鼎于郟鄏，卜世三十，卜年七百，天所命也。”後世遂用“七百”代指皇運綿長。

［１０］固已道冠開闢：固然已開闢了新的王化道統。道冠，即道貫，道統。《隋書·經籍志三》：“雜者，兼儒、墨之道，通衆家之意，以見王者之化，無所不冠者也。”道冠實指無所不貫的新的王化道統。

［１１］靡尚：没有出其上者。靡，同“没”。尚，同“上”。

［１２］崇庸命德：崇尚功勞，任命有德之人。

［１３］哲王攸先者：賢明的君主所最先考慮的。

［１４］弘道制治：弘揚正道，制定措施達到天下大治。

［１５］故伊、望膺殊命之錫：所以伊尹、吕望榮受特殊恩崇的賞賜。伊，即伊尹，商湯時的宰輔，曾輔佐商湯滅夏建國，又幫助太甲治理國家。事見《史記》卷三《殷本紀》。望，人名。即吕望（姜尚），曾輔佐武王滅紂興周，武王尊爲師尚父。事見《史記》

卷四《周本紀》。錫，同“賜”。

[16]桓、文饗備物之禮：齊桓公、晋文公享受到顯示國君威嚴的禮儀。桓，即齊桓公，名小白，齊國國君。春秋五霸之首，曾九合諸侯，一匡天下。事見《史記》卷三二《齊太公世家》。文，即晋文公，名重耳，晋國國君。春秋五霸之一，曾平周亂，救宋破楚，建立霸業。事見《史記》卷三九《晋世家》。備物，儀衛、祭祀所需的器物，即顯示國君尊嚴之物。

[17]宜極名器之隆：應該賜給最高的名號和車服儀仗。

[18]朕重（chóng）逆仲父：我屢次違反仲父（指劉裕）的心意。仲父，即管仲，字夷吾，曾幫助齊桓公建立霸業，功勞顯赫，故桓公尊稱“仲父”。此後遂成爲帝王對宰輔重臣的尊稱。

[19]侍中：官名。門下侍中省長官，管理省中衆事，諫諍糾察、平議尚書奏事，有異議得駁奏。并侍奉皇帝起居，掌顧問應對，拾遺補缺，出行則護駕。三品。　車騎將軍：官名。位次驃騎將軍，在諸名號大將軍上，又作爲軍府名號加授重臣及州郡長官。二品。開府者位從公，一品。

　　高祖固讓。加録尚書事，又不受，屢請歸藩。天子不許，遣百僚敦勸，又親幸公第。高祖惶懼詣闕陳請，天子不能奪。是月，旋鎮丹徒。[1]天子重遣大使敦勸，又不受。乃改授都督荆、司、梁、益、寧、雍、涼七州，并前十六州諸軍事，本官如故。於是受命解青州，加領兖州刺史。

[1]是月，旋鎮丹徒：丁福林《校議》云：“按上文記是年三月事，見此‘是月’，亦三月也。然考之《晋書·安帝紀》《通鑑》卷一一四皆記云：‘夏四月，劉裕旋鎮京口。’京口，即丹徒。《建康實録》卷一〇云：‘義熙元年……夏四月戊辰，劉裕旋鎮京口。’

更詳記劉裕鎮丹徒之日。是年四月壬子朔，戊辰月之十七日。見上文之‘是月’，恐是‘四月’之音訛。”

盧循浮海破廣州，獲刺史吳隱之。[1]即以循爲廣州刺史，以其同黨徐道覆爲始興相。[2]

[1]吳隱之：人名。字處默，濮陽鄄城（今山東鄄城縣）人，歷官晉陵太守、中書侍郎、廷尉、御史中丞、龍驤將軍、廣州刺史等職。盧循攻占廣州後被俘，得釋後歸建康，又任度支尚書、中領軍，卒於家。《晉書》卷九〇有傳。

[2]始興：郡名。治所在今廣東韶關市東南蓮花嶺下。　相：官名。始置於西漢，爲諸侯王國最高行政長官，地位相當於郡守。列侯封國也置相，地位同於縣令、長。曹魏陳留王時，在公、侯、伯、子、男封國均置相，由國家選派。晉武帝時改王國相爲內史，公國以下仍置相，品秩隨民戶多少而定。

二年三月，督交、廣二州。十月，高祖上言曰：“昔天禍皇室，巨狡縱篡，[1]臣等義惟舊隸，豫蒙國恩，仰契信順之符，[2]俯屬人臣之憤，雖社稷之靈，抑亦事由衆濟。其翼獎忠懃之佐，[3]文武畢力之士，敷執在己之謙，用虧國體之大。輒申攝衆軍先上，[4]同謀起義，始平京口、廣陵二城，臣及撫軍將軍毅等二百七十二人，并後赴義出都緣道大戰，所餘一千五百六十六人，又輔國將軍長民、故給事中王元德等十人，[5]合一千八百四十八人，乞正封賞。其西征衆軍，須論集續上。”於是尚書奏封唱義謀主鎮軍將軍裕豫章郡公，食邑萬戶，賜絹三萬匹。其餘封賞各有差。鎮軍府佐吏，降故太傅謝安府一等。[6]

[1]巨狄：大狄，借指桓玄。狄，獸名。《山海經·西山經》：
"有獸焉，其狀如犬而豹文，其角如牛，其名曰狄。"

[2]仰契信順之符：仰賴忠信順從的盟約。

[3]其翼獎忠懃之佐：希望獎勵忠心勤勞的將佐。翼，通
"冀"。

[4]輒申攝衆軍先上："申"字三朝本空白，其他各本作"輒
攝衆軍"，不空白。中華本據《元龜》卷一八四補。

[5]給事中：官名。秦漢時爲加官，加此號者得給事宮中，常
侍皇帝左右，備顧問應對，或分平尚書奏事，爲中朝要職。魏晉或
爲加官，或爲正官，位在散騎常侍下，給事黄門侍郎上。

[6]鎮軍府佐史，降故太傅謝安府一等：鎮軍府的官吏，比原
太傅謝安府的官吏降低一等。太傅，官名。位上公，在三司上，常
與太師、太保共掌朝政，開府置僚屬，爲實際宰相。謝安，人名。
字安石，陳郡陽夏人，曾任桓温司馬。桓温死後執政，淝水之戰部
署有方，大敗符堅，功勳顯赫，官至太保，死贈太傅。《晋書》卷
七九有傳。

十一月，天子重申前令，加高祖侍中，進號車騎將
軍、開府儀同三司。[1]固讓。詔遣百僚敦勸。

[1]開府儀同三司：官名。建立府署，享受三公的待遇。開府，
漢代祇有三公、大將軍可以開建官署，自辟僚屬。魏晉時諸州刺史
多以將軍開府，都督諸軍事，地位高者，可以享受三公待遇。故有
開府儀同三司名號。

三年二月，高祖還京師，將詣廷尉，[1]天子先詔獄

官不得受，詣闕陳讓，乃見聽。旋于丹徒。

[1]廷尉：官名。漢九卿之一，爲中央最高司法審判機構長官。魏晉沿置，時修訂法律及刑獄之政令則仰承尚書省，職權有所削弱。三品。

閏月，府將駱冰謀作亂，將被執，單騎走，追斬之。誅冰父永嘉太守球。[1]球本東陽郡史，[2]孫恩之亂，起義於長山，[3]故見擢用。初桓玄之敗，以桓沖忠貞，署其孫胤。[4]至是冰謀以胤爲主，與東陽太守殷仲文潛相連結。乃誅仲文及仲文二弟。凡桓玄餘黨，至是皆誅夷。

[1]誅冰父永嘉太守球：據本書《五行志四》記載，“駱球父環潛結桓胤、殷仲文等謀作亂”，故其家屬全被誅滅。
[2]郡史：官名。按：郡有門下史、録事史、記室史、小史等，郡史乃是泛稱。
[3]長山：地名。在今浙江金華市。
[4]署其孫胤：任命桓沖孫桓胤爲官。署，官制用語。任命。胤，人名。即桓胤。字茂遠，是桓氏族中頗有才華的人物。桓玄篡位以桓胤爲中書令、吏部尚書。玄敗，歸降，徙於新安。《晋書》卷七四有附傳。

天子遣兼太常葛籍授公策曰：[1]“有扈滔天，[2]夷羿乘釁，[3]亂節干紀，[4]實橈皇極。[5]賊臣桓玄，怙寵肆逆，乃摧傾華、霍，倒拔嵩、岱，五嶽既夷，[6]六地易所。[7]公命世英縱，藏器待時，因心資敬，誓雪國耻，慨憤陵夷，誠發宵寐。既而歲月屢遷，神器已遠，忠孝幽寄，實貫三靈。[8]爾乃介石勝機，[9]宣契畢舉，[10]訴蒼天以爲正，揮義旅而一驅。奔鋒數百，勢烈激電，百萬不能抗限，制路日直植城。[11]遂使衝鯨潰流，[12]暴鱗江漢，[13]廟勝遠加，[14]重氛載滌，[15]二儀廓清，[16]三光反照，[17]事遂永代，功高開闢，理微稱謂，義感朕心。若夫道爲身濟，猶縻厥爵，[18]況乃誠德俱深，勳冠天人者乎。是用建茲邦國，永祚山河，言念載懷，匪云足報。往欽哉！俾屏余一人，長弼皇晋，流風垂祚，暉烈無窮。其降承嘉策，對敭朕命。"[19]

[1]葛籍：人名。本書僅此一見，《晋書》《南史》《北史》也不見對此人的記載。

[2]有扈滔天：有扈氏罪惡滔天。有扈，夏初陝西户縣一帶部落，禹死，啓即帝位，有扈氏不服，起兵作亂。啓興兵討伐，遂滅有扈氏。

[3]夷羿乘釁：后羿乘機鬧事。夷羿，人名。夏時東夷族首領，又稱"后羿"。夏帝相時，國勢衰弱，后羿乘機奪取政權，後被寒浞所殺。

[4]亂節干紀：破壞法度，干擾法紀。

[5]實橈皇極：橈亂皇位。橈，同"撓"。《全晋文》卷一二即作"實撓皇極"。

[6]五嶽既夷：五嶽都被摧毀夷平。喻指桓玄推翻晋政權。五嶽，南嶽霍山（一説衡山），北嶽恒山，西嶽華山，東嶽泰山，中嶽嵩山。

[7]六地易所：王畿變了樣。六地，指王畿六郡，即丹陽、吴、吴興、宣城、淮南、南義興六郡。

［8］三靈：日、月、星。

［9］爾乃介石勝機：你有那樣堅貞不渝的秉賦。介石，操守堅貞。

［10］宣契畢舉：廣大同盟全部起義。

［11］制路日直植城：此句文義不可解，故中華本認爲“句有訛”。

［12］衝鯨潰流：凶猛的鯨落入淺灘。

［13］暴（pù）鱗江漢：暴鰓的魚在江漢被擒。以上兩句喻指桓玄兵敗被擒。

［14］廟勝遠加：再加上朝廷預先制定的克敵制勝的策略深謀遠慮。

［15］重氛載滌：種種的凶惡氣氛被蕩清。

［16］二儀廓清：天地得以肅清。

［17］三光反照：日月星重放光明。

［18］猶縻厥爵：還應該賞賜爵位。《易·中孚卦》：“我有好爵，吾與爾縻之。”縻，通“靡”。分散，引申爲賞賜。

［19］對敭（yáng）：也作“對揚”。臣下受國君賞賜時的常用語。《尚書·説命下》：“敢對揚天子之休命。”孔傳：“對，答也，答受美命而稱揚之。”

　　十二月，司徒、録尚書、揚州刺史王謐薨。

　　四年正月，徵公入輔，[1]授侍中、車騎將軍、開府儀同三司、揚州刺史、録尚書，徐兗二州刺史如故。表解兗州。先是遣冠軍劉敬宣伐蜀賊譙縱，[2]無功而返。九月，以敬宣挫退，遜位，[3]不許。乃降爲中軍將軍，開府如故。

　　［1］徵公入輔：徵豫章公劉裕入朝輔政。本書筆法，劉裕封公

以前稱高祖，封公以後則稱公。

[2]譙縱：人名。巴西南充（今四川南充市）人，曾任安西府參軍。義熙初，益州刺史毛璩遣譙縱、侯暉率兵東下，譙縱被推爲主，後連敗蜀兵，屯兵白帝城，自稱成都王，並遣使向姚興稱臣。劉裕遣朱石齡西討，縱兵敗，自縊。《晋書》卷一〇〇有傳。

[3]遜位：讓位。此言劉裕因劉敬宣兵敗而自責讓位。

　　初僞燕王鮮卑慕容德僭號於青州，[1]德死，兄子超襲位，[2]前後屢爲邊患。五年二月，大掠淮北，執陽平太守劉千載、濟南太守趙元，[3]驅略千餘家。三月，公抗表北討，以丹陽尹孟昶監中軍留府事。[4]四月，舟師發京都，泝淮入泗。五月，至下邳，留船艦輜重，步軍進琅邪。所過皆築城留守。鮮卑梁父、莒城二戍並奔走。[5]

[1]慕容德：人名。字玄明，前燕慕容皝少子，封范陽王。燕亡入秦，爲奮威將軍。慕容垂稱燕王，以爲車騎將軍，後升任丞相，隆安四年（400）即皇帝位，建南燕，都廣固，義熙元年（405）病故。《晋書》卷一二七有載記。

[2]超：人名。即慕容超。字祖明，慕容德之侄，南燕第二代皇帝。《晋書》卷一二八有載記。

[3]陽平：郡名。曹魏時治所在今河北大名縣，後趙移至今河北館陶縣。此屬僑置，治所在江淮間，具體地點不詳。　劉千載：人名。本書僅此一見，其事不詳。　趙元：人名。本書僅此一見，其事不詳。

[4]監中軍留府事：監理中軍將軍府留守事，實即劉裕的後方總管。

[5]梁父：地名。在今山東泰安市。　莒城：地名。在今山東

莒縣。　二戍：兩個駐軍城堡（堡壘）。

　　慕容超聞王師將至，其大將公孫五樓說超：[1]“宜斷據大峴，[2]刈除粟苗，堅壁清野以待之。彼僑軍無資，求戰不得，旬月之間，折鼓以答之耳。”超不從，曰：“彼遠來疲勞，勢不能久，但當引令過峴，我以鐵騎踐之，不憂不破也。豈有預芟苗稼，先自蹙弱邪。”[3]初公將行，議者以爲賊聞大軍遠出，必不敢戰，若不斷大峴，當堅守廣固，[4]刈粟清野，以絶三軍之資，非唯難以有功，將不能自反。公曰：“我揣之熟矣。鮮卑貪，[5]不及遠計，進利剹獲，退惜粟苗。謂我孤軍遠入，不能持久，不過進據臨朐，[6]退守廣固。我一得入峴，則人無退心，驅必死之衆，向懷貳之虜，何憂不剋。彼不能清野固守，爲諸君保之。”公既入峴，舉手指天曰：“吾事濟矣！”

　　[1]公孫五樓：人名。南燕權臣，慕容超即位，以爲武衛將軍，領屯騎校尉，内參政事，後進升侍中、尚書，領左衛將軍，專擅朝政，王公大臣無不憚之。事見《晋書》卷一二八《慕容超載記》。
　　[2]大峴：山名。在今山東臨朐縣。
　　[3]先自蹙（cù）弱邪：先自己削弱自己嗎？蹙，同“蹙”。減削。
　　[4]廣固：地名。南燕都城，在今山東青州市。
　　[5]鮮卑貪：文意不全，中有脱字。據中華本考證，《南史》作“鮮卑性貪”，《通鑑》作“鮮卑貪婪”。
　　[6]臨朐：地名。在今山東臨朐縣。

六月，慕容超遣五樓及廣寧王賀賴盧先據臨朐城。[1]既聞大軍至，留羸老守廣固，乃悉出。臨朐有巨蔑水，[2]去城四十里。超告五樓曰：“急往據之，晉軍得水，則難擊也。”五樓馳進。龍驤將軍孟龍符領騎居前，[3]奔往爭之，五樓乃退。

[1]廣寧王：王爵名。王國在今河北涿鹿縣。　賀賴盧：人名。《北史》卷八《外戚傳》作“賀盧”。《南史》卷一《宋武帝紀》作“賀剌盧”。原爲北魏拓跋珪之舅賀訥之子，曾任廣川太守，後與冀州刺史王輔不和，殺輔而奔南燕，歷官輔國將軍、并州刺史，事見《魏書》卷八三上《賀訥傳》和《晉書》卷一二八《慕容超載記》。

[2]巨蔑水：水名。亦作具水、巨昧水、巨洋水。即今山東彌河。

[3]孟龍符：人名。平昌安丘（今山東安丘市）人，孟懷玉之弟，曾參與討伐孫恩、桓玄戰爭，因功授建威將軍、東海太守，又加龍驤將軍，隨劉裕討伐南燕，死於戰場。本書卷四七有附傳。

衆軍步進，有車四千兩，分車爲兩翼，方軌徐行，[1]車悉張幔，御者執矟。又以輕騎爲遊軍。軍令嚴肅，行伍齊整。未及臨朐數里，賊鐵騎萬餘，前後交至。公命兗州刺史劉藩、弟并州刺史道憐、諮議參軍劉敬宣、[2]陶延壽、[3]參軍劉懷玉、[4]慎仲道、[5]索邈等，[6]齊力擊之。日向昃，公遣諮議參軍檀韶直趨臨朐。韶率建威將軍向彌、參軍胡藩馳往，[7]即日陷城，斬其牙旗，[8]悉虜超輜重。超聞臨朐已拔，引衆走，公親鼓之，賊乃大奔。超遁還廣固。獲超馬、偽輦、玉璽、豹尾

等，[9]送于京師。斬其大將段暉等十餘人，[10]其餘斬獲
千計。

[1]方軌：兩輛車並行。

[2]諮議參軍：官名。王府、丞相府、公府、位從公府、州軍
府皆置此官，初掌顧問諫議，後職掌不定，位在列曹參軍上，州諮
議參軍常帶大郡太守職銜，有的還越級行州府事。

[3]陶延壽：人名。廬江尋陽（今江西九江市）人，陶侃五世
孫，陶綽之子，襲爵長沙郡公。原屬桓玄部下，後投劉裕，宋受
禪，降爲吳昌侯。事見《晉書》卷六六《陶侃傳》。

[4]劉懷玉：人名。本書僅此一見，其事不詳。

[5]慎仲道：人名。本書僅此一見，其事不詳。

[6]索邈：人名。歷官寧遠將軍、梁州刺史、寧朔將軍，曾參
與討桓玄、盧循戰爭，其所率虎班突騎，爲戰鬥力很强的騎兵。

[7]胡藩：人名。字道序，豫章南昌（今江西南昌市）人。本
書卷五〇有傳。

[8]牙旗：旗竿上飾有象牙的大旗，是主將、主帥的旗幟，也
可用作儀仗。

[9]偏輦、玉璽、豹尾：慕容超的坐輦、皇帝玉印、豹尾旗。
以上幾種都是皇帝御用的器物。偏輦，《晉書·輿服志》作“金鉦
輦”。豹尾，天子屬車上的飾物，懸於鹵簿儀仗的最後一車上。

[10]段暉：人名。鮮卑段氏之後，原爲西凉乞伏熾磐的大臣，
官至中尉，後投奔南燕，慕容超任爲左僕射，成爲重臣。

明日，大軍進廣固，即屠大城，超退保小城。於是
設長圍守之，圍高三丈，外穿三重塹。停江、淮轉輸，
館穀於齊土。[1]撫納降附，華戎歡悦，援才授爵，因而
任之。七月，詔加公北青、冀二州刺史。超大將垣遵、

遵弟苗並率衆歸順。[2]公方治攻具，城上人曰："汝不得張綱，[3]何能爲也。"綱者，超僞尚書郎，其人有巧思。會超遣綱稱藩於姚興，[4]乞師請救。興僞許之，而實憚公，不敢遣。綱從長安還，泰山太守申宣執送之。[5]乃升綱於樓車，[6]以示城內，城內莫不失色。於是使綱大治攻具。超求救不獲，綱反見虜，轉憂懼。乃請稱藩，求割大峴爲界，獻馬千疋。不聽，圍之轉急。河北居民荷戈負糧至者，日以千數。

[1]停江、淮轉輸，館穀於齊土：停止由江淮地區向前綫運送物資，而是在山東就地解決軍糧供應。館穀，見《左傳》僖公二十八年："楚師敗績……晉師三日館穀。"杜預注："館，舍也。食楚軍穀三日。"指駐軍就食。

[2]垣遵、苗：人名。略陽桓道（今甘肅隴西縣）人，垣敞子。敞仕苻氏，爲長樂國郎中令，後投南燕，任車騎長史。慕容超時，垣遵官至尚書，垣苗爲京兆太守，降劉裕後，以爲太尉行參軍。宋文帝時，垣遵官至員外散騎侍郎，垣苗任屯騎校尉。事見本書卷五〇《垣護之傳》。

[3]張綱：人名。晋時著名機械製造師，《晋書·輿服志》稱其爲"工人張綱"。

[4]姚興：人名。羌族，字子略，姚萇長子，後秦皇帝，公元394年至416年在位。《晋書》卷一一七、一一八有載記。

[5]申宣：人名。魏郡魏（今河北大名縣）人，後趙石虎司徒申鍾之子，宋文帝時，官至兗、青二州刺史。事見本書卷六五《申恬傳》。

[6]樓車：各本並作"樓上"，中華本據《通鑑》改。

録事参軍劉穆之，[1]有經略才具，公以爲謀主，動止必諮焉。時姚興遣使告公云：“慕容見與鄰好，[2]又以窮告急，[3]今當遣鐵騎十萬，逕據洛陽。晉軍若不退者，便當遣鐵騎長驅而進。”公呼興使答曰：“語汝姚興，我定燕之後，息甲三年，當平關、洛。今能自送，便可速來。”穆之聞有羌使，馳入，而公發遣已去。以興所言并答，具語穆之。穆之尤公曰：[4]“常日事無大小，必賜與謀之。此宜善詳之，云何卒爾便答。[5]公所答興言，未能威敵，正足怒彼耳。若燕未可拔，羌救奄至，不審何以待之？”公笑曰：“此是兵機，非卿所解，故不語耳。夫兵貴神速，彼若審能遣救，必畏我知，寧容先遣信命。此是其見我伐燕，内已懷懼，自張之辭耳。”

[1]劉穆之：人名。字道和，小字道民，東莞莒（今山東莒縣）人。本書卷四二有傳。

[2]見（xiàn）：“現”的古字。

[3]窮：窮途末路，危急。

[4]尤：抱怨，怨。

[5]卒（cù）爾：忽然，突然，倉促間。卒，同“猝”。

九月，進公太尉、中書監，固讓。

僞徐州刺史段宏先奔索虜，[1]十月，自河北歸順。[2]

[1]段宏：人名。鮮卑族，降劉裕後任中兵參軍，後隨劉裕北伐後秦，因救劉義真功，任義真諮議參軍，文帝時，任征虜將軍、青冀二州刺史，死後追封左將軍。事見本書卷六一《廬陵孝獻王義真傳》。　索虜：指北魏。因鮮卑俗男人頭上有髮辮，似繩索，南

人蔑稱爲"索虜"或"索頭虜"。

[2]自河北歸順：各本無"自"字。據中華本考證，《通鑑》晉安帝義熙五年作"段宏自魏奔於裕"。又引孫彪《考論》云："河北上當有自字。"據補。

張綱治攻具成，設諸奇巧，飛樓木幔之屬，[1]莫不畢備。城上火石弓矢，無所用之。六年二月丁亥，屠廣固。超踰城走，征虜賊曹喬胥獲之，[2]殺其王公以下，[3]納口萬餘，馬二千疋，送超京師，斬于建康市。

[1]飛樓木幔：攻城用的樓車和木板做的掩體頂棚。此即《南史》卷一《宋武帝紀》所説的"飛樓縣（懸）梯，木幔板屋"。

[2]征虜賊曹：官署名。即征虜將軍府賊曹，主盜賊事，以參軍爲長官，此處借指賊曹參軍。　喬胥：人名。本書僅此一見，其事不詳。

[3]王公：各本並作"亡命"，中華本據《南史》、《元龜》卷一八四、《通鑑》晉安帝義熙六年改。

公之北伐也，徐道覆仍有闚覦之志，[1]勸盧循乘虛而出，循不從。道覆乃至番禺説循曰：[2]"本住嶺外，豈以理極於此，正以劉公難與爲敵故也。今方頓兵堅城之下，[3]未有旋日。以此思歸死士，掩襲何、劉之徒，如反掌耳。不乘此機而保一日之安，若平齊之後，[4]小息甲養衆，不過一二年間，必璽書徵君。若劉公自率衆至豫章，遣鋭師過嶺，雖復將軍神武，恐必不能當也。今日之機，萬不可失。既剋都邑，傾其根本，劉公雖還，無能爲也。"循從之，乃率衆過嶺。是月，寇南康、

廬陵、豫章，[5]諸郡守皆委任奔走，于時平齊問未至，[6]
即馳使徵公。公之初剋齊也，欲停鎮下邳，清滌河、
洛，既而被徵使至，即日班師。

[1]闚（kuī）覦（yú）：窺視、圖謀。

[2]番（pān）禺：縣名。在今廣東廣州市番禺區。

[3]今方頓兵堅城之下："頓"各本並作"領"，中華本據《建
康實錄》、《通鑑》晉安帝義熙六年改。

[4]平齊：平定南燕。因南燕統治範圍主要在古代的齊地，故
稱"平齊"。

[5]南康：郡名。治所在今江西贛州市。

[6]于時平齊問未至：當時平定南燕的消息沒到。問，消息。

鎮南將軍何無忌與徐道覆戰于豫章，敗績，無忌被
害。內外震駭。朝廷欲奉乘輿北走就公，尋知賊定未
至，人情小安。公至下邳，以船運輜重，自率精銳步
歸。至山陽，[1]聞無忌被害，則慮京邑失守，乃卷甲兼
行，[2]與數十人至淮上，[3]問行旅以朝廷消息。人曰：
"賊尚未至，劉公若還，便無所憂也。"公大喜，單船過
江，逕至京口，衆乃大安。四月癸未，公至京師，解嚴
息甲。

[1]山陽：郡名。治所在今江蘇淮安市。

[2]卷甲兼行：卷起鎧甲日夜不停地趕路。

[3]至淮上：到了秦淮河邊。淮，指秦淮河。上，江河的邊緣。

撫軍將軍劉毅抗表南征，公與毅書曰："吾往習擊

妖賊，曉其變態，新獲姦利，其鋒不可輕。宜須裝嚴畢，與弟同舉。"又遣毅從弟藩往止之。毅不從，舟師二萬，發自姑孰。[1]循之初下也，使道覆向尋陽，自寇湘中諸郡。荊州刺史道規遣軍至長沙，爲循所敗。逕至巴陵，[2]將向江陵。道覆聞毅上，馳使報循曰："毅兵衆甚盛，成敗事係之於此，宜并力摧之。若此克捷，天下無復事矣。根本既定，不憂上面不平也。"循即日發巴陵，與道覆連旗而下。別有八艚艦九枚，起四層，高十二丈。公以南藩覆没，表送章綬，[3]詔不聽。五月，劉毅敗績于桑落洲，棄船步走，餘衆不得去者，皆爲賊所擒。

　　[1]姑孰：城名。亦作"姑熟"，又名南州城，在今安徽當塗縣。
　　[2]巴陵：郡名。治所在今湖南岳陽市。
　　[3]表送章綬：上表呈送官印。劉裕此舉是表示對軍事失利的自責。章綬，官印及繫官印的絲帶。泛指官印。

　　初循至尋陽，聞公已還，不信也。既破毅，乃審凱入之問，[1]並相視失色。循欲退還尋陽，進平江陵，據二州以抗朝廷。道覆謂宜乘勝徑進，固爭之。疑議多日，乃見從。

　　[1]乃審凱入之問：纔知道劉裕已回到建康的信息。審，察知、知道。凱入，凱旋。

　　毅敗問至，內外洶擾。于時北師始還，多創痍疾病。京師戰士，不盈數千。賊既破江、豫二鎮，戰士十餘萬，舟車百里不絕。奔敗還者，並聲其雄盛。孟昶、諸葛長民懼寇漸逼，欲擁天子過江，公不聽，昶固請不止。公曰："今重鎮外傾，强寇內逼，人情危駭，莫有固志。若一旦遷動，便自瓦解土崩，江北亦豈可得至！設令得至，不過延日月耳。今兵士雖少，自足以一戰。若其克濟，則臣主同休；[1]苟厄運必至，我當以死衛社稷，橫尸廟門，遂其由來以身許國之志，不能遠竄於草間求活也。我計決矣，卿勿復言！"昶恐其不濟，乃爲表曰："臣裕北討，衆並不同，唯臣贊裕行計，致使强賊乘間，社稷危逼，臣之罪也。今謹引分以謝天下。"[2]封表畢，乃仰藥而死。

[1]同休：共同的喜慶。休，喜慶、美善、福禄。
[2]引分：引咎自決。《通鑑》晋安帝義熙六年作"引咎以謝天下"。

於是大開賞募，投身赴義者，一同登京城之科。[1]發居民治石頭城，[2]建牙戒嚴。[3]時議者謂宜分兵守諸津要。[4]公以爲："賊衆我寡，若分兵屯，則人測虛實。且一處失利，則沮三軍之心。今聚衆石頭，隨宜應赴，既令賊無以測多少，又於衆力不分。若徒旅轉集，徐更論之耳。"移屯石頭，乃柵淮斷查浦。[5]既而群賊大至，公策之曰："賊若於新亭直進，[6]其鋒不可當，宜且回避，勝負之事，未可量也。若回泊西岸，此成擒耳。"

[1]一同登京城之科：享受和討伐桓玄時京口聚義功臣相同的賞賜。《通鑑》晉安帝義熙六年作"賞之同京口赴義之科"。

[2]發居民治石頭城：查《通鑑》及《南史》，劉裕開賞募之科及治石頭城皆在孟昶自殺之前，與此處所述順序不同。

[3]建牙戒嚴：樹立軍旗宣布戒嚴。建牙，在有大的軍事行動前都要樹立軍旗。

[4]守諸津要：把守各個渡口和要害。

[5]乃栅（zhà）淮斷查（zhá）浦：於是在秦淮河口樹立栅欄，在查浦修築堡壘（《通鑑》作"築查浦"）。栅，栅欄，用竹木做成的防禦工事。查浦，地名。在今江蘇南京市清涼山南。

[6]新亭：地名。在今江蘇南京市南。

　　道覆欲自新亭、白石焚舟而上。循多疑少決，每欲以萬全爲慮，謂道覆曰："大軍未至，孟昶便望風自裁，大勢言之，自當計日潰亂。今決勝負於一朝，既非必定之道，且殺傷士卒，不如按兵待之。"公于時登石頭城以望循軍，初見引向新亭，公顧左右失色。既而回泊蔡洲。[1]道覆猶欲上，循禁之。自是衆軍轉集，修治越城，築查浦、藥園、廷尉三壘，[2]皆守以實衆。冠軍將軍劉敬宣屯北郊，輔國將軍孟懷玉屯丹陽郡西，[3]建武將軍王仲德屯越城，廣武將軍劉懷默屯建陽門外。[4]使寧朔將軍索邈領鮮卑具裝虎班突騎千餘匹，皆被練五色，自淮北至于新亭。賊並聚觀，咸畏憚之；然猶冀京邑及三吳有應之者。[5]遣十餘艦來拔石頭栅，公命神弩射之，發輒摧陷，循乃止不復攻栅。設伏兵於南岸，使嬴老悉乘舟艦向白石。公慮其從白石步上，乃率劉毅、諸葛長民北出拒之，留參軍徐赤特戍南岸，[6]命堅守勿動。公既去，賊焚查浦步上，赤特軍戰敗，死没有百餘人。赤特棄餘衆，單舸濟淮。賊遂率數萬屯丹陽郡。公率諸軍馳歸。衆憂賊過，咸謂公當徑還拒戰。公先分軍還石頭，衆莫之曉。解甲息士，洗浴飲食之，乃出列陳於南塘。[7]以赤特違處分，[8]斬之。命參軍褚叔度、朱齡石率勁勇千餘人過淮。[9]群賊數千，皆長刀矛鋋，精甲曜日，奮躍爭進。齡石所領多鮮卑，善步稍，並結陳以待之。賊短兵弗能抗，死傷者數百人，乃退走。會日莫，[10]衆亦歸。

[1]蔡洲：地名。在今江蘇南京市西南，原爲長江中的沙洲，今已與陸地相聯。

[2]築查浦、藥園、廷尉三壘：修築查浦、藥園、廷尉三處堡壘。藥園，種芍藥的園圃。廷尉，官署名。此指廷尉寺所在地。

[3]丹陽郡：治所在今江蘇南京市。

[4]劉懷默：人名。彭城（今江蘇徐州市）人，劉懷慎弟，官至江夏内史、太中大夫。本書卷四五有附傳。各本並作“劉默”，中華本據《晋書》卷一〇《安帝紀》、《建康實録》補“懷”字。

[5]三吴：地區名。即吴郡（今江蘇蘇州市）、吴興（今浙江湖州市）、會稽（今浙江紹興市）。

[6]徐赤特：按本書沈約自序作“赤將”，《劉鍾傳》作“赤軍”，恐爲“赤將”，以避蕭道成小字鬪將之諱而書赤軍，其“特”與“將”當係魯魚之誤。”

[7]乃出列陳於南塘：《南史》卷一《宋武帝紀》作“乃出陣於南塘”，“陳”同“陣”。南塘，地名。在今江蘇南京市西南秦淮河南岸。

[8]違處分：違反指揮。

[9]褚叔度：人名。各本並作"諸葛叔度"，中華本據《通典・兵典》改。據本書卷五二《褚叔度傳》，時爲中軍諮議參軍。

朱齡石：人名。字伯兒，沛郡沛（今江蘇沛縣）人。本書卷四八有傳。

[10]會日莫：正趕上太陽已落。莫，同"暮"。

劉毅之敗，豫州主簿袁興國反叛，[1]據歷陽以應賊。[2]琅邪內史魏順之遣將謝寶討斬之。[3]興國司馬襲寶，順之不救而退，公怒斬之。順之，詠之之弟也。於是功臣震慴，莫敢不用命。

[1]袁興國：人名。本書僅此一見，其事不詳。

[2]歷陽：郡名。治所在今安徽和縣。

[3]謝寶：人名。本書僅此一見，其事不詳。

六月，更授公太尉、中書監，加黃鉞。[1]受黃鉞，餘固辭。以司馬庾悅爲建威將軍、江州刺史，[2]自東陽出豫章。七月庚申，群賊自蔡洲南走，還屯尋陽。遣輔國將軍王仲德、廣川太守劉鍾、[3]河間太守蒯恩追之。[4]公還東府，[5]大治水軍，皆大艦重樓，高者十餘丈。盧循遣其大將荀林寇江陵，[6]桓謙先於江陵奔羌，[7]又自羌入蜀，僞主譙縱以爲荊州刺史。謙及譙道福率軍二萬，[8]出寇江陵，適與林會，相去百餘里。荊州刺史道規斬謙于枝江，[9]破林於江津，[10]追至竹町斬之。[11]

[1]黃鉞：飾以黃金的長柄斧子。本屬於天子的儀仗，對於功勞卓著的大臣出征，天子也賜予黃鉞（斧爲銅質，刃及柄塗金），

以示尊崇，並享有專斷一切的大權。

[2]庾悦：人名。字仲豫，潁川鄢陵（今河南鄢陵縣）人，庾亮四世孫，庾淮之子。本書卷五二有傳。

[3]廣川：郡名。治所在今河北棗强縣。此爲僑置，隸揚州，治所不詳。　劉鍾：人名。字世之，彭城人。本書卷四九有傳。

[4]河間：郡名。治所在今河北獻縣，此爲僑置，治所不詳。
蒯恩：人名。字道恩，蘭陵承（今江蘇常州市武進區）人。本書卷四九有傳。

[5]東府：《讀史方輿紀要》卷二〇：“東府城在皇城西安門外青溪橋東，南臨淮水，晋會稽王道子宅也。道子領揚州，宅在州東，故曰東府。自是領揚州者輒鎮焉，爲六朝故事。”

[6]苟林：人名。《晋書》卷一一八《姚興載記下》、《通鑑》晋安帝義熙六年作“苟林”。原爲後秦姚興前將軍，後歸譙縱，又轉爲盧循的將領，在巴陵爲劉遵所攻殺。

[7]奔羌：投奔後秦姚興。姚興爲羌人，故有此説。

[8]譙道福：人名。譙縱大將。朱齡石伐蜀，道福戰敗。逃於獠中，後被擒，斬於軍門。

[9]枝江：地名。在今湖北枝江市。

[10]江津：地名。即江津城，在今湖北荆州市沙市區。

[11]竹町：地名。在今湖北，具體地點不詳。

初循之走也，公知其必寇江陵，登遣淮陵内史索邈領馬軍步道援荆州。[1]又遣建威將軍孫季高率衆三千，[2]自海道襲番禺。江州刺史庾悦至五畝嶠，[3]賊遣千餘人據斷嶠道，悦前驅鄱陽太守虞丘進攻破之。[4]公治兵大辦。[5]十月，率兖州刺史劉藩、寧朔將軍檀韶等舟師南伐。以後將軍劉毅監太尉留守府，後事皆委焉。是月，徐道覆率衆三萬寇江陵。荆州刺史道規又大破之，斬首萬餘級，道覆走還盆口。[6]初公之遣索邈也，邈在道爲賊所斷，道覆敗後方達。自循東下，江陵斷絶京邑之問，傳者皆云已没。及邈至，方知循走。

[1]登：副詞，當即。　淮陵内史：官名。淮陵侯國的行政長官。淮陵，地名。治所在今安徽明光市東北。

[2]孫季高：人名。名處，會稽永興（今浙江杭州市蕭山區）人。本書卷四九有傳。

[3]五畝嶠：地名。地址不詳。本書卷四九《虞丘進傳》：“出鄱陽，至五畝嶠。循遣將英糺爲上饒令，千餘人守故城，進攻破之。”知五畝嶠在上饒附近。

[4]鄱陽：郡名。治所在今江西鄱陽縣北廣進鄉。　虞丘進：人名。複姓虞丘，名進，字豫之，東海郯（今山東郯城縣）人。本書卷四九有傳。

[5]治兵大辦：完成非常好的軍事訓練。

[6]盆口：地名。即溢口，又稱“溢浦口”，在今江西九江市，是溢浦水入長江之口。

循初自蔡洲南走，留其親黨范崇民五千人，[1]高艦百餘，成南陵。[2]王仲德等聞大軍且至，乃進攻之。十一月，大破崇民軍，焚其舟艦，收其散卒。

[1]范崇民：人名。盧循軍別帥，其事不詳。

[2]南陵：地址不詳，當離湖口不遠。《通鑑》晉安帝義熙六年：“崇民走”下注曰：“崇民走，則裕可徑進，循失湖口之險。”湖口，今江西鄱陽湖入長江之口。

循廣州守兵，不以海道爲防。是月，建威將軍孫季

高乘海奄至，[1]而城池峻整，兵猶數千。季高焚賊舟艦，
悉力而上，四面攻之，即日屠其城。循父以輕舟奔始
興。季高撫其舊民，戮其親黨，勒兵謹守。初公之遣季
高也，衆咸以海道艱遠，必至爲難；且分撤見力，二三
非要。[2]公不從。敕季高曰："大軍十二月之交，必破妖
虜。卿今時當至廣州，傾其巢窟，令賊奔走之日，無所
歸投。"季高受命而行，如期剋捷。

[1]奄至：突然到來。
[2]二三非要：委婉表示不是當務之急。二三，二成三成之意，
說明不占主要地位。

循方治兵旅舟艦，設諸攻備。公欲御以長算，乃屯
軍雷池。[1]賊揚聲不攻雷池，當乘流逕下。公知其欲戰，
且慮賊戰敗，或於京江入海，[2]遣王仲德以水艦二百於
吉陽下斷之。[3]十二月，循、道覆率衆數萬，方艦而下，
前後相抗，莫見舳艫之際。公悉出輕利鬪艦，躬提幡
鼓，命衆軍齊力擊之。又上步騎於西岸。右軍參軍庾樂
生乘艦不進，[4]斬而徇之。於是衆軍並踊騰爭先。軍中
多萬鈞神弩，所至莫不摧陷。公中流蹙之，因風水之
勢，賊艦悉泊西岸。岸上軍先備火具，[5]乃投火焚之，
煙燄張天，賊衆大敗，追奔至夜乃歸。循等還尋陽。初
分遣步軍，莫不疑怪，及燒賊艦，衆乃悅服。召王仲
德，請還爲前驅。留輔國將軍孟懷玉守雷池。循聞大軍
上，欲走向豫章，乃悉力柵斷左里。[6]大軍至左里，將
戰，公所執麾竿折，折幡沈水，衆並怪懼。公歡笑曰：

"往年覆舟之戰,[7]幡竿亦折,今者復然,賊必破矣。"即攻柵而進。循兵雖殊死戰,弗能禁。諸軍乘勝奔之,循單舸走。所殺及投水死,凡萬餘人。納其降附,宥其逼略。[8]遣劉藩、孟懷玉輕軍追之。循收散卒,尚有數千人,逕還廣州。道覆還保始興。公旋自左里。天子遣侍中、黃門勞師于行所。[9]

[1]雷池:地名。在今湖北黃梅縣和安徽宿松縣以南、望江縣西境、長江北岸龍感湖、大官湖及泊湖一帶。

[2]京江:地名。即今江蘇鎮江市北長江之一段。

[3]吉陽:洲名。在今江蘇南京市附近古長江中。

[4]庾樂生:人名。本書僅此一見,其事不詳。

[5]岸上軍先備火具:各本並奪"岸"字,中華本據《南史》、《通典·兵典》、《通鑑》晋安帝義熙六年補。

[6]左里:城鎮名。即蠡鎮,在今江西都昌縣西北左蠡山下。

[7]覆舟之戰:指元興三年(404)劉裕討桓玄時在覆舟山發生的戰鬥。覆舟,山名。又名龍舟山、玄武山,在今江蘇南京市東北。

[8]宥其逼略:釋放被盧循逼迫、掠奪來的戰士。宥,寬恕,赦免。

[9]黃門:官名。黃門侍郎、給事黃門侍郎的簡稱,爲侍中省、門下省的次官,侍從皇帝,顧問應對,出則陪乘,與皇帝關係密切。　行所:行軍駐扎的地方。

宋書　卷二

本紀第二

武帝中

七年正月己未，振旅于京師。[1]改授大將軍、揚州牧，[2]給班劍二十人，[3]本官悉如故，固辭。凡南北征伐戰亡者，並列上賻贈。[4]尸喪未反，遣主帥迎接，致還本土。

[1]振旅：軍禮一種。即舉行儀式於京師，祝賀班師凱旋。

[2]大將軍：官名。高級軍政官，可專擅朝政。一品。　揚州牧：官名。一般州的長官稱刺史，揚州是當時首都所在地，其長官稱牧。揚州，治所在今江蘇南京市。

[3]給班劍二十人：賜給二十個帶班劍的武士。班劍，有紋飾的劍，由武士佩帶，形成儀仗隊。皇帝賜大臣班劍，以示尊崇。

[4]賻贈：賜給喪家的禮物。

二月，盧循至番禺，爲孫季高所破，收餘衆南走。劉藩、孟懷玉斬徐道覆于始興。[1]

[1]斬徐道覆于始興：本書、《通鑑》、《御覽》卷三三六引《晉起居注》均言徐道覆被殺，唯《魏書》卷九七《島夷劉裕傳》所記不同，言："徐道覆至始興，猶據山澗，劉蕃等攻之，道覆先鴆妻子，然後自殺。"

晋自中興以來，[1]治綱大弛，權門并兼，強弱相凌，百姓流離，不得保其產業。桓玄頗欲釐改，竟不能行。公既作輔，大示軌則，豪強肅然，遠近知禁。至是會稽餘姚虞亮復藏匿亡命千餘人。[2]公誅亮，免會稽內史司馬休之。[3]

[1]晋自中興以來：指西晉亡後司馬睿在建康建立東晉政權以來。
[2]亡命：指脫離戶籍而逃亡，在戶籍上無名的流浪人口。
[3]司馬休之：人名。字季預，河內溫（今河南溫縣）人。晋宗室。歷官平西將軍、荆州刺史，後起兵反劉裕，被王鎮惡打敗後，逃奔後秦。《晉書》卷三七有附傳，《魏書》卷三七有傳。

天子又申前命，公固辭。於是改授太尉、中書監，[1]乃受命。奉送黃鉞，解冀州。
交州刺史杜慧度斬盧循，[2]傳首京師。

[1]太尉：官名。東漢時爲三公之首，魏晋時多爲加官，爲名譽宰相。一品。東晉末年劉裕任此職時則有實權。
[2]交州：治所在今越南北寧省仙遊縣東。　杜慧度：人名。交趾朱鳶（今越南海興省快州縣附近）人。本書卷九二有傳。

先是諸州郡所遣秀才、孝廉，多非其人，公表天子，申明舊制，依舊策試。[1]

[1]策試：考試制度的一種。提出問題，讓應試者回答，稱對策，也叫策試。

征西將軍、荊州刺史道規疾患求歸，八年四月，改授豫州刺史，以後將軍、豫州刺史劉毅代之。毅與公俱舉大義，興復晉室，自謂京城、廣陵功業，足以相抗，[1]雖權事推公，[2]而心不服也。毅既有雄才大志，厚自矜許，朝士素望者多歸之。[3]與尚書僕射謝混、丹陽尹郗僧施並深相結。[4]及西鎮江陵，豫州舊府多割以自隨，[5]請僧施爲南蠻校尉。[6]既知毅不能居下，終爲異端，密圖之。毅至西，稱疾篤，表求從弟兗州刺史藩以爲副貳，僞許焉。九月，藩入朝，公命收藩及謝混，並於獄賜死。自表討毅，又假黃鉞，率諸軍西征。以前鎮軍將軍司馬休之爲平西將軍、荊州刺史，兗州刺史道憐鎮丹徒，豫州刺史諸葛長民監太尉留府事，加太尉司馬、丹陽尹劉穆之建威將軍，[7]配以實力。壬午，發自京師。遣參軍王鎮惡、龍驤將軍蒯恩前襲江陵。[8]十月，鎮惡剋江陵，毅及黨與皆伏誅。

[1]自謂京城、廣陵功業，足以相抗：劉毅自己認爲他在京口聚義，及在廣陵大敗桓弘、桓謙的功勞業績，足以和劉裕相抗衡。京城，即京口。
[2]雖權事推公：雖然權宜之計，暫時推崇劉裕。

[3]素望者：素有聲望的人。此指高門士族中有影響的人物。

[4]郗僧施：人名。字惠脱，高平金鄉（今山東嘉祥縣）人，郗鑒四世孫，郗超的嗣子，郗儉之子，襲爵南昌公。少與謝混、謝方明、桓胤齊名，後與劉毅反劉裕被殺。事見《晉書》卷六七《郗鑒傳》。

[5]豫州舊府：指劉毅任豫州刺史時的舊部下。

[6]南蠻校尉：官名。也稱護南蠻校尉。掌荆州、江州少數民族事務，統兵，一般都由地位較高的將軍兼領。四品。治所在江陵。

[7]丹陽尹劉穆之建威將軍：以丹陽尹劉穆之爲建威將軍。

[8]王鎮惡：人名。北海劇（今山東昌樂縣）人，前秦宰相王猛的孫子。本書卷四五有傳。

十一月己卯，公至江陵，下書曰：

夫去弊拯民，必存簡恕，捨網修綱，[1]雖煩易理。江、荆彫殘，刑政多闕，頃年事故，綏撫未週。遂令百姓疲匱，歲月滋甚，財傷役困，慮不幸生。凋殘之餘，而不減舊，刻剥徵求，不循政道。宰莅之司，或非良榦，[2]未能菲躬儉，[3]苟求盈給，積習生常，漸不知改。

[1]捨網修綱：捨棄繁雜瑣碎的小事，抓住綱要大事。網，捕魚、捕鳥的工具，喻指繁瑣之事。綱，網上的攬繩、綱繩，喻指大綱要領。《晉書》卷四六《劉頌傳》："故善爲政者綱舉而網疏。"與此意同。

[2]良榦：能擔起重任的賢臣。

[3]未能菲躬儉：此句文義不完整。中華本引殿本《考證》云："躬下當有節字。或儉下脱一用字。"

　　近因戎役，來涉二州，踐境親民，愈見其瘝，思欲振其所急，恤其所苦。凡租稅調役，悉宜以見戶爲正。[1] 州郡縣屯田池塞，諸非軍國所資，利入守宰者，今一切除之。州郡縣吏，皆依尚書定制實戶置。臺調癸卯梓材，[2] 庚子皮毛，[3] 可悉停省，別量所出。巴陵均折度支，[4] 依舊兵運。原五歲刑已下。凡所質録賊家餘口，[5] 亦悉原放。

[1]以見户爲正：以現有户口爲標準。見，同“現”。

[2]臺調癸卯梓材：中央政府癸卯年徵收的優質木材。按：癸卯年即元興元年（402），癸卯梓材是爲討伐孫恩、桓玄而徵調的造船用木材。

[3]庚子皮毛：庚子年即隆安四年（400），爲討孫恩和準備北伐而徵調的皮毛。

[4]均折度（duó）支：按規劃調節折收的糧食。

[5]凡所質録賊家餘口：所有作爲人質在押的劉毅家的人口。

　　以荆州十郡爲湘州，[1] 公乃進督。[2] 以西陽太守朱齡石爲益州刺史，[3] 率衆伐蜀。進公太傅、揚州牧，加羽葆、鼓吹、班劍二十人。[4]

[1]湘州：治所在今湖南長沙市。

[2]公乃進督：“乃”《南史》作“仍”。

[3]西陽：郡名。治所在今湖北黄岡市黄州區。

[4]羽葆：以羽毛聯綴爲飾的華蓋（傘蓋），本是皇帝儀仗中的一種，賜給大臣以示尊崇。　鼓吹：鼓吹樂，軍隊配鼓吹演奏以

壯軍威。萬人將軍方可備置，成爲皇帝賜予臣下的一種禮遇。

九年二月乙丑，公至自江陵。初諸葛長民貪淫驕橫，爲士民所患苦，公以其同大義，優容之。劉毅既誅，長民謂所親曰：“昔年醢彭越，[1]今年誅韓信，[2]禍其至矣。”將謀作亂。公克期至京邑，[3]而每淹留不進。公卿以下頻日奉候於新亭，長民亦驟出。[4]既而公輕舟密至，已還東府矣。長民到門。引前，[5]却人閑語，凡平生於長民所不盡者，皆與及之。長民甚説。已密命左右壯士丁旿等自幰後出，[6]於坐拉焉。長民墜牀，[7]又於地毆之，死於牀側。興尸付廷尉。并誅其弟黎民。[8]旿驍勇有氣力，時人爲之語曰：“勿跋扈，付丁旿。”

[1]醢（hǎi）：肉醬。　彭越：人名。字仲，昌邑（今山東巨野縣南）人。因助劉邦滅項羽，被封爲梁王。吕后誅韓信後，彭越擔心自己也落得這一下場，有反意。劉邦擊陳豨，彭越拒不發兵，先廢爲庶人，後被吕后所殺，並作成肉醬。《史記》卷九、《漢書》卷三四有傳。

[2]今年誅韓信：《晋書》卷八五《諸葛長民傳》作“前年殺韓信”。韓信，人名。淮陰（今江蘇淮安市淮陰區）人。因助劉邦滅項羽，被封爲齊王。項羽滅後，移爲楚王。後有人告韓信謀反，降爲淮陰侯。陳豨反，劉邦親征，韓信稱病不從，後被吕后騙入長樂宫殺害。《史記》卷九二、《漢書》卷三四有傳。

[3]克期：約定日期。

[4]驟出：屢次出來迎接。《左傳》襄公二十年：“邾人驟至”，杜預注：“驟，數也。”數即數次、多次之義。

[5]引前：即前引，在前頭引導。

〔6〕丁旿（wù）：人名。劉裕親信，後隨劉裕征伐姚興，任白直隊主，升直督護，餘事不詳。

〔7〕牀：坐椅。《説文》：“牀安身之几坐也。”

〔8〕黎民：人名。即諸葛黎民。時任輔國大將軍，曾勸長民反劉裕，被誅。

先是山湖川澤，皆爲豪强所專，小民薪採漁釣，皆責税直，至是禁斷之。時民居未一，公表曰：

臣聞先王制治，九土攸序，〔1〕分境畫疆，〔2〕各安其居。在昔盛世，人無遷業，故井田之制，三代以隆。〔3〕秦革斯政，漢遂不改，富强兼并，於是爲弊。然九服弗擾，〔4〕所託成舊，在漢西京，〔5〕大遷田、景之族，〔6〕以實關中，即以三輔爲鄉間，〔7〕不復係之於齊、楚。自永嘉播越，〔8〕爰託淮、海，朝有匡復之算，民懷思本之心，經略之圖，日不暇給。是以寧民綏治，猶有未違。及至大司馬桓温，以民無定本，傷治爲深，庚戌土斷，〔9〕以一其業。于時財阜國豐，實由於此。自兹迄今，彌歷年載，畫一之制，漸用頹弛。雜居流寓，閭伍弗修，〔10〕王化所以未純，民瘼所以猶在。

〔1〕九土：九州，泛指中國、天下。

〔2〕畫疆：劃分疆界。畫，同“劃”。劃分。

〔3〕三代：夏、商、周三個朝代。

〔4〕九服：王畿以外的九等地區。《周禮·夏官·職方氏》記載周代疆域：方千里爲王畿，王畿外每隔方五百里有一服，共九服，即侯、甸、男、采、衛、蠻、夷、鎮、藩。此處泛指全國

各地。

　[5]西京：地名。西漢首都長安，在今陝西西安市。此處泛指西漢。

　[6]田、景之族：齊國舊貴族田氏和楚國舊貴族景氏。泛指戰國時期六國舊貴族。西漢建國後遷徙田、景等六國舊貴族充實關中，屬於強本弱枝政策。

　[7]三輔：左馮翊、右扶風、京兆尹。治所均在今陝西西安市西北，但轄區不同。　鄉閭：家鄉、故里。

　[8]自永嘉播越：自從晋懷帝永嘉年間人民流離失所。永嘉，晋懷帝司馬熾年號（307—313）。

　[9]庚戌土斷：晋哀帝興寧二年（364）三月庚戌（初一）施行的土斷政策。土斷，將北方人僑居於南方的户口和浮浪人按當時居住地落户，即以土爲斷，編入正式户籍，同時承擔賦税。

　[10]閭伍：居民基層編制單位，一般都是五家爲伍，二十五家爲閭（里）。

　　臣荷重任，耻責實深，自非改調解張，無以濟治。夫人情滯常，[1]難與慮始，所謂父母之邦以爲桑梓者，[2]誠以生焉終焉，敬愛所託耳。今所居累世，墳壟成行，敬恭之誠，豈不與事而至。請準庚戌土斷之科，庶子本所弘，[3]稍與事著。[4]然後率之以仁義，鼓之以威武，超大江而跨黄河，撫九州而復舊土，則戀本之志，乃速申於當年，[5]在始暫勤，要終所以能易。

　[1]滯常：拘泥於固定不變的原則，意爲保守。
　[2]桑梓：故鄉。《詩·小雅·小弁》：“維桑與梓，必恭敬止。”朱熹《集傳》：“桑、梓二木。古者五畝之宅，樹之牆下，以

遺子孫，給饘食、具器用者也。”由於桑梓爲先人所植，故後世以桑梓代喻故里。

[3]庶子本所弘：語義不通。《通典》卷三作“庶存其本”。

[4]稍與事著（zhuó）：稍稍與所希望的事貼近。著，貼近。

[5]乃速申於當年：“申”各本並作“由”，中華本據《元龜》卷四八六改。《通典》卷三也作“申”。當年，今年，同一年。

伏惟陛下，垂矜萬民，憐其所失，永懷《鴻雁》之詩，[1]思隆中興之業。既委臣以國重，期臣以寧濟，若所啓合允，請付外施行。

[1]永懷《鴻雁》之詩：永遠懷念《鴻雁》那首詩。《詩·小雅·鴻雁》是歌頌周宣王的詩。説宣王能安輯流民，使各得其所。劉裕以此詩勸導晉安帝施行安民政策。

於是依界土斷，唯徐、兗、青三州居晉陵者，不在斷例。諸流寓郡縣，多被併省。

以公領鎮西將軍、豫州刺史。公固讓太傅、州牧及班劍，奉還黃鉞。七月，朱齡石平蜀，斬僞蜀王譙縱，[1]傳首京師。九月，封公次子義真爲桂陽縣公，[2]以賞平齊及定盧循也。天子重申前命，授公太傅、揚州牧，加羽葆、鼓吹、班劍二十人。將吏百餘敦勸，乃受羽葆、鼓吹、班劍，餘固辭。

[1]僞蜀王：自漢以後，非宗室不得封王，蜀王是譙縱在蜀自封的爵號，晉政府不承認，故稱僞蜀王。

[2]劉義真：人名。後封盧陵王。本書卷六一有傳。　桂陽縣

公：公爵名。地位低於郡公。公國在今廣西象州縣東南上古城。

十年，息民簡役。築東府，起府舍。

平西將軍、荊州刺史司馬休之，宗室之重，又得江漢人心，公疑其有異志，而休之兄子譙王文思在京師，[1]招集輕俠，公執文思送還休之，令自爲其所。休之表廢文思，并與公書陳謝。十一年正月，公收休之子文寶、[2]兄子文祖，[3]並於獄賜死，率衆軍西討。復加黃鉞，[4]領荊州刺史。辛巳，發京師，以中軍將軍道憐監留府事。休之上表自陳曰：

[1]譙王：王爵名。王國在今安徽亳州市。　文思：人名。即司馬文思。司馬休之的長子，後過繼給司馬尚之，襲封譙郡王。事見《晉書》卷三七《譙剛王遜傳》。

[2]文寶：人名。即司馬文寶。司馬休之的次子。

[3]兄子文祖：司馬休之共有三個哥哥，除司馬尚之外，尚有恢之、允之，不知文祖是誰之子。

[4]復加黃鉞：錢大昕《考異》：“加當作假。使持節得殺二千石以下，假黃鉞則可專戮節將矣。”引此以備一說。

臣聞運不常一，治亂代有，陽九既謝，[1]圮終則泰。[2]昔篡臣肆逆，皇綱絕紐，卜世未改，[3]鼎祚再隆。[4]太尉臣裕威武明斷，首建義旗，除蕩元凶，皇居反正。布衣匹夫，匡復社稷，南剿盧循，北定廣固，千載以來，功無與等。由是四海歸美，朝野推崇。既位窮台牧，[5]權傾人主，不能以道處功，恃寵驕溢。自以酬賞既極，便情在無上，刑戮逆

66

濫，政用暴苛。問鼎之迹日彰，[6]人臣之禮頓缺。
陛下四時膳御，[7]觸事縣空，[8]宮省供奉，十不一
在。皇后寢疾之際，湯藥不周，手與家書，多所求
告。皆是朝士共所聞見，莫不傷懷憤嘆，口不敢
言。前揚州刺史元顯第五息法興，[9]桓玄之釁，逃
遠於外，王路既開，始得歸本。太傅之胤，[10]絶而
復興，凡在有懷，誰不感慶。裕吞噬之心，不避輕
重，以法興聰敏明慧，必爲民望所歸，芳蘭既茂，
內懷憎惡，乃妄扇異言，[11]無罪即戮。大司馬臣德
文及王妃公主，[12]情計切逼，並狼狽請命。逆肆禍
毒，誓不矜許，冤酷之痛，感動行路。自以地卑位
重，荷恩崇大，乃以庶孽與德文嫡婚，[13]致兹非
偶，實由威逼。故衛將軍劉毅、右將軍劉藩、前將
軍諸葛長民、尚書僕射謝混、南蠻校尉郗僧施，或
盛勳德胤，令望在身，皆社稷輔弼，協讚所寄，無
罪無辜，一旦夷滅。猜忍之性，終古所希。

[1]陽九既謝：厄運既已結束。陽九，古代術數家的術語，以
四千六百一十七歲爲一元，初入元一百零六歲，內有旱災九年，稱
爲陽九。也泛指灾荒和厄運。

[2]圮（pǐ）終則泰：衰敗之後，就會出現美好的局面。圮，
同“否”，困厄，衰敗。泰，通“順”，美好。又“否”“泰”是
《易》的兩個卦名。天地交，萬物通，謂之泰；不交，閉塞，謂之
否。又此語與“否極泰來”同義。

[3]卜世未改：占卜説明國運沒有改變。卜世，占卜預測傳國
世數，泛指國運。典出《左傳》宣公三年：“成王定鼎于郟鄏，卜
世三十，卜年七百，天所命也。”又“卜世”，各本並作“十世”。

中華本認爲："自西晋武帝至東晋安帝，已十四世，言十世，無據。'十世'當是'卜世'之誤，今改正。"

[4]鼎祚再隆：國運再次興隆。鼎，夏鑄九鼎成爲傳國重器，後世遂以鼎代指國家。祚，皇位，帝位。

[5]位窮台牧：已到了人臣的最高地位。台牧，代指中央、地方的最高長官。台，星名。即三台星，古以三台喻三公。牧，州牧，地方最高長官。

[6]問鼎之迹日彰：奪權篡位的迹象一天比一天明顯。問鼎，典出《左傳》宣公三年。楚莊王北伐陸渾戎，路過洛陽，周定王派王孫滿慰勞楚軍，楚莊王問鼎輕重，遭到王孫滿的批駁。後世遂以"問鼎"代指臣下有篡位的野心。

[7]四時膳御：一年四季吃的、用的。

[8]觸事縣（xuán）空：什麼事情都沒人管。縣空，即懸空，意爲不能落實。

[9]第五息法興：第五個兒子司馬法興。《晋書》卷六四《會稽文孝王道子傳》及附《元顯傳》，均不記此人。《元顯傳》記桓玄處死元顯時，特記明"并其六子皆害之"，説明元顯沒有留下兒子。但下文有一段記載："義熙中，有稱元顯子秀熙避難蠻中而至者，太妃請以爲嗣，於是脩之歸于別第。劉裕意其詐而案驗之，果散騎郎滕羡奴勺藥也，竟坐棄市。"疑法興就是秀熙，或另一位冒充者。

[10]太傅之胤：司馬道子的後代。太傅，司馬道子曾以太傅輔政，故有此官稱。

[11]妄扇（shān）異言：沒有根據地煽動謠言。扇，同"煽"。

[12]大司馬：官名。八元之一，位在三公上，三師下，可爲加官，開府置僚屬。一品。　德文：人名。即司馬德文。後即帝位，即晋恭帝。《晋書》卷一〇有紀。

[13]乃以庶孽與德文嫡婚：此指劉裕長子義符（宋少帝）與

德文女茂英（宋少帝司馬皇后）的婚事。劉裕此時爲宋公，爲了政治目的千方百計與晋宗室聯姻，其夫人無子，故以其庶長子劉義符與晋安帝弟弟之女爲婚，並當作嫡長子娶妻的大婚。故下文云"致兹非偶"。庶孽，即孽子、庶子，指不是正妻生的兒子，此處是對劉義符的蔑稱。

　　臣自惟門户衰破，賴之獲存，皇家所重，終古難匹。是以公私歸馮，[1]事盡祇順。再授荆州，輒苦陳告，自以才弱位隆，不宜久荷分陝，[2]屢求解任，必不見聽。前經攜侍老母，半家俱西，凡諸子姪，悉留京輦。[3]臣兄子譙王文思，雖年少常人，粗免咎悔，性好交遊，未知防遠，群醜交構，爲其風聲。裕遂翦戮人士，遠送文思。臣順其此旨，表送章節，請廢文思，改襲大宗，[4]遣息文寶送女東歸。自謂推誠奉順，理不過此。豈意裕苞藏禍心，遂見討伐，加惡文思，構生罪釁。群小之言，遠近噂沓，[5]而臣純愚，闇信必謂不然。[6]尋臣府司馬張茂度狼狽東歸，[7]南平太守檀範之復以此月三日委郡叛逆，[8]尋有審問，[9]東軍已上。裕今此舉，非有怨憎，正以臣王室之幹，位居蕃岳，[10]時賢既盡，唯臣獨存，規以翦滅，成其篡殺。鎮北將軍臣宗之、青州刺史臣敬宣，[11]並是裕所深忌憚，欲以次除蕩，然後傾移天日，[12]於事可易。

[1]歸馮（píng）：即歸憑，依靠、歸依。
[2]不宜久荷分陝：不適合長期擔負鎮守荆州的重任。分陝，

指周初周公旦與召公奭以陝縣（今河南三門峽市西南陝縣）爲界，以東歸周公治理，以西歸召公治理，稱爲分陝而治。後世官員出鎮地方，也稱分陝。在東晉、南朝，荆州居西，是長江中游重鎮，出鎮荆州者，也稱爲分陝。

[3]京輦：首都。《後漢書》卷七七《周紆傳》：“不宜典司京輦。”王先謙《集解》引惠棟曰：“轂下喻在輦轂之下，京兆之中，故曰京輦。”

[4]改襲大宗：指將文思過繼給他哥哥司馬尚之。大宗，宗法制以嫡系長房爲大宗，餘子爲小宗。

[5]噂（zǔn）嗒（tà）：議論紛紛，攻訐詆毁。嗒，同“沓”。

[6]闇信：愚昧地相信。

[7]尋：不久、接著。

[8]南平：郡名。治所在今湖北公安縣。

[9]審問：確實的消息。

[10]蕃（fān）岳：地方鎮將、諸侯的代稱。蕃，同“藩”。

[11]宗之：人名。即魯宗之。字彦仁，扶風郿（今陝西眉縣）人。因起兵討桓玄、助劉裕討劉毅，進號鎮北將軍，封南陽郡公。後與司馬休之反劉裕，失敗後投奔後秦，不久病卒。事見本書卷七四《魯爽傳》。

[12]傾移天日：顛覆篡奪皇權。天日，代指帝王。

今荆、雍義徒，不召而集，子來之衆，[1]其會如林。[2]豈臣無德所能綏致，蓋七廟之靈，理貫幽顯。[3]輒授文思振武將軍、南郡太守，宗之子竟陵太守魯軌進號輔國將軍。[4]臣今與宗之親御大衆，出據江津，案甲抗威，隨宜應赴。今絳旗所指，[5]唯裕兄弟父子而已。須剋蕩寇逆，尋續馳聞。由臣輕弱，致裕凌橫，上慚俯愧，無以厝顔。[6]

[1]子來之衆：像兒子服事父母一樣不召自來的民衆。典出《詩・大雅・靈臺》。周初修靈臺（祖廟），民衆積極性非常高，"經之營之""庶民子來"。

[2]其會如林：典出《詩・大雅・大明》。武王伐紂，"殷商之旅，其會如林"。此處乃反其義而用之。

[3]理貫幽顯：其理貫通陰陽。

[4]魯軌：人名。魯宗之子，隨其父投奔後秦，官至寧南將軍、荊州刺史。事見本書卷七四《魯爽傳》。

[5]絳旗：紅色指揮旗。

[6]無以厝（cuò）顏：臉面沒地方放，意爲無地自容。厝，通"措"，安置。

休之府録事參軍韓延之，[1]故吏也，有幹用才能。公未至江陵，密使與之書曰："文思事源，遠近所知，去秋遣康之送還司馬君者，[2]推至公之極也。而了不遜愧，[3]又無表疏。文思經正不反，[4]此是天地之不容。吾受命西討，止其父子而已。彼土僑舊，爲所驅逼，一無所問。往年鄱僧施、謝邵、任集之等，[5]交構積歲，專爲劉毅謀主，所以至此。卿等諸人，一時逼迫，本無纖釁。吾虛懷期物，[6]自有由來。今在近路，正是諸人歸身之日。若大軍登道，交鋒接刃，蘭艾吾誠不分。故具示意，并示同懷諸人。"延之報曰：

[1]韓延之：人名。字顯宗，南陽赭陽（今河南方城縣）人。歷官建威將軍、荊州治中，後與司馬休之俱奔姚興。劉裕滅後秦，又奔北魏。《晋書》卷三七有附傳。

〔2〕去秋遣康之送還司馬君者："君"各本並作"軍"，中華本據《晉書》卷三七《譙剛王遜傳》玄孫休之附傳及《元龜》卷七二五改。康之，人名。即司馬康之。司馬休之的從兄，曾封譙縣王。

〔3〕了不遜愧：《元龜》卷七二五、《晉書》卷三七均作"了無愧心"。

〔4〕經正不反：指文思改襲大宗，一去不返。

〔5〕謝邵、任集之：皆人名。本書均祇一見，事皆不詳。

〔6〕虛懷：虛心，心胸開闊。"虛"各本並作"處"，《元龜》卷七二五、《晉書》卷三七均作"虛"，據改。"虛"與"處"形近而訛。　期物：期待著人們的到來。

　　承親率戎馬，遠履西畿，闔境士庶，莫不恇駭。[1]何者？莫知師出之名故也。今辱來疏，始知以譙王前事，良增嘆息。司馬平西體國忠貞，款愛待物，[2]當於古人中求耳。以君公有匡復之勳，家國蒙賴，推德委誠，每事詢仰。譙王往以微事見劾，猶自表遜位；況以大過而當默然邪。但康之前言有所不盡，故重使胡道諮白所懷。[3]道未及反，已奏表廢之，所不盡者命耳。推寄相與之懷，[4]正當如此，有何不可？便興兵戈。自義旗秉權以來，四方方伯，誰敢不先相諮疇，而逕表天子邪。譙王爲宰相所責，又表廢之，經正何歸，表使何因，可謂"欲加之罪，其無辭乎"！[5]

〔1〕莫不恇駭：《元龜》卷七二五作"莫不驚駭"，《通鑑》晉安帝義熙十一年作"莫不惶駭"，三者義同，均作驚慌失措解。

［2］款愛待物：以真誠的愛心待人。

［3］胡道：人名。本書僅此一見，其事不詳。

［4］推寄相與之懷：互相推心置腹的胸懷。

［5］欲加之罪，其無辭乎：語出《左傳》僖公十年，乃晉大夫里克之言。

　　劉裕足下，海內之人，誰不見足下此心，而復欲欺誑國士！天地所不容，在彼不在此矣。來示言"虛懷期物，自有由來"。今伐人之君，[1]啗人以利，真可謂"虛懷期物，自有由來"者矣。劉藩死於闉闍之內，[2]諸葛斃於左右之手，甘言詑方伯，[3]襲之以輕兵，遂使席上靡款懷之士，[4]闉外無自信諸侯，[5]以是為得算，良可恥也。貴府將佐及朝廷賢德，寄性命以過日，心企太平久矣。吾誠鄙劣，嘗聞道於君子。以平西之至德，寧可無授命之臣乎！未能自投虎口，比迹郤、任之徒明矣。假令天長喪亂，九流渾濁，[6]當與臧洪遊於地下，[7]不復多言。

［1］伐人之君：君指司馬休之。按魏晉政治習俗，長官與下屬的隸屬關係極強，視如君臣，故有此語。

［2］闉闍：泛指宮門或京都城門。此指劉藩死於建康獄中。

［3］甘言詑方伯：用甜言蜜語欺騙地方長官。詑，誑駭，欺詐。下言"襲之以輕兵"，均指襲擊劉毅事。

［4］款懷之士：誠心誠意的人士。

［5］闉外：京城或朝廷以外。

［6］九流渾濁：九種學術流派渾濁不清。九流，指儒、道、法、陰陽、名、墨、縱橫、雜、農九種學派，也泛指各種流派。《通鑑》

卷一七胡三省注引班固曰："（九流）皆六經之支與流裔，有益於治道，而不能無弊，使其渾濁，則無所取衷矣。"

[7]臧洪：人名。字子源，廣陵射陽（今江蘇射陽縣）人。東漢末廣陵太守張超任洪爲功曹，並聚盟共討董卓。後張超派洪去幽州向劉虞求援兵，中途被阻，轉投袁紹，歷任青州刺史、東郡太守，駐守東武陽。曹操圍張超於雍丘，臧洪欲發兵救援，被袁紹所阻，張超敗亡，被滅族。臧洪由此反對袁紹，紹舉兵圍攻東武陽，歷年不下，又讓陳琳勸降，不聽。後袁紹攻下東武陽，生俘臧洪，袁紹欲讓洪認錯仍可重用，洪誓死不服，乃被殺。《三國志》卷七有傳。

公視書嘆息，以示諸佐曰："事人當如此。"

三月，軍次江陵。初雍州刺史魯宗之常慮不爲公所容，與休之相結，至是率其子竟陵太守軌會于江陵。江夏太守劉虔之邀之，[1]軍敗見殺。公命彭城内史徐逵之、[2]參軍王允之出江夏口，[3]復爲軌所敗，並没。時公軍泊馬頭，[4]即日率衆軍濟江，躬督諸將登岸，莫不奮踊爭先。休之衆潰，與軌等奔襄陽，江陵平。加領南蠻校尉。

[1]江夏：郡名。治所在今湖北雲夢縣。　劉虔之：人名。彭城吕（今江蘇銅山縣）人，世居京口，不營產業，輕財好施。劉裕討桓玄時參軍，官至江夏相。司馬休之反劉裕，虔之出兵攔擊，兵敗被殺。事見本書卷五〇《劉康祖傳》。

[2]徐逵之：人名。東海郯（今山東郯城縣）人，徐羨之的父親，劉裕女會稽公主的丈夫。官至振威將軍，彭城、沛二郡太守，在討司馬休之戰争中陣亡。事見本書卷四三《徐羨之傳》。

[3]王允之：人名。官至中軍參軍，餘事不詳。　江夏口：地名。又名子夏口，在今湖北監利縣西，即古夏水通長江之口。

[4]馬頭：地名。即馬頭岸，在今湖北公安縣西北，北對江陵的江津戍。

　　將拜，值四廢日，[1]佐史鄭鮮之、褚叔度、王弘、傅亮白遷日，[2]不許。下書曰：“此州積弊，事故相仍，民疲田蕪，杼軸空匱。加以舊章乖昧，事役頻苦，童耄奪養，老稚服戎，空户從役，或越紼應召。[3]每永懷民瘼，宵分忘寢，誠宜蠲除苛政，弘兹簡惠。庶令凋風弊政，與事而新，寧一之化，成於朞月。荆、雍二州，西局、蠻府吏及軍人年十二以還，[4]六十以上，及扶養孤幼，單丁大艱，[5]悉仰遣之。窮獨不能存者，給其長賑。府州久勤將吏，依勞銓序。并除今年租税。”

[1]四廢日：迷信習俗，屬於四個不吉利的日子。古有四絕日（立春、立夏、立秋、立冬的前一天）、四離日（春分、秋分、夏至、冬至的前一天），都是不吉利的日子。四廢日也屬此類，但所忌日不詳。

[2]鄭鮮之：人名。字道子，滎陽開封（今河南開封市）人。本書卷六四、《南史》卷三三有傳。　王弘：人名。字休之，琅邪臨沂（今山東臨沂市）人。本書卷四二、《南史》卷二一有傳。傅亮：人名。字季友，北地靈州（今寧夏靈武市）人。本書卷四三、《南史》卷一五有傳。

[3]越紼應召：不能在家服喪，而應召入伍。越紼，不受服喪禮儀的限制。

[4]西局：指荆州刺史的官署。　蠻府：指南蠻校尉的官府。

以還：以下。

[5]單丁大艱：家裏衹有一個成年男子又有父母喪事。

四月，公復率衆進討，至襄陽，休之奔羌。[1]天子復重申前命，授太傅、揚州牧，劍履上殿，[2]入朝不趨，[3]贊拜不名，[4]加前部羽葆、鼓吹，置左右長史、司馬、從事中郎四人。封公第三子義隆爲北彭城縣公。[5]以中軍將軍道憐爲荆州刺史。

[1]“四月”至“休之奔羌”：據丁福林《校議》考證，《晋書》卷一〇《安帝紀》、《建康實録》卷一一、《通鑑》卷一一七“皆記休之等奔羌爲是年五月事，爲得其實……今標點則皆成四月事，恐欠妥，是應易‘進討’後之逗號爲句號”。

[2]劍履上殿：皇帝特准可以帶劍和不脱鞋上殿，以示尊崇。

[3]入朝不趨：一般大臣上殿必須急步前進，以示緊迫惶恐。特准劉裕上殿可以不急步行走。

[4]贊拜不名：劉裕參拜皇帝時，贊禮的人可以衹宣稱官職而不稱名。

[5]義隆：人名。即劉義隆。小字車兒，即後來的宋文帝。本書卷五有紀。

八月甲子，公至自江陵，奉還黃鉞，固辭太傅、州牧、前部羽葆、鼓吹，其餘受命。朝議以公道尊勳重，不宜復施敬護軍，[1]既加殊禮，奏事不復稱名。[2]以世子爲兗州刺史。[3]

[1]護軍：官名。軍中監督官，出征時監護諸將，因屬皇帝欽

差，軍中將領要向他致敬。

[2]奏事不復稱名：劉裕上書奏事都不再稱自己的名字。

[3]世子：能繼承諸侯封爵爵位的嫡長子。此指劉裕長子劉義符，即以後的少帝。《公羊傳》僖公五年："世子貴也。世子，猶世世子也。"

　　十二年正月，詔公依舊辟士。[1]加領平北將軍、兗州刺史。[2]增都督南秦，[3]凡二十二州。[4]公以平北文武寡少，不宜別置。於是罷平北府，以併大府。[5]以世子爲豫州刺史。三月，加公中外大都督。[6]

[1]辟（bì）士：徵召、任用人。

[2]加領：官制用語。增加一項兼職。領，兼領、暫代，即以本官本職領他官他職。　平北將軍：官名。四平將軍之一。多兼鎮守地區的刺史。三品。

[3]南秦：州名。查《輿地表》，此時無南秦州，祇記有"僑置秦州於南鄭"，南秦州可能指此。南鄭在今陝西漢中市。

[4]凡二十二州：據錢大昕《考異》考證，二十二州如下："宋武於元興三年起義，時都督揚、徐、兗、豫、青、冀、幽、并八州，又加督江州；義熙元年，加督荊、司、梁、益、寧、雍、涼，併前爲十六州。二年，加督交、廣二州；五年，加（督）北青、北徐二州；八年，加督湘州；至是增督南秦，是爲二十二州也。"他並認爲"胡三省注《通鑑》，不詳考本紀，輒舉南徐、南豫、南兗、郢以足之"，"所舉皆誤也"。

[5]大府：官署名。即公府，實指豫章公府。

[6]中外大都督：官名。地位極高，掌握指揮全國軍隊的大權，不常置。

初，公平齊，仍有定關、洛之意，值盧循侵逼，故其事不諧。荊、雍既平，方謀外略。會羌主姚興死，子泓立，[1]兄弟相殺，關中擾亂，公乃戒嚴北討。加領征西將軍、司豫二州刺史。[2]以世子爲徐、兗二州刺史。下書曰："吾倡大義，首自本州，[3]克復皇祚，遂建勳烈，外夷勍敵，[4]内清姦軌，皆邦人州黨竭誠盡力之效也。情若風霜，義貫金石。今當奉辭西旆，[5]有事關、河，[6]弱嗣叨蒙，復忝今授，[7]情事纏綿，可謂深矣。頃軍國務殷，刑辟未息，眷言懷之，能不多嘆。其犯罪繫五歲以還，可一原遣。文武勞滿未蒙榮轉者，[8]便隨班序報。"

[1]泓：人名。即姚泓。羌族，字元子，姚興長子。義熙十二年（後秦永和元年，416 年）即皇帝位，在位二年就被劉裕所擒。《晋書》卷一一九有載記。

[2]征西將軍：官名。四征將軍之一，多授予都督雍、涼二州諸軍事者，駐長安。三品，若爲持節都督則爲二品。

[3]首自本州：首先從本州發起。本州，指徐州。當時徐州治在京口，劉裕自京口起兵討桓玄，故稱首自本州。

[4]外夷勍敵：對外平定强敵。勍敵，即勁敵，指南燕。

[5]今當奉辭西旆：現在奉旨西征。西旆，旌旗西指。

[6]關、河：地區名。指關中、河洛地區，也泛指陝西、河南。

[7]弱嗣叨蒙，復忝今授：幼弱的世子，承蒙聖恩，又增授徐、兗二州刺史。世子劉義符時年十歲，故稱弱嗣。

[8]勞滿：漢代有功勞閥閱制度。政府對各類人員，可按功績、勞績（工作年限）提升官職、職務。此處説明晋代也施行功勞閥閱升級、升職制度。

　　公受中外都督及司州，並辭大司馬琅邪王禮敬，[1]朝議從之。公欲以義聲懷遠，奉琅邪王北伐。五月，羌僞黃門侍郎尹沖率兄弟歸順。[2]又加公北雍州刺史，前部羽葆、鼓吹，[3]增班劍爲四十人。解中書監。八月丁巳，率大衆發京師。以世子爲中軍將軍，監太尉留府事。尚書右僕射劉穆之爲左僕射，[4]領監軍、中軍二府軍司，[5]入居東府，總攝内外。九月，公次于彭城，加領徐州刺史。

　　[1]並辭大司馬琅邪王禮敬：從字面上看，好像是劉裕辭讓，不讓琅邪王對他禮敬。實際此文與上文“不宜復施敬護軍”相聯。護軍即大司馬琅邪王司馬德文。此文的意思是劉裕辭去“不宜復施敬護軍”的優待，繼續對大司馬琅邪王禮敬，下文“奉琅邪王北伐”可證。

　　[2]尹沖：人名。字子順，天水冀（今甘肅甘谷縣）人。曾任後秦吏部郎，因反對立姚泓爲帝，與其弟尹弘投奔東晋，宋文帝時官至南廣平太守，到彦之北伐，進位奮威將軍、司州刺史，彦之敗退，尹沖被俘，持節不降，投壍而死。事見本書卷九五《索虜傳》。

　　[3]“又加公”至“鼓吹”：丁福林《校議》云：“‘前部羽葆、鼓吹’，《南史·宋本紀上》、《建康實録》卷一一、《通志》卷二一皆作‘前後部羽葆、鼓吹’。考本卷上文載劉裕於義熙十一年已有‘加前部羽葆、鼓吹’事，則今時所加，應以前後部羽葆、鼓吹爲是。此‘部’前恐佚‘後’字。”

　　[4]“八月丁巳”至“尚書右僕射劉穆之爲左僕射”：丁福林《校議》云：“劉穆之由尚書右僕射遷左僕射，《南史·宋本紀上》、本書及《南史》之《劉穆之傳》亦皆記在是年八月劉裕北征、率衆發京師時。而《晋書·安帝紀》、《建康實録》卷一〇、《通鑑》

卷一一七則皆記在去歲八月……萬斯同《東晉將相大臣年表》從《晉書》《通鑑》，謂劉穆之義熙十一年八月由右僕射遷左僕射。”

[5]軍司：官名。原稱軍師，晉避司馬師諱，改爲軍司，爲諸軍府主要僚屬，助主帥統帶軍隊，地位很高。

　　先是，遣冠軍將軍檀道濟、龍驤將軍王鎮惡步向許、洛，羌緣道屯守，皆望風降服。僞兗州刺史韋華先據倉垣，[1]亦率衆歸順。公又遣北兗州刺史王仲德先以水軍入河。[2]仲德破索虜於東郡涼城，[3]進平滑臺。[4]十月，衆軍至洛陽，圍金墉。[5]泓弟僞平南將軍洸請降，[6]送于京師。修復晉五陵，[7]置守衛。

[1]倉垣：地名。在今河南開封市。

[2]公又遣北兗州刺史王仲德先以水軍入河：丁福林《校議》云：“此‘北兗州’者，即兗州耳。考本書及《南史》之《王懿傳》，王仲德於晉時迄未嘗有任兗州刺史事……今考本書《王懿傳》云：‘義熙十二年北伐，進仲德征虜將軍，加冀州刺史，爲前鋒諸軍事。《通志》卷一三三同……意‘北兗’乃‘冀’之誤。蓋豎排之‘冀’字形近而誤作‘北兗’也。”

[3]東郡：治所在今山東鄄城縣。　涼城：地名。在今河南滑縣。

[4]滑臺：地名。在今河南滑縣，北臨古黃河，爲軍家必爭之地。

[5]金墉：城名。在今河南洛陽市，漢魏洛陽故城的西北隅。

[6]平南將軍：官名。四平將軍之一，多持節都督或監某一地區軍事，也作爲刺史等地方官兼理軍務的加官。三品。又丁福林《校議》云：“平南將軍，本書《檀道濟傳》同，《晉書·姚泓載記》、《通鑑》卷一一七則作‘征南將軍’。”　洸：人名。即姚洸。

羌族，姚興第四子，封陳留公，官至鎮東將軍、豫州刺史。劉裕北伐，姚洸戰敗被殺。

[7]晉五陵：即宣帝高原陵、景帝峻平陵、文帝崇陽陵、武帝峻陽陵、惠帝太陽陵，均在洛陽北邙山上。

天子詔曰：

夫嵩、岱配極，[1]則乾道增輝，藩嶽作屏，[2]則帝王成務。是以夏、殷資昆、彭之伯，[3]有周倚齊、晋之輔。[4]鑒諸前典，儀刑萬代，[5]翼治扶危，靡不由此。

[1]嵩、岱配極：嵩山、泰山配享於天。意為享受皇帝的最高祭祀。

[2]藩嶽作屏：諸侯和地方鎮將作為屏障。

[3]資昆、彭之伯：求助於昆吾和彭國的領袖。昆吾、彭是夏、商的盟國。昆吾，在今河南濮陽縣。彭，據鄭傑祥《商代地理概論》考證，在今河南中牟縣西北黃河岸邊。

[4]倚齊、晋之輔：依賴於齊國、晋國的輔佐。齊，姜尚的封國，都臨淄（今山東淄博市臨淄區）。春秋時，齊桓公第一個稱霸。晋，叔虞的封國，都絳（今山西翼城縣）。春秋時，晋文公繼齊稱霸。齊、晋都打著尊周或尊王攘夷的旗號，使周得以維護天子的地位。

[5]儀刑萬代：《全晋文》作“儀型萬代”，意為作萬代楷模。刑，同“型”。

太尉公命世天縱，齊聖廣淵，明燭四方，道光宇宙。爰自□□初迪，[1]則投懃王國，妖蠢孔熾，[2]則功存社稷。固以四維是荷，[3]萬邦攸賴者矣。暨桓玄僭逆，傾蕩四海，公深秉大節，靈武霆震，弘濟朕躬，再造王室。每惟勳德，銘于厥心，遂北清海、岱，[4]南夷百越，[5]荊、雍稽服，[6]庸、岷順軌，[7]剋黜方難，式遏寇虐。[8]及阿衡王猷，[9]班序內外，仰興絶風，[10]傍嗣逸業。[11]秉禮以整俗，遵王以垂訓，聲教遠被，無思不洽。[12]爰暨木居海處之酋，[13]被髮彫題之長，[14]莫不忘其陋險，九譯來庭，[15]此蓋播諸徽策，[16]靡究其詳者也。曩者永嘉不綱，[17]諸夏幅裂，終古帝居，淪胥戎虜，永言園陵，[18]率土同慕。公明發遐慨，[19]撫機電征，親董侯伯，[20]稜威致討。旗旓首塗，則八表響震；[21]偏師先路，則多壘雲徹。舊都載清，五陵復禮，百城屈膝，千落影從。自篇籍所載，生民以來，勳德懋功，[22]未有若此之盛者也。

[1]爰自□□初迪：各本都空兩個字，致使文意不明。

[2]妖螟孔熾：害人的螟蟲猖獗。螟，專吃莊稼的害蟲。《爾雅·釋蟲》：“食苗心，螟。食葉，蟘。食節，賊。食根，蟊。”比喻危害國家人民的壞人。此處代指孫恩、盧循。

[3]固以四維是荷：固然以維護禮、義、廉、恥四維爲己任。

[4]北清海、岱：北方清除山東及沿海勢力。此代指平南燕。

[5]南夷百越：南方平定越族。此代指平盧循。

[6]荊、雍稽服：荊州、雍州稽首臣服。此指征服司馬休之。

[7]庸、岷順軌：四川歸順正道。此指征服譙縱。庸、岷，四川的別稱。

[8]式遏寇虐：遏制暴虐。

[9]阿衡王猷：輔佐王道。阿衡，本爲商代師保的官職，也是

商相伊尹的代稱。此處引申爲國家的輔佐。

[10]仰興絶風：仰賴他興復最好的教化。

[11]傍（bàng）嗣逸業：依靠他繼承美好的事業。

[12]無思不洽：所想無不周全。

[13]木居海處之酋：居住在深山、海島的酋長。

[14]被（pī）髮彫題之長：披散頭髮額上刺花紋的首領。被，
同"披"。

[15]九譯來庭：經過多次轉譯纔來到朝廷。九，指多數，不是
實數。遠方民族語言不通，不能直接翻譯，經過多次轉譯纔能互通
語言。

[16]播諸徽策：傳播在典策上的美稱。

[17]不綱：政綱不振。

[18]永言園陵：吟咏懷念晋在洛陽的皇陵。

[19]明發遐慨：闡明遠大的志氣。遐慨，廣闊的胸懷，遠大的
志氣。

[20]親董侯伯：親自率領各路將領。董，管理，率領。

[21]八表響震：很遠的地方都感到震動。八表，八方以外，指
很遥遠的地方。

[22]懋功：茂功。懋，同"茂"。

　　昔周、吕佐叡聖之主，[1]因三分之形，把旄仗
鉞，一時指麾，皆大啓疆宇，跨州兼國。其在桓、
文，方兹尤儉，然亦顯被寵章，[2]光錫殊品。[3]況乃
獨絶百代，顧邈前烈者哉！朕每弘鑒古訓，思遵令
圖。以公深秉沖挹，用闕大禮，天人引領，[4]于兹
歷載。況今禹迹齊軌，[5]九隩同文，[6]司勳抗策，普
天增佇。遂公高挹，[7]大愆國章，[8]三靈眷屬，[9]朕
實祇懼。便宜顯答群望，允崇盛典。其進位相

國，[10]總百揆，[11]揚州牧，封十郡爲宋公，備九錫之禮，[12]加璽綬、遠遊冠，[13]位在諸侯王上，加相國綠綟綬。[14]

[1]周、呂佐叡聖之主：周公、呂尚輔佐叡聖之主。周，周公姬旦，文王之子，食邑於周，因號周公。助武王滅商，封於魯。成王即位，以太傅、冢宰攝行天子事，平定三監與武庚之亂，鞏固了周政權，死謚文公。事見《史記》卷四《周本紀》。呂，呂尚，字子牙，曾憑釣潘溪，文王訪賢，尊爲太公，助武王克商，尊爲師尚父，封於齊，在朝任太師。終年百餘歲。事見《史記》卷三二《齊太公世家》。叡聖之主，指周文王、周武王。

[2]章：原指高官所穿的章服，此處代指高官顯爵。

[3]光錫殊品：超越常規地厚賜官爵品位。光錫，厚賜。錫，同“賜”。殊品，超越常規的官爵品位。

[4]天人引領：天和人都在殷切期望。引領，伸著脖子盼望。

[5]禹迹齊軌：九州内統一車軌。禹迹，大禹治水足迹遍九州，故禹迹借指九州，也指遼闊的中國疆域。

[6]九隩同文：全國統一文字。九隩，九州，代指全國。

[7]遂公高挹：聽從劉公（裕）的謙讓。

[8]大愆國章：大大違反了國家的憲章。愆，遠，引申爲違反。

[9]三靈眷顧：天、地、人都在關注。

[10]相國：官名。位居宰輔，總領百官，地位略高於丞相，魏晉時已超出一般人臣的職位。

[11]總百揆：總領百官。

[12]九錫：皇帝賜大臣九種榮耀的器物：車馬、衣服、樂則、朱户、納陛、虎賁、弓矢、鈇鉞、秬鬯。漢以後這是大臣篡位的預兆。

[13]遠遊冠：《續漢書·輿服志》：“遠遊冠，制如通天，有展

箾橫之於前，無山述，諸王所服也。"

[14]綠綟綬：黃黑而近綠色的絲帶。賜此爲大臣的特殊尊榮。

策曰：

朕以寡昧，仰贊洪基，夷羿乘釁，蕩覆王室，越在南鄙，[1]遷于九江。宗祀絕饗，人神無位，提挈群凶，[2]寄命江濆。[3]則我祖宗之業，奄墜于地，七百之祚，翦焉既傾，若涉淵海，罔知攸濟。天未絕晉，誕育英輔，振厥弛維，[4]再造區宇，興亡繼絕，俾昏作明。元勳至德，朕實賴焉。今將授公典策，其敬聽朕命：

[1]越在南鄙：流亡到南方偏僻地方。越，流亡。鄙，邊境，偏僻。
[2]提挈群凶：牽扶一群凶惡之人。《三國志》卷四《魏書·齊王芳紀》注引王沈："帝至後園竹間戲，或與從官攜手共行，熙白：'從官不宜與至尊相提挈。'"本文即用此意。
[3]江濆：江邊。
[4]振厥弛維：振興弛廢的紀綱。

乃者桓玄肆僭，滔天泯夏，[1]拔本塞源，顛倒六位，[2]庶僚俛眉，四方莫恤。公精貫朝日，氣凌霄漢，奮其靈武，大殲群慝，剋復皇邑，奉帝歆神。此公之大節，[3]始於勤王者也。授律群后，[4]沂流長鶩，[5]薄伐崢嶸，[6]獻捷南郢，大憝折首，[7]群逆畢夷，三光旋采，舊物反正。此又公之功也。出藩入輔，弘茲保弼，[8]阜財利用，繁殖生民，編户

歲滋，疆宇日啓，導德明刑，四境有截。[9]此又公
之功也。鮮卑負衆，[10]僭盜三齊，狼噬冀、青，虔
劉沂、岱，[11]介恃逗阻，仍爲邊毒。公蒐乘秣
駟，[12]夐入遠疆，[13]衝櫓四臨，[14]萬雉俱潰，[15]竊
號之虜，顯戮司寇，[16]拓土三千，申威龍漠。[17]此
又公之功也。盧循妖凶，伺隙五嶺，乘虛肆逆，侵
覆江、豫，旃拂寰内，[18]矢及王城，朝野喪沮，莫
有固志，家獻徙卜之計，[19]國議遷都之規。公乘轅
南濟，義形于色，嶷然内湛，[20]視嶮若夷，攄略運
奇，英謨不世，狡寇窮岬，[21]喪旗宵遁，俾我畿
甸，拯於將墜。此又公之功也。追奔逐北，揚旆江
濆，偏旅浮海，指日遄至。[22]番禺之功，俘級萬
數，左里之捷，魚潰鳥散。元凶遠逬，傳首萬里，
海南肅清，荒服來款。[23]此又公之功也。劉毅叛
換，[24]負釁西夏，凌上罔主，志肆姦暴，附麗協
黨，[25]扇蕩王畿。公御軌以刑，消之不日，倉兕電
泝，神兵風掃，[26]罪人斯得，荊、衡清晏。此又公
之功也。譙縱怙亂，寇竊一隅，王化阻閡，三巴淪
溺。[27]公指命偏師，授以良圖，凌波浮湍，致屆井
絡，[28]僭豎伏鑕，[29]梁、岷草偃。[30]此又公之功也。
馬休、魯宗，[31]阻兵内侮，驅率二方，連旗稱亂。
公投袂星言，[32]研其上略，江津之師，勢踰風電，
迴旆沔川，[33]實繁震懾，二叛奔逬，荊、雍來
蘇，[34]玄澤浸育，[35]溫風潛被。此又公之功也。永
嘉不競，四夷擅華，五都幅裂，[36]山陵幽辱，祖宗

懷没世之憤，遺氓有《匪風》之思。[37]公遠齊伊宰納隍之仁，[38]近同小白滅亡之耻，[39]鞠旅陳師，赫然大號，分命群帥，北徇司、兗。許、鄭風靡，鞏、洛載清，[40]僞牧逆藩，交臂請罪，百年榛穢，一朝掃滌。[41]此又公之功也。

[1]滔天泯夏：罪惡滔天泯滅夏朝。此喻指桓玄篡晋。

[2]顛倒六位：顛倒了君臣、父子、夫婦的位置。此處實指顛倒君臣之位。

[3]此公之大節：各本並脱"大"字，中華本據《南史》《建康實録》補。

[4]授律群后：授予不同等級的爵位給各路將領。律，不同等級的爵位。群后，四路諸侯及九州牧伯，此處實指劉裕手下將領。

[5]泝流長驚：順著水勢長驅而下。長驚，向遠方疾馳。

[6]薄伐崢嶸：討伐崢嶸洲。薄，迫近。崢嶸，洲名。又名得勝洲。在今湖北黃岡市黃州區境。劉毅在此大破桓玄軍。崢嶸，此處代指桓玄。

[7]大憝（duì）折首：罪惡深重的桓玄被斬首。大憝，大奸大惡被人極端厭惡的人。此指桓玄。

[8]弘茲保弼：寬宏大度的輔佐。此乃頌揚劉裕。

[9]四境有截：四境整齊劃一。有截，齊一，整齊。《詩·商頌·長發》："九有有截。"鄭玄《箋》："九州齊一截然。"

[10]鮮卑負衆：南燕憑恃人多勢衆。創建南燕的慕容德爲鮮卑人，故此處以鮮卑代指南燕。

[11]虔劉沂、岱：劫掠山東。劉，兵器名。引申爲殺。沂，沂山，在山東沂水縣北、臨朐縣南，又稱東泰山。岱，泰山。"沂、岱"代指山東。

[12]蒐乘秣駟：檢閱兵車，備足飼料。秣駟，《建康實録》卷

一一作“秣馬”，義同。餵養馬，引申爲備足飼料。

[13]敻入遠疆：深入遙遠的邊疆。敻，遠。

[14]衝櫓四臨：戰車四面逼近。衝櫓，衝車和高巢車，泛指攻城用的戰車。

[15]萬雉俱潰：高大堅固的城池也完全崩潰。萬雉，極高極寬的城牆。雉，是中國古代計算城牆面積的單位。長三丈，高一丈爲一雉。

[16]顯戮司寇：全被司寇處死。意爲罪有應得。司寇，官名。主管刑獄盜賊。

[17]申威龍漠：《建康實録》作“申威隴漢”。

[18]旂拂寰內：旌旗飄動在國內。旂，同“旌”，用牦牛尾或五色羽毛扎飾竿頭的旗子。寰內，帝京周圍千里之內，泛指國內。

[19]徙卜之計：《建康實録》作“從卜之計”，誤。意爲用占卜的方式決定遷徙的大計。

[20]嶷然內湛：端莊深沉。意爲胸有成竹。

[21]狡寇窮衄：狡猾的敵寇大敗。

[22]指日遄至：迅速趕到。

[23]荒服來款：邊遠的民族也來臣服。荒服，古九服之一，此處泛指邊遠地區的少數民族。

[24]叛換：也作“叛涣”，凶暴跋扈。

[25]附麗協黨：互相依附結成朋黨。

[26]倉兕電祢，神兵風掃：《建康實録》作“大軍電掃，神兵風拂”，與此義同。倉兕，傳說中的一種猛獸，用以比喻勇猛的軍隊。

[27]三巴：地區名。即指巴郡、巴東、巴西三郡。相當於今重慶嘉陵江和綦江流域以東的大部地區。

[28]致屆井絡：直指井山地區。致屆，達到。井絡，井宿區域。井，井宿（xiù），星官名。二十八宿中朱鳥七宿的第一宿，也稱東井、鶉首，有星八顆，屬雙子座。

[29]僭竪伏鑕：叛逆者伏誅。伏鑕，腰斬。行刑時罪犯伏於砧上，故稱伏鑕。

[30]梁、岷草偃：蜀地偃服。梁、岷，梁山、岷山，代指蜀地。草偃，語出《論語·顏淵》："君子之德風，小人之德草，草上之風，必偃。"比喻以德化民，民向化猶如風吹草伏，相率從善。

[31]馬休、魯宗：均人名。即司馬休之、魯宗之。

[32]投袂星言：甩袖而起，立即行動。投袂，甩袖，形容激動的心態。星言，即星焉，披著星星，泛言及早、疾速。

[33]迴旆沔川：回師沔水。沔川，在今湖北武漢市以下一段的長江，稱爲沔川。

[34]來蘇：有明君到來，民衆可以從困苦中得復蘇。語出《尚書·仲虺之誥》："攸徂之民，室家相慶，曰'徯予后，后來其蘇！'"

[35]玄澤浸育：聖恩滋潤養育。玄澤，《文選》應貞《晉武帝華林園集詩》："玄澤滂流。"李善注："玄澤，聖恩也。"

[36]五都幅裂：《建康實録》作"五都傾蕩"。五都，東漢以洛陽、邯鄲、臨淄、宛、成都爲五都。曹魏以長安、譙、許昌、鄴、洛陽爲五都。此處泛指中國。

[37]遺氓有《匪風》之思：遺民有《匪風》的憂思。《匪風》即《詩·檜風·匪風》。周室衰微，賢人憂慮周的政令不行，故作此詩。

[38]公遠齊伊宰納隍之仁：劉公（裕）向古代的伊尹救民於水火的仁德看齊。伊宰，伊尹曾任商湯的宰相，故稱伊宰。納隍，出民於水火的迫切心情。典出《孟子·萬章下》："（伊尹）思天下之民，匹夫匹婦有不被堯、舜之澤者，若己推而内之溝中。"溝即隍，後世通謂"納隍"。

[39]近同小白滅亡之恥：近與齊桓公以周滅亡爲恥有相同的感受。小白，即齊桓公。滅亡之恥，指周襄王弟叔帶勾結戎族趕走襄王事，小白以周滅爲恥，而平定叔帶之亂。

[40]許、鄭風靡，鞏、洛載清：許、鄭望風投降，鞏、洛得以清平。指劉裕北伐後秦所取得的勝利。許，許昌。鄭，新鄭。鞏，鞏義。洛，洛陽。

[41]百年榛穢，一朝掃滌：百年積累的雜草，一個朝晨就蕩滌乾净。滌，各本並作"濟"，中華本據《南史》《建康實録》改。

　　公有康宇内之勳，重之以明德。爰初發迹，則奇謨冠古，電擊强妖，則鋒無前對，聿寧東畿，大造黔首。若乃草昧經綸，[1]化融於歲計，[2]扶危静亂，道固於苞桑。[3]辯方正位，[4]納之軌度，斸削煩苛，較若畫一，[5]淳風美化，盈塞宇宙。是以絶域獻琛，[6]遐夷納貢，王略所宣，九服率從。雖文命之東漸西被，[7]咎繇之邁于種德，[8]何以尚兹。朕聞先王之宰世也，庸勳尊賢，[9]建侯胙土，[10]襃以寵章，崇其徽物，[11]所以協輔皇家，永隆藩屏。故曲阜光啓，遂荒徐宅，[12]營丘表海，四履有聞。[13]其在襄王，亦賴匡霸，[14]又命晋文，備物光錫。[15]惟公道冠前烈，勳高振古，而殊典未加，朕甚懍焉。[16]今進授相國，以徐州之彭城沛蘭陵下邳淮陽山陽廣陵、兖州之高平魯泰山十郡，封公爲宋公。錫兹玄土，[17]苴以白茅，[18]爰定爾居，用建家社。[19]昔晋、鄭啓藩，入作卿士，[20]周、邵保傅，出總二南，[21]内外之重，公實兼之。今命使持節、兼太尉、[22]尚書左僕射、晋寧縣五等男湛授相國印綬，[23]宋公璽綬；使持節、兼司空、散騎常侍、尚書、陽遂鄉侯泰授宋公茅土，[24]金虎符第一至第五左，^[25]竹使符第一至第十左。^[26]相國位無不總，禮絕朝班，居常之名，宜與事革。其以相國總百揆，^[27]去"録尚書"之號。上送所假節、侍中貂蟬、中外都督太傅太尉印綬，^[28]豫章公印策。進揚州牧，領征西將軍、司豫北徐雍四州刺史如故。

[1]若乃草昧經綸：至於在時勢混亂時期治理國家的才能。

[2]化融於歲計：一年之内人民就爲教化所融合。

[3]苞桑：桑樹的根本。《易·否卦》："其亡其亡，繫于苞桑。"孔穎達疏："凡物繫于桑之苞本則牢固也。"

[4]辯方正位："辯"，《建康實録》卷一一作"辨"。

[5]較若畫一：明確一致。《文選》班固《西都賦》："作畫一之歌。"李善注引《漢書》："蕭何爲法，較若畫一。"《漢書》卷三九《曹參傳》作"講若畫一"。講，同"較"。

[6]獻琛：進獻珍寶。意爲表示臣服。《詩·魯頌·泮水》："憬彼淮夷，來獻其琛。"

[7]文命之東漸西被：文德教命向四方傳播。東漸西被，向東西發展，實含有四方之意。《尚書·大禹謨》："文命敷於四海。"與"東漸西被"意同。

[8]咎繇之邁于種德：皋陶布施恩德於人。典出《尚書·大禹謨》："皋陶邁種德，德乃降，黎民懷之。"孔傳："邁，行。種，布。"咎繇，即皋陶，堯臣，主管刑法。

[9]庸勳尊賢：賞賜有功之臣和敬尊賢德之人。語出《左傳》僖公二十四年。

[10]建侯胙土：封建諸侯，賞賜土地。語出《左傳》隱公八年。

[11]徽物：區别等級的標志物，如旌旗、服飾等。

[12]曲阜光啓，遂荒徐宅：魯國擴大疆域，徐戎所居住的地方

就荒廢了。曲阜，魯國國都，此處代指魯國。徐，又稱徐夷，居住徐州一帶的少數民族。《國語·齊語六》：“東南多有淫亂者，萊、莒、徐夷、吳、越。”韋昭注：“徐夷，徐州之夷也。”

[13]營丘：古邑名。在今山東淄博市臨淄區北。齊國都城，代指齊國。　四履：四境的界限。語出《左傳》僖公四年。管仲對楚子説：“昔召康公命我先君大公曰：‘五侯九伯，女實征之，以夾輔周室。’賜我先君履，東至于海，西至于河，南至于穆陵，北至于無棣。”

[14]其在襄王，亦賴匡霸：就是周襄王也依賴“九合諸侯，一匡天下”的齊桓公。襄王，周第十八代國君，名姬鄭，曾被其弟王子叔帶驅逐，賴齊桓公而復位。事見《史記》卷四《周本紀》。

[15]又命晉文，備物光錫：再次給晉文公頒下王命，賞賜儀衛、祭祀等器物的榮譽。

[16]懵（měng）：不明。

[17]玄土：黑色土。古帝王以五色土爲大社，以封諸侯，各授以其國所在地的土色。宋在北方，故賜以玄土。玄土在此不能釋爲玄社。

[18]苴以白茅：包以白茅。陸德明《經典釋文》曰：“苴，包裹也。”白茅，多年生草本植物，花穗上密生白色柔毛。

[19]冢社：也作“冢土”。即大社。帝王祭神的地方，也是封君立國的標志。

[20]晉、鄭啓藩，入作卿士：晉文侯、鄭桓公外啓藩國，仍入朝作卿士。鄭桓公名友，事見《史記》卷四二《鄭世家》。晉文侯名仇，事見《史記》卷三九《晉世家》。卿士，周的執政大臣。

[21]周、邵保傅，出總二南：周公旦、召公奭在朝任太保、太傅，在外則總管周南（今河南洛陽市以南）、召南（今陝西岐山縣以南）地區。

[22]今命使持節、兼太尉：各本並脱“今”“兼”二字，中華本據《南史》《建康實錄》補。

　　[23]尚書右僕射、晋寧縣五等男湛授相國印綬：“尚書右僕
射”中華本作“尚書左僕射”。丁福林《校議》據本書卷五二《袁
湛傳》、卷六〇《范泰傳》改。湛，人名。即袁湛，字士深，陳郡
陽夏（今河南太康縣）人。本書卷五二有傳。

　　[24]陽遂鄉侯：侯爵名。鄉侯爲侯爵第二等。陽遂，鄉名。今
地不詳。　　泰：人名。即范泰。字伯倫，順陽山陰（今河南淅川
縣）人。本書卷六〇有傳。　茅土：白茅、玄土。

　　[25]金虎符：發兵的憑證。銅製，虎形，中分爲二，右在皇
帝，左在王公或將軍處。調兵時，左右符合纔能發兵。王有九隻虎
符，公有五隻。

　　[26]竹使符：竹製的信符。中分爲二，右留京師，左在郡國。
除發兵外，其他徵調，均用竹使符。

　　[27]其以相國總百揆：各本並脱“以”字，中華本據《南史》
《建康實録》補。

　　[28]侍中貂蟬：《續漢書・輿服志下》：“侍中、中常侍加黄金
璫，附蟬爲文，貂尾爲飾，謂之‘趙惠文冠’。”簡言之就是侍中
的冠上加飾貂尾和蟬文。又“侍中”下各本並脱“貂蟬”二字，
中華本據《南史》《建康實録》補。孫彪《考論》云：“按：宋、
齊《志》皆不見侍中印綬，蓋但給朝服武冠貂蟬而已。《南史》侍
中下有貂蟬二字，是。”

　　　　公紀綱禮度，萬國是式，[1]乘介蹈方，[2]罔有遷
志。是以錫公大輅、戎輅各一，玄牡二駟。[3]公抑
末敦本，務農重積，采蘩實殷，[4]稼穡惟阜。[5]是用
錫公袞冕之服，赤舄副焉。[6]公閑邪納正，[7]移風改
俗，陶鈞品物，[8]如樂之和。是用錫公軒縣之樂，
六佾之舞。[9]公宣美王化，導揚休風，[10]華夷企
踵，[11]遠人胥萃。[12]是用錫公朱户以居。[13]公官方

任能，網羅幽滯，[14]九皋辭野，[15]髦士盈朝。[16]是用錫公納陛以登。[17]公當軸處中，率下以義，式遏寇讎，[18]清除苛慝。是用錫公虎賁之士三百人。[19]公明罰恤刑，庶獄詳允，放命干紀，[20]罔有攸縱。是用錫公鈇、鉞各一。[21]公龍驤鳳矯，[22]咫尺八紘，[23]括囊四海，折衝無外。是用錫公彤弓一，彤矢百，盧弓十，盧矢千。[24]公溫恭孝思，致虔禋祀，[25]忠肅之志，儀刑萬方。是用錫公秬鬯一卣，圭瓚副焉。[26]宋國置丞相以下，一遵舊儀。欽哉！其祇服往命，[27]茂對天休，[28]簡恤庶邦，敬敷顯德，以終我高祖之嘉命。

[1]萬國是式：各封國的楷模。

[2]乘介蹈方：奉行善政，遵行規矩。

[3]錫公大輅、戎輅各一，玄牡二駟：賜給宋公一輛大輅，一輛戎輅和駕駛大輅、戎輅的黑色公馬八匹。大輅，也作"大路"，天子所坐的車。戎輅，也作"戎路"，天子在軍中所坐的車。玄牡，黑色公馬，是皇帝駕車的專用馬。

[4]采蘩實殷：紡織殷盛。采蘩，采擇白蒿，白蒿可養蠶，代指紡織。《詩·召南·采蘩》序曰："《采蘩》，夫人不失職也。"故後世以爲采蘩乃婦女之事，是"克盡婦職"的表現。

[5]稼穡惟阜：農業興盛。稼穡，耕種與收穫，泛指農業生產。

[6]衮冕：衮衣和冠冕，古帝王和上公穿的衮龍袍和大冠。赤舄：古天子、諸侯所穿的赤色重底鞋。

[7]閑邪納正：防止邪惡，引進正直的人。閑，防止。《易·乾卦》集解引宋衷曰："閑，防也。"

[8]陶鈞品物：治理國家，資生萬物。陶鈞，製作陶器的轉輪。

《史記》卷八三《魯仲連鄒陽列傳》："是以聖王制世御俗，獨化於陶鈞之上。"以陶鈞比喻治理國家。品物，萬物。語出《易·乾卦》："雲行雨施，品物流形。"意爲萬物由天資生之後，才能流布成形。

［9］軒縣（xuán）之樂：古代諸侯三面懸挂所陳列的樂器（王四面懸挂）。軒縣，即"軒懸"。 六佾之舞：諸侯享用的六人六行的樂舞規制。

［10］導揚休風：引導弘揚美好的風氣。

［11］企踵：踮起脚跟，意爲急切仰望。

［12］胥萃：皆匯集而來。

［13］朱户：紅色大門。在封建等級觀念下，認爲朱色是最尊貴的顏色，賜朱户以示榮寵。

［14］網羅幽滯：搜集隱逸和不得志的人才。

［15］九皋辭野：隱士入朝。九皋，曲曲折折的沼澤，代指隱士。《詩·小雅·鶴鳴》："鶴鳴于九皋，聲聞于野。"毛傳："皋，澤也。言身隱而名著也。"

［16］髦士盈朝：英俊之士充滿朝廷。

［17］納陛：鑿殿基爲登升陛級，納之於檐下，不讓尊貴的人登臺階時暴露於外。

［18］式遏寇讎：制止寇仇。語出《詩·大雅·民勞》："式遏寇虐，無俾民憂。"讎同仇。

［19］虎賁：勇士稱號。《尚書·牧誓》："虎賁三百人。"孔傳："勇士稱也，若虎賁（奔）獸，言其猛也。"

［20］放命干紀：違命犯紀。

［21］鈇：同"斧"。 鉞：形似斧而較大。將領握有斧鉞，即有專斷的指揮權。

［22］龍驤：矯健如龍地騰躍，意爲勉勵向上。 鳳矯：矯捷如鳳地飛翔，意爲奮發有爲。

［23］咫尺八紘：近在咫尺，遠在八方。咫尺，形容極近。咫，

八寸。尺，十寸。八紘，《淮南子·地形訓》："九州之外，乃有八殥"，"八殥之外，而有八紘，亦方千里"。

［24］彤弓：朱漆弓。　彤矢：朱漆箭。　盧弓：黑色弓。　盧矢：黑色箭。天子賜彤弓、盧矢，使大臣專掌征伐。

［25］致虔禋祀：祭天非常虔誠。禋祀，祭天的儀式。先焚柴生煙，後加牲畜或玉帛於柴上焚燒。

［26］秬鬯一卣，圭瓚副焉：用黑黍和鬱金香草釀造的酒一樽，配有玉製的爵杯。

［27］祗服往命：敬謹奉行送去的詔命。

［28］茂對天休：努力答謝天賜給你的福佑。

置宋國侍中、黃門侍郎、尚書左丞、郎，隨大使奉迎。[1]

［1］尚書左丞、郎，隨大使奉迎："郎"，三朝本、北監本、毛本、局本同，殿本、《南史》作"相"。李慈銘《越縵堂日記補》："當作即隨大使奉迎。"

枹罕虜乞佛熾槃遣使詣公，[1]求效力討羌，拜平西將軍、河南公。

［1］枹罕：地名。西秦國都，在今甘肅臨夏縣。　虜：對西秦的蔑稱。　乞佛熾槃：人名。又作"乞伏熾磐"，隴西鮮卑人。西秦乞伏乾歸長子。義熙八年（412）即位，不久滅南涼禿髮傉檀，地廣兵強，在位十六年，死諡文昭王。《晉書》卷一二五有載記。

十三年正月，公以舟師進討，留彭城公義隆鎮彭城。軍次留城，[1]經張良廟，[2]令曰：[3]"夫盛德不泯，義在祀典，微管之嘆，[4]撫事彌深。張子房道亞黃中，[5]照隣殆庶，[6]風雲玄感，[7]蔚爲帝師，[8]大拯横流，[9]夷項定漢，[10]固以參軌伊、望，[11]冠德如仁。[12]若乃神交圯上，[13]道契商洛，[14]顯晦之間，窈然難究，源流淵浩，莫測其端矣。塗次舊沛，佇駕留城，靈廟荒殘，遺象陳昧，[15]撫迹懷人，慨然永嘆。過大梁者或佇想於夷門，[16]遊九原者亦流連於隨會。[17]可改構榱桷，修飾丹青，蘋蘩行潦，[18]以時致薦。以紓懷古之情，用存不刊之烈。"天子追贈公祖爲太常，父爲左光禄大夫，讓不受。

[1]留城：地名。在今江蘇沛縣。

[2]張良：人名。字子房。助劉邦滅項羽，封留侯。《漢書》卷四〇有傳、《史記》卷五五有《留侯世家》。

[3]令曰：此文爲傅亮所作，載《文選》卷三六《爲宋公修張良廟教》。

[4]微管之嘆：典出《論語·憲問》："微管仲，吾其被髮左衽矣。"若不是有了管仲，我就要披散著頭髮穿左大襟的衣服了。意思是説有了管仲，華夏族地方纔没被野蠻民族所占領。

[5]道亞黃中：接近於黃中至美之道，《易·坤卦》："君子黃中通理，正位居體，美在其中，而暢於四支，發於事業，美之至也。"黃中，心臟，內德。此句乃以身體器官來比喻政事。

[6]照隣殆庶：賢德的人，德化廣被。照隣，德化廣被。殆庶，《易·繫辭下》："子曰：'顏氏之子，其殆庶幾乎！'"後遂以"殆庶"代指賢人。

[7]風雲玄感："玄"各本作"言"，中華本據局本、《文選》、《建康實録》、《元龜》卷二一〇改。"雲從龍，風從虎"都是

《易·乾卦》所説的冥冥感應，意爲張良能領會黄石公送給他的天書《太公兵法》，並追隨劉邦創立漢業，都是"玄感"。

［8］蔚爲帝師：蔚然成爲帝王之師。《漢書·張良傳》：黄石公對張良説："讀是（指《太公兵法》）則爲王者師。"

［9］大拯横流：拯救萬民於洪水泛濫之中。

［10］夷項定漢：夷滅項羽，建立漢家天下。項，人名。即項羽，名籍，下相（今江蘇宿遷市）人。事見《史記》卷七《項羽本紀》、《漢書》卷三一《項籍傳》。

［11］固以參軌伊、望：固然已與伊尹、太公望並駕齊驅。

［12］冠德如仁：最高的道德可以稱其爲仁。如仁，即如其仁。《論語·憲問》："子曰：'桓公九合諸侯，不以兵車，管仲之力也。如其仁，如其仁。'"

［13］若乃神交圯上：指張良在圯上與黄石公相識事。圯上，橋上，楚語稱橋爲"圯"。橋在今江蘇睢寧縣北古下邳城東南小沂上。

［14］商洛：商縣、上洛縣的合稱，此處代指漢初隱居於此的園公、綺里季、夏黄公、甪里先生。張良曾建議吕后讓太子劉盈禮聘四人以穩定太子地位。事見《漢書·張良傳》。

［15］陳昧：陳舊無光澤。

［16］大梁：戰國時魏國的首都，在今河南開封市。　夷門：大梁的東門。此指魏國隱士夷門監者侯嬴，被信陵君尊爲上客。時秦兵圍趙，侯嬴向信陵君推薦朱亥，擊殺晋鄙，進兵救趙。事見《史記》卷七七《魏公子列傳》。

［17］九原：地名。隨會的食邑，在今山西新絳縣。　流連於隨會：懷念隨會。隨會，人名。《禮記·檀弓下》趙文子贊頌隨會"利其君，不忘其身，謀其身，不遺其友"的品德，值得懷念。

［18］蘋蘩行潦，以時致薦：蘋菜、蘩菜以及酒食，都要按時上祭。《左傳》隱公三年："蘋、蘩、蘊藻之菜，筐、筥、錡、釜之器，潢、汙、行潦之水，可薦於鬼神。"蘋、蘩，兩種野菜。行潦之水可以沃酒食，故後世以"行潦"代指酒食。

二月，冠軍將軍檀道濟等次潼關。三月庚辰，大軍入河。索虜步騎十萬，營據河津。公命諸軍濟河擊破之。公至洛陽。七月，至陝城。[1]龍驤將軍王鎮惡伐木爲舟，自河浮渭。八月，扶風太守沈田子大破姚泓於藍田。[2]王鎮惡剋長安，生擒泓。九月，公至長安。長安豐全，帑藏盈積。公先收其彝器、渾儀、土圭之屬，[3]獻于京師；其餘珍寶珠玉，以班賜將帥。執送姚泓，斬于建康市。謁漢高帝陵，[4]大會文武於未央殿。

[1]陝城：地名。在今河南三門峽市西陝縣。

[2]扶風：郡名。治所在今陝西涇陽縣。 沈田子：人名。字敬光，吳興（今浙江湖州市）人。曾參與劉裕討桓玄、孫恩、盧循、劉毅、司馬休之、姚泓的戰爭，屢立戰功，官至參征虜軍事、振武將軍，咸陽、始平二郡太守。後北征軍內部爭鬪，被王修所殺。事見本書卷一〇〇《自序》。

[3]彝器：祭祀宗廟用青銅禮器的總稱。如鐘、鼎、尊、罍、俎豆之屬。 渾儀：渾天儀，觀測天象的儀器。 土圭：測日影、正四時和測度土地的儀器。

[4]漢高帝陵：劉邦的長陵，在今陝西咸陽市東。

十月，天子詔曰：

朕聞先王之荏天下也，上則大寶以尊德，[1]下則建侯以襃功。是以成勳告就，文命有玄圭之錫，[2]四海來王，姬旦饗龜、蒙之封。[3]夫翼聖宣績，輔德弘猷，[4]禮窮元賞，寵章希世。[5]況明保沖昧，[6]獨運陶鈞者哉！

[1]大寶：《易·繫辭下》：“聖人之大寶曰位。”後世因以大寶代指皇帝位。

[2]文命：相傳爲夏禹的名字。《史記》卷二《夏本紀》：“夏禹，名曰文命。” 玄圭：亦作“玄珪”，一種上尖下方的黑色玉，用以賞賜有特殊功勳的人。《尚書·禹貢》：“禹錫玄圭，告厥成功。”

[3]姬旦：人名。即周公旦。 龜、蒙之封：龜山、蒙山的封賞。龜山、蒙山均在山東境内，二山相連長八十餘里。西北一段曰龜山，東南一段曰蒙山。此處代指魯的封地。

[4]輔德弘猷：輔佐有德行的人，弘揚深遠謀略。

[5]寵章希世：表示高官顯爵的章服，世所少有。

[6]明保沖昧：輔佐保護年幼愚昧的人。沖昧，指周成王。

朕以不德，遭家多難，雲雷作《屯》，[1]夷羿竊命，失位京邑，遂播蠻荆，艱難卑約，制命凶醜。相國宋公，天縱睿聖，命世應期，誠貫三靈，大節宏發。拯朕躬於巢幕，[2]迴靈命於已崩，[3]固已道窮北面，[4]暉格八表者矣。[5]及外積全國之勳，内累戡黎之伐，[6]芟夷强妖之始，蘊崇姦猾之源，[7]顯仁藏用之道，[8]六府孔修之績，[9]莫不雲行雨施，[10]能事必舉，諒已方軌於三、五，[11]不容於典策者焉。[12]自永嘉喪師，綿踰十紀，[13]五都分崩，然正朔時暨；[14]唯三秦懸隔，未之暫賓。至令羌虜襲亂，淫虐三世，[15]資百二之易守，[16]恃函谷之可關，廟算韜略，不謀之日久矣。公命世撫運，闡曜威靈，[17]内研諸侯之慮，外致上天之罰。故能倉兒甫訓，[18]

則許、鄭風偃，鉦鉞未指，則瀍、洛霧披。[19]俾舊闕之陽，復集萬國之軫，[20]東京父老，重覩司隸之章。[21]俾朕負扆高拱，[22]而保大洪烈。[23]是用遠鑒前典，延即群謀，敬授殊錫，光啓疆宇。乘馬之制，[24]有陋舊章；[25]徽稱之美，未窮上爵。豈足以顯報懋功，允塞民望；藩輔王畿，長轡六合者乎。[26]實以公每秉謙德，卑不可踰，難進之道，以寵爲戚。[27]是故降損盛制，且有後命也。自兹迄今，洪勳彌劭，稜威九河，[28]魏、趙底服，[29]迴轅崤、潼，[30]連城冰泮。[31]遂長驅灞、滻，[32]懸旆龍門，[33]逆虜姚泓，係頸就擒。百稔梗穢，滌於崇朝；祖宗遺憤，雪於一旦。涉禹之迹，方行天下，至于海外，罔有不服。功固萬世，其寧惟永，豈金石《雅》《頌》所能讚揚，[34]實可以告於神明，勒銘嵩、岱者已。

[1]雲雷作《屯》：《易·屯卦》云：“《象》曰：‘屯，剛柔始交而難生，動乎險中，大亨貞。’”按：《屯》之卦象坎（☵）上震（☳）下。坎象爲雲，震象爲雷，因以雲雷比喻險惡的遭遇。

[2]巢幕：語出《左傳》襄公二十九年：“夫子（孫文子）之在此也，猶燕之巢于幕上。”楊伯峻注：“幕即帳幕，隨時可撤，燕巢于其上，至爲危險。”故後世以“巢幕”比喻處於險境。

[3]靈命：天命，借指帝位。

[4]道窮北面：窮途末路，臣服於人。

[5]暉格八表：光輝照耀於八方以外。

[6]内累戡黎之伐：内部積累平定黎方的功績。典出《尚書·西伯戡黎》：“西伯既戡黎，祖伊恐。”文王平定黎方之亂，紂臣祖

伊感到恐懼。黎，殷的方國，在今山西長治市境。此處代指平定劉毅、司馬休之等事。

[7]蘊崇姦猾之源：鏟除奸猾的根源。蘊崇，積聚、堆積，引申爲集中起來鏟除。《左傳》隱公六年：“爲國家者，見惡，如農夫之務去草也，芟夷蘊崇之。”本文即用此意。

[8]顯仁藏用：顯示仁德，而又潛藏其功用，不使人知。語出《易·繫辭上》：“顯諸仁，藏諸用。”

[9]六府孔修：水、火、金、木、土、穀治理得很好。代指政治修明。語出《尚書·禹貢》：“四海會同，六府孔修。”六府，《尚書·大禹謨》：“地平天成，六府三事允治，萬世永賴，時乃功。”孔穎達疏：“‘府’者藏財之處，六者貨財所聚，故稱‘六府’。”

[10]雲行雨施：廣施恩澤。語出《易·乾卦》：“雲行雨施，天下平也。”

[11]方軌於三、五：取法於三皇五帝。

[12]不容於典策者焉：其功績是典策記載不了的。

[13]綿踰十紀：延續超過十紀。紀，紀年單位，十二年爲一紀。自永嘉元年（307）至義熙十三年（417），實爲一百一十年。

[14]正（zhèng）朔時暨：晋的正統地位時時可見。正朔，王朝所頒布的曆法，以顯示其正統地位，暨，《説文·旦部》：“暨，日頗見也”。朱駿聲《説文通訓定聲》：“暨者，（日）乍出微見也。”

[15]羌虜襲亂，淫虐三世：姚氏後秦承襲作亂，荒淫暴虐已經三世。三世，指姚萇、姚興、姚泓。

[16]資百二之易守：憑借險要地勢，容易固守。百二，典出《史記》卷八《高祖本紀》：“秦，形勝之國，帶山河之險，縣隔千里，持戟百萬，秦得百二焉。”《集解》引蘇林曰：“得百中之二焉。秦地險固，二萬人足當諸侯百萬人也。”後世遂以“百二”借指山河險固。

[17]闡曜威靈：發揚顯赫的聲威。

[18]倉兕甫訓，則許、鄭風偃：水軍剛剛調動，許、鄭等地即望風歸降。倉兕，傳說中的水獸，此處代指水軍。王鳴盛《商榷》引《尚書·泰誓》及郭璞《山海經》有關倉兕的記載，證明倉兕即主舟楫之官，意指水軍。

[19]瀍、洛霧披：洛陽的妖霧烟消雲散。瀍、洛，即瀍河、洛河，代指洛陽。霧披，霧散雲披，指形勢好轉。

[20]俾舊闕之陽，復聚萬國之軫：舊都洛陽又集中了萬國的車子。意爲萬國來朝。

[21]東京父老，重覩司隸之章：洛陽的鄉親又看見了晋軍的威儀。司隸之章，典出《後漢書》卷一上《光武帝紀上》：劉秀曾任更始政權司隸校尉，率軍進駐洛陽，軍儀整肅，東京父老看見後說：“不圖今日復見漢官威儀。”

[22]負扆：背靠屏風南面而坐，雙手抱於胸前。形容安閑舒適的樣子。

[23]保大洪烈：安穩地居於高位，而實現偉大的功業。

[24]乘馬之制：據何如璋對《管子·乘馬》的解釋：馬者，算數之籌，如今所謂法碼。乘者，乘其財用之出入，乃知其輕重長短多寡之數，而措注各得其宜。簡言之，乘馬之制，就是經營謀劃的治國法制。

[25]有陋舊章：輕視舊的規章制度。班固《兩都賦》：“而盛稱長安舊制，有陋雒邑之議。”

[26]長轡六合：駕馭天下。長轡，駕馭馬的繮繩，引申爲駕馭手段。六合，上下四方，引申爲天下。

[27]以寵爲戚：以尊崇爲憂。

[28]稜威九河：威勢加於黃河。九河，黃河的九條支流。《爾雅·釋水》：“徒駭、太史、馬頰、覆釜、胡蘇、簡、潔、鉤盤、鬲津。九河。”亦泛指黃河。

[29]魏趙底服：黃河南北臣服歸屬。

[30]迴轅崤、潼：回軍崤山、潼關。轅，行轅，行軍駐地，借

指軍隊。

[31]連城冰泮：很多城池都涣散瓦解，放棄抵抗。

[32]灞、滻：水名。即灞水、滻水，均在今陝西西安市。

[33]懸旆龍門：後秦的旗幟懸挂於國門。龍門，楚都郢東門稱"龍門"，後世都門、國門均泛稱"龍門"。

[34]豈金石《雅》《頌》所能讚揚：豈是鐘鼎銘文碑刻和《詩經》的《雅》《頌》所能贊揚得了的。金石，指鐘鼎銘文和碑碣刻字。《雅》《頌》，《詩經》中的《大雅》《小雅》和《周頌》《魯頌》《商頌》。

　　朕又聞之，周道方遠，則鷟鷟鳴岐，[1]二南播德，[2]則麟騶呈瑞。[3]自公大號初發，爰暨告成，靈祥炳焕，不可勝紀，豈伊素雉遠至，[4]嘉禾近歸而已哉！[5]朕每仰鑒玄應，[6]俯察人謀，進惟道勛，[7]退惟國典，豈得遂公沖挹，而久蕴盛策。[8]便宜敬行大禮，允副幽顯之望。其進宋公爵爲王，以徐州之海陵東安北琅邪北東莞北東海北譙北梁、豫州之汝南北潁川北南頓凡十郡，[9]益宋國。其相國、揚州牧、領征西將軍、司豫北徐雍四州刺史如故。

[1]鷟鷟鳴岐：典出《國語·周語上》："周之興也，鷟鷟鳴於岐山。"鷟鷟，鳳的別稱，故也稱"鳳鳴岐山"。按迷信説法，這是新興帝業的瑞兆。

[2]二南播德：周公、召公傳播德教。二南，周南、召南，乃周公、召公所轄地區，此處代指周公、召公。

[3]麟騶呈瑞：麒麟、騶虞出現，預示祥瑞。麒麟，傳説中的仁獸。騶虞，傳説中的義獸。古人認爲二獸出現，是祥瑞的象徵。

[4]豈伊：難道、祇是。 素雉：白色野雞。《文選》班固《典引》："昔姬有素雉。"李善注："素雉，白雉也。"據《太公金匱》記載，武王伐紂，越裳氏獻白雉。

[5]嘉禾：奇異的禾穗，如異畝同穗、一莖數穗等。

[6]仰鑒玄應：往上借鑑玄妙的感應。

[7]進惟道勳：進取唯有靠道德勳績。

[8]久蘊盛策：長期蘊藏在美好的典策中。

[9]海陵：郡名。治所在今江蘇泰州市。 東安：郡名。治所在今山東沂水縣。 北琅邪：郡名。治所在今山東諸城市。 北東莞：郡名。西晉時治所在今山東莒縣，東晉時僑置，在今江蘇常州市。 北東海：郡名。西晉時治所在今山東郯城縣西北，東晉初在今江蘇常熟市，穆帝時移至京口。 北譙：郡名。治所在今安徽亳州市。 北梁：郡名。治所在今河南商丘市。 汝南：郡名。治所在今河南汝南縣。 北潁川：郡名。治所在今河南許昌市。 北南頓：郡名。治所在今河南項城市。

十一月，前將軍劉穆之卒，以左司馬徐羨之代掌留任。[1]大事昔所決於穆之者，皆悉以諮。公欲息駕長安，經略趙、魏，會穆之卒，乃歸。十二月庚子，發自長安，以桂陽公義真爲安西將軍、雍州刺史，留腹心將佐以輔之。閏月，公自洛入河，開汴渠以歸。

[1]左司馬：官名。公府高級幕僚，多以權臣任此職，參贊軍政要務，位在右司馬上，與長史共掌府務。

十四年正月壬戌，公至彭城，解嚴息甲。以輔國將軍劉遵考爲并州刺史，[1]領河東太守，[2]鎮蒲坂。[3]公解司州，領徐、冀二州刺史，固讓進爵。

[1]劉遵考：人名。劉裕族弟。本書卷五一有傳。
[2]河東：郡名。治所在今山西夏縣西北禹王城。
[3]蒲坂：地名。治所在今山西永濟市西南蒲州鎮。

六月，受相國宋公九錫之命。令曰："孤以寡薄，負荷殊重，守位奉藩，危溢是懼，朝恩隆泰，委美推功，遂方軌齊、晋，擬議國典。雖亮誠守分，十稔于今，而成命弗迴，百辟胥暨内外庶僚，[1]敦勉周至。籍運來之功，[2]參休明之迹，[3]乘菲薄之資，同盛德之事，監寐永言，[4]未知攸託。隆祚之始，思覃斯慶。[5]其赦國内殊死以下，[6]今月二十三日昧爽以前，[7]悉皆原宥。鰥寡孤獨不能自存者，人賜粟五斛。府州刑罪，亦同蕩然。其餘詳依舊準。"詔崇豫章公太夫人爲宋公太妃，[8]世子中軍將軍，副貳相國府。以太尉軍諮祭酒孔季恭爲宋國尚書令，[9]青州刺史檀祗爲領軍將軍，相國左長史王弘爲尚書僕射。[10]其餘百官悉依天朝之制。又詔宋國所封十郡之外，悉得除用。

[1]百辟胥暨：百官都很果斷。
[2]籍（jiè）運來之功：借助運氣較好的機會。籍，同"借"，借助。
[3]參休明之迹：參與清明美好的事業。
[4]監寐永言：睡覺都不安穩，心中常常叨念。監寐，雖寢而不能入睡。永言，長言。
[5]思覃斯慶：深深思考這個喜慶。思覃，即覃思，深思。
[6]國内：指宋國所轄地區。

〔7〕昧爽：拂曉、黎明。

〔8〕宋公太妃：劉裕繼母蕭文壽，蘭陵人。事見本書卷四一《孝懿蕭皇后傳》。

〔9〕孔季恭：人名。名靖，因名與劉裕的高祖名字相同，故稱字。會稽山陰（今浙江紹興市）人。本書卷五四有傳。

〔10〕王弘：人名。字休元，琅邪臨沂人。本書卷四二有傳。

先是安西中兵參軍沈田子殺安西司馬王鎮惡，諸將軍復殺安西長史王脩，[1]關中亂。十月，公遣右將軍朱齡石代安西將軍桂陽公義真爲雍州刺史。義真既還，爲佛佛虜所追，[2]大敗，僅以身免。諸將帥及齡石並没。領軍檀祗卒，以中軍司馬檀道濟爲中領軍。

〔1〕王脩：人名。字叔治，京兆灞城（今陝西西安市東北）人。事見本書卷六一《廬陵孝獻王義真傳》。

〔2〕佛（bó）佛（bó）虜：是對夏赫連勃勃的蔑稱。勃勃字屈子，匈奴左賢王去卑之後。曾任後秦姚興持節安北將軍、五原公，於義熙三年（407）稱天王大單于，國號大夏，義熙十四年稱帝，在位十九年，宋元嘉二年（425）卒。《晋書》卷一三〇有載記。

十二月，天子崩，[1]大司馬琅邪王即帝位。[2]

〔1〕天子崩：實爲劉裕所謀害。《晋書》卷一〇《安帝紀》："劉裕將禪代，故密使王韶之縊帝而立恭帝。"

〔2〕琅邪王：晋恭帝司馬德文，安帝之弟。《晋書》卷一〇有紀。

元熙元年正月，[1]詔遣大使徵公入輔。又申前命，進公爵爲王。以徐州之海陵、北東海、北譙、北梁，豫州之新蔡，兗州之北陳留，司州之陳郡、汝南、潁川、滎陽十郡，增宋國。[2]七月，乃受命，赦國內五歲刑以下。遷都壽陽。[3]以尚書劉懷慎爲北徐州刺史，鎮彭城。九月，解揚州。[4]

[1]元熙：晋恭帝司馬德文年號（419—420）。

[2]北東海：各本並脱"北"字。中華本據《南史》《建康實録》補。　增宋國：以上所增宋王國之十郡，與前文贈宋公國之十郡，其中有兩郡相同，蓋因當時劉裕並没有接受宋公封號，未成事實。故此次封宋王，又重新賜與十郡。

[3]遷都壽陽：指宋王國國都由豫章遷至壽陽。壽陽，郡名。治所在今安徽壽縣。

[4]解揚州：解除揚州牧職務。

十二月，天子命王冕十有二旒，[1]建天子旌旗，[2]出警入蹕，[3]乘金根車，[4]駕六馬，備五時副車，[5]置旄頭雲罕，[6]樂舞八佾，[7]設鍾虡宮縣。[8]進王太妃爲太后，王妃爲王后，[9]世子爲太子，王子、王孫爵命之號，一如舊儀。

[1]冕十有二旒：王冠上帶有十二串垂珠。冕，古天子、諸侯、卿、大夫朝儀和祭祀時所戴的禮帽。旒，禮帽前後檐的垂珠。天子十二旒，諸侯九，上大夫七，下大夫五。

[2]天子旌旗：名目繁多，難以備録，最主要的是色尚黄，旗九旒，則爲天子所特有。

[3]出警入蹕：帝王出入時，所採取的警戒制度，如禁止行人

等一系列保衛措施，即戒嚴。崔豹《古今注·興服》："秦制出警入蹕，謂出軍者皆警戒，入國者皆蹕止也。"

[4]金根車：帝王所乘，以黃金爲飾的根車。蔡邕《獨斷》："上所乘曰金根車，駕六馬。"根車，用自然圓曲的樹木做車輪而配成的車子。帝王認爲"山出根車"是吉兆。

[5]五時副車：隨從帝王車駕的五色副車。《晉書·興服志》："有青立車，青安車，赤立車，赤安車，黃立車，黃安車，白立車，白安車，黑立車，黑安車，合十乘，名爲五時車，俗謂之五帝車。"

[6]旄頭雲罕：皇帝儀仗中擔任先驅的騎兵和旌旗。旄頭，《漢書》卷六三《燕刺王旦傳》："建旌旗鼓車，旄頭先敺。"顏師古注："敺與驅同。凡此旄頭先驅，皆天子之制。"雲罕，旌旗的別名。

[7]八佾：天子的樂舞規制，八人八行，共六十四人。

[8]鍾虡：飾有猛獸的懸鐘格架。 宮縣（xuán），即宮懸。帝王懸挂鐘磬等樂器於宮內四面的架上，象徵宮室的四面墻壁，故得名。

[9]王后：即劉裕（武帝）臧皇后，名愛親，東莞（今山東沂水縣）人。追贈豫章公夫人，但未立爲王妃、王后，劉裕即位後，追封敬皇后。事見本書卷四一《武敬臧皇后傳》。

二年四月，徵王入輔。六月，至京師，晉帝禪位于王，詔曰：

夫天造草昧，[1]樹之司牧，所以陶鈞三極，[2]統天施化。故大道之行，選賢與能，[3]隆替無常期，[4]禪代非一族，貫之百王，由來尚矣。晉道陵遲，仍世多故，爰暨元興，禍難既積，至三光貿位，冠履易所，[5]安皇播越，宗祀墮泯，則我宣、元之祚，永墜于地，顧瞻區域，翦焉已傾。[6]相國宋王，天縱聖德，靈武秀世，[7] 一匡頹運，再造區夏，固以興滅繼絕，舟航淪溺矣。若夫仰在璿璣，[8] 旁穆七政，[9] 薄伐不庭，[10] 開復疆宇。遂乃三俘僞主，[11] 開滌五都，雕顏卉服之鄉，[12] 龍荒朔漠之長，[13] 莫不迴首朝陽，沐浴玄澤。故四靈效瑞，[14] 川岳啓圖，[15] 嘉祥雜遝，[16] 休應炳著，[17] 玄象表革命之期，[18] 華裔注樂推之願。[19] 代德之符，[20] 著乎幽顯，瞻烏爰止，[21] 允集明哲，夫豈延康有歸，[22] 咸熙告謝而已哉！[23]

[1]天造草昧：語出《易·屯卦》，天地開創時的混沌狀態。

[2]三極：天、地、人。

[3]選賢與（jǔ）能：語出《禮記·禮運》。"與能"同"舉能"。

[4]隆替：綱紀廢弛，衰敗。

[5]冠履易所：帽子和鞋換了位置。

[6]翦然已傾：已經斷然傾覆。

[7]靈武秀世：神靈威武的人特出於世。

[8]若夫仰在璿璣：就像仰望北斗星一樣仰望宋王。璿璣，亦作"璇璣"，即北斗星第四星，北斗星也稱"璿璣"。此處喻指劉裕。

[9]旁穆七政：四方之民都恭敬地請你留下整理國政。旁穆，典出《尚書·洛誥》："旁作穆穆迓衡。"意爲四方之民都恭敬地希望周公留下來以迎太平之政。"旁作穆穆"簡化爲"旁穆"。七政，日、月、金、木、水、火、土七星。語出《尚書·舜典》："在璿璣玉衡，以齊七政。"與"仰在璿璣，旁穆七政"意合。此爲兩典疊用，寓意深奧，但吹捧劉裕之意甚明。

[10]不庭：不歸順於朝廷，不向王庭進貢。《左傳》隱公十

年："以王命討不庭。"楊伯峻注："庭，動詞，朝于朝廷也。"

[11]三俘僞主：指俘虜桓玄、慕容超、姚泓。

[12]雕顔卉服之鄉：在額上刻花紋穿絺葛衣服的地方。雕顔，即雕題，南方部分少數民族的習慣。卉服，居住在海南島少數民族的服裝。

[13]龍荒朔漠之長：塞外荒漠地區少數民族的酋長。

[14]四靈效瑞：麟、鳳、龜、龍四種靈畜顯示祥瑞。

[15]川岳啓圖：遠人圖畫山川獻寶。典出《左傳》宣公三年："昔夏之方有德也，遠方圖物。"杜預注："圖畫山川奇異之物而獻之。"

[16]嘉祥雜遝：祥瑞紛雜繁多。

[17]休應（yìng）炳著：吉兆鮮明顯著。

[18]玄象表革命之期：天象表現出改朝換代的期望。

[19]華裔注樂推之願：中原華夏族和邊遠少數民族都傾注了樂意擁戴的願望。樂推，語出《老子》："是以天下樂推而不厭"。

[20]代德之符：代替舊王朝的徵兆。這是"五德（五行）終始説"衍化出來的理論，是篡權者的理論根據。

[21]瞻烏爰止：語出《詩·小雅·正月》鄭玄《箋》："視烏集於富人之室，以言今民亦當求明君而歸之。"後世以這句話比喻亂世之民思得明君而歸依。

[22]延康有歸：漢獻帝讓位給曹丕。延康，漢獻帝劉協年號（220），此處喻指漢魏交替之事。

[23]咸熙告謝：曹奂讓位給晋武帝。咸熙，三國魏元帝曹奂年號（264—265），此處代指魏晋遞嬗之事。

　　昔火德既微，[1]魏祖底績，[2]黃運不競，[3]三后肆勤。[4]故天之曆數，實有攸在。朕雖庸闇，昧於大道，永鑒廢興，爲日已久。念四代之高義，[5]稽天人之至望，予其遜位別宮，歸禪于宋，一依唐虞、漢魏故事。[6]

[1]昔火德既微：過去漢家火德既已衰亡。按：五德終始説，漢屬於什麽德，本有争議，班固著《漢書》認爲漢繼堯後，以火德王，火德説纔固定下來。

[2]魏祖底績：曹操獲得成功。魏祖，曹丕代漢後，追尊曹操爲太祖，故簡稱爲魏祖。

[3]黄運不競：曹魏土德不振。按：五行相生説火生土，故漢火德之後，魏爲土德。土尚黄，故稱黄運。

[4]三后肆勤：司馬懿、司馬師、司馬昭三個君主盡力勤勞。三后，三位君主。司馬炎即位後，追尊司馬懿爲宣帝，司馬師爲景帝，司馬昭爲文帝，故稱三后。

[5]念四代之高義：念及輔佐四代的深情厚誼。四代，即四世。《尚書·畢命》：“惟公懋德，克勤小物，弼亮四世。”這是周康王贊美畢公輔佐文、武、成、康四世的功績，此處暗喻劉裕。實際劉裕祇輔佐安帝、恭帝兩世，而非四世。

[6]一依唐虞、漢魏故事：完全依照唐堯禪讓給虞舜、漢獻帝讓位給魏文帝的典故辦理。堯舜禪讓見《尚書·堯典》、《史記》卷一《五帝本紀》，漢魏遞嬗見《後漢書》卷九《孝獻帝紀》、《三國志》卷二《魏書·文帝紀》。

詔草既成，[1]送呈天子使書之，天子即便操筆，謂左右曰：“桓玄之時，天命已改，重爲劉公所延，將二十載。今日之事，本所甘心。”甲子，策曰：

[1]詔草既成：此詔爲王韶之所作，故《全宋文》收在王韶之名下。

　　咨爾宋王：[1]夫玄古權輿，[2]悠哉邈矣，其詳靡得而聞。爰自書契，降逮三、五，莫不以上聖君四海，止戈定大業。[3]然則帝王者，宰物之通器；[4]君道者，天下之至公。昔在上葉，[5]深鑒茲道，是以天禄既終，[6]唐、虞弗得傳其嗣；符命來格，[7]舜、禹不獲全其謙。所以經緯三才，[8]澄序彝化，[9]作範振古，[10]垂風萬葉，[11]莫尚於茲。自是厥後，歷代彌劭，[12]漢既嗣德於放勳，[13]魏亦方軌於重華。[14]諒以協謀乎人鬼，而以百姓爲心者也。

[1]咨爾：常用於句首，表示贊嘆或祈使。

[2]玄古權輿：從遠古開始。《詩·秦風·權輿》朱熹《集傳》：“權輿，始也。”

[3]止戈定大業：用武力建立帝業。止戈，即“武”字，意爲用武力。

[4]宰物之通器：從政治民的全才。

[5]昔在上葉：過去的上古時代。

[6]天禄既終：天賜的福禄既已終止。此暗指晉祚已終。

[7]符命來格：上天預示帝王受命的符兆來臨。喻指劉裕當爲帝。

[8]經緯三才：管理天、地、人。

[9]澄序彝化：整飾永久的教化。

[10]作範振古：樹立榜樣於千古。

[11]垂風萬葉：垂示風範於萬代。

[12]彌劭：更加美好。

[13]放勳：人名。即唐堯。《尚書·堯典》：“帝堯，曰放勳。”

[14]重華：人名。即虞舜。《史記》卷一《五帝本紀》：“虞舜者，名曰重華。”

　　昔我祖宗欽明，[1]辰居其極，[2]而明晦代序，盈虧有期。翦商兆禍，[3]非唯一世，曾是弗剋，矧伊在今，[4]天之所廢，有自來矣。惟王體上聖之姿，苞二儀之德，[5]明齊日月，道合四時。乃者社稷傾覆，王拯而存之，中原蕪梗，[6]又濟而復之。自負固不賓，[7]干紀放命，[8]肆逆滔天，竊據萬里。靡不潤之以風雨，震之以雷霆。九伐之道既敷，[9]八法之化自理。[10]豈伊博施於民，濟斯黔庶；固以義洽四海，道威八荒者矣。至於上天垂象，四靈效徵，圖讖之文既明，[11]人神之望已改。百工歌於朝，[12]庶民頌于野，億兆抃踊，[13]傾佇惟新。[14]自非百姓樂推，天命攸集，豈伊在予，所得獨專。是用仰祇皇靈，[15]俯順群議，敬禪神器，[16]授帝位于爾躬。大祚告窮，天祿永終。[17]於戲！[18]王其允執其中，[19]敬遵典訓，副率土之嘉願，[20]恢洪業於無窮，時膺休祐，以答三靈之眷望。

　　[1]欽明：敬肅明察。語出《尚書·堯典》，後世成爲專對君主的頌詞。

　　[2]辰居其極：居於皇帝高位。辰居，亦作“宸居”，皇帝的居處。極，最高的地位。

　　[3]翦商兆禍：翦滅商紂，就開始了新的禍患。意思是周滅了商，就會有人滅周。

　　[4]矧伊在今：此事今又出現。

[5]苞二儀之德：包含天地之德。

[6]中原蕪梗：中原荒蕪梗塞。喻指後秦姚興割據中原。

[7]負固不賓：依恃險阻而不臣服。

[8]干紀放命：干犯法紀，違逆王命。

[9]九伐之道既敷：九種應討伐的道理既已公布。典出《周禮·夏官·大司馬》：“以九伐之法正邦國。”文繁不錄。

[10]八法之化自理：八法的教化自然得到治理。八法，周代教民的通法。典出《周禮·天官·大宰》：“以八法治朝廷官府。”文繁不錄。

[11]圖讖之文既明：圖讖的隱語、預言已説明劉裕應得天下。圖讖，由方士、儒生所編的關於帝王受命的隱語、預言之類的書。本書《符瑞志上》即載有晋運將終、劉裕當爲天子的讖語。

[12]百工：百官。《尚書·堯典》：“允釐百工，庶績咸熙。”孔傳：“工，官。”

[13]億兆抃踊：萬民拍手跳躍。億兆，極言庶民之多。

[14]傾佇惟新：殷切期待更新換代。

[15]是用仰祗皇靈：因此祇有恭敬地仰靠天帝。

[16]敬禪神器：恭敬的禪讓帝位。

[17]大祚告窮，天禄永終：丁福林《校議》云：“‘大祚’，《建康實録》卷一一作‘天祚’。天祚，天賜福祐，與天禄相對成文。《左傳》宣公三年：‘天祚明德，有所底止。’……此作‘大祚’，恐於文義欠佳。”此誤可能是沈約筆誤或印刷抄寫之誤。

[18]於（wū）戲（hū）：感嘆詞，與“嗚呼”同。

[19]允執其中：言行要符合中正之道。語出《尚書·大禹謨》：“允執厥中。”孔穎達疏：“信執其中正之道。”

[20]副率土之嘉願：符合境域内臣民的最美好的願望。率土，“率土之濱”的簡化。《詩·小雅·北山》：“溥天之下，莫非王土。率土之濱，莫非王臣。”

又璽書曰：

蓋聞天生蒸民，樹之以君，帝皇寄世，實公四海，崇替係於勳德，升降存乎其人。故有國必亡，卜年著其數，代謝無常，聖哲握其符。昔在上世，三聖係軌，[1]疇咨四嶽，[2]以弘揖讓。惟先王之有作，永垂範於無窮。及劉氏致禪，實堯是法，有魏告終，亦憲茲典。我世祖所以撫歸運而順人事，[3]乘利見而定天保者也。[4]而道不常泰，戎夷亂華，喪我洛食，蹙國江表，[5]仍遘否運，[6]淪没相因。逮于元興，遂傾宗祀。幸賴神武光天，大節宏發，匡復我社稷，重造我國家。惟王聖德欽明，則天光大，應期誕載，[7]明保王室。内紓國難，外播宏略，誅大憝於漢陽，[8]逋僭盗於沂渚，[9]澄氛西岷，[10]肅清南越，[11]再静江、湘，[12]拓定樊、沔。[13]若乃永懷區宇，思一聲教，王師首路，則伊、洛澄流，[14]稜威崤、潼，則華嶽褰靄，[15]僞酋銜璧，咸陽即序。[16]雖彝器所銘，詩書所詠，庸勳之盛，[17]莫之與二也。遂偃武修文，誕敷德政，八統以馭萬民，[18]九職以刑邦國，[19]思兼三王，[20]以施四事。[21]故能信著幽顯，義感殊方。自歷世所賓，舟車所曁，靡不謳歌仁德，抃舞來庭。

[1]三聖係軌：堯、舜、禹相繼建立的規範。軌，軌範，規範。《尚書》序："所以恢弘至道，示人主以軌範也。"

[2]疇咨四嶽：訪問四嶽。語出《尚書·堯典》："咨四嶽。"四嶽，四方諸侯。

[3]世祖：晋武帝司馬炎廟號。

[4]乘利見：典出《易·乾卦》"飛龍在天，利見大人。"孔穎達疏："猶若聖人有龍德飛騰而居天位，德備天下，爲萬物所瞻覯，故天下利見此居王位之大人。"此處即説明乘此利見有德新君的形勢。 定天保：確定皇統。典出《詩·小雅·天保》："天保定爾，亦孔之固。"鄭玄《箋》："保，安。爾，女（汝）也。女，王也。"後世將天保引申爲皇統、國祚。

[5]蹙國江表：國土縮小至長江以南地區。

[6]仍遭否運：連續遭遇厄運。

[7]應期誕載：順應期運而誕生。

[8]誅大憝（duì）於漢陽：誅除首惡桓玄於漢水以北。

[9]迪僭盗於沂渚：捕獲僭盗於沂水岸邊。僭盗，盗國者，指南燕慕容超。

[10]澄氛西岷：澄清巴蜀的混亂局面，指平定譙縱。

[11]肅清南越：肅清南越的叛亂，指平定盧循。

[12]再静江、湘：再定湖南。實指平定司馬休之。江、湘，泛指湖南。

[13]拓定樊、沔：平定湖北。實指平定劉毅。樊、沔，泛指湖北。

[14]伊、洛澄流：伊水、洛水得以澄清。指收復洛陽。

[15]褰靄：撩起烟霧，實有恭候之意。

[16]僞酋銜璧，咸陽即序：後秦姚泓口銜玉璧投降，咸陽得到安定。僞酋，代指姚泓。

[17]庸勳：功勳。

[18]八統：八種統治方法。典出《周禮·天官·大宰》："以八統詔王馭萬民。"文繁不録。

[19]九職以刑邦國：以九種官治理國家。典出《周禮·天官·大宰》："以九職任萬民。"文繁不録。

[20]思兼三王：兼有夏（禹）、商（湯）、周（文王、武王）

的思慮。

[21]以施四事：教四民以應行之事。即《漢書・食貨志上》"聖王量能授事，四民陳力受職"。

　　朕每敬惟道勳，[1]永察符運，[2]天之曆數，實在爾躬。是以五緯升度，[3]屢示除舊之迹；三光協數，[4]必昭布新之祥。圖讖禎瑞，皎然斯在。加以龍顔英特，[5]天授殊姿，君人之表，焕如日月。傳稱"惟天爲大，惟堯則之"。[6]《詩》云："有命自天，命此文王。"[7]夫"或躍在淵"者，[8]終饗九五之位；[9]"勳格天地"者，[10]必膺大寶之業。[11]昔土德告沴，[12]傳祚于我有晋；今曆運改卜，永終于兹，亦以金德而傳于宋。[13]仰四代之休義，鑒明昏之定期，詢于群公，爰逮庶尹，咸曰休哉，罔違朕志。今遣使持節、兼太保、散騎常侍、光禄大夫澹，[14]兼太尉、尚書宣範奉皇帝璽綬，[15]受終之禮，一如唐虞、漢魏故事。王其允答人神，君臨萬國，時應靈祉，[16]酬于上天之眷命。[17]

[1]朕每敬惟道勳：我經常敬重的唯有道德和功業。

[2]永察符運：長久地考察符命。符運，即符命，上天預示帝王受命的符兆。

[3]五緯升度：五星運行錯亂，意在説明劉裕當受命爲帝。五緯，即五星。東方歲星（木星）、南方熒惑（火星）、西方太白（金星）、北方辰星（水星）、中央鎮星（土星）。五星錯亂情況見本書《符瑞志上》。

[4]三光協數：日月星曆象協調。數，數法，曆數，曆象。《史

記》卷一《五帝本紀》：“數法日月星辰，敬授民時。”《索隱》訓“數法”爲“曆象”，“謂命羲和以曆數之法觀察日月星辰之早晚”。

[5]龍顏英特：眉骨隆起，英俊奇特。意爲劉裕有帝王之像。

[6]惟天爲大，惟堯則之：語出《孟子·滕文公上》，意爲天最偉大，生萬物而無私，祇有堯能效法天的無私。

[7]有命自天，命此文王：語出《詩·大雅·大明》，意爲教命從天，命令文王王於周京。

[8]或躍在淵：語出《易·乾卦》，正義曰：“言九四陽氣漸進，似若龍體欲飛……猶若聖人位漸尊高欲進於王位，猶豫遲疑，在於故位，未即進也。”

[9]終饗九五之位：最終要登上皇帝之位。九五，《易》卦位名。九，謂陽爻；五，第五爻。《易·乾卦》：“九五，飛龍在天，利見大人。”意爲有龍德者，將即帝位。

[10]勳格天地：功勳感動天地。格，感通，感動。

[11]必膺大寶之業：必然承受皇帝之位。大寶，《易·繫辭下》：“聖人之大寶曰位。”後因以“大寶”代指帝位。

[12]昔土德告沴：過去曹魏的土德衰敗。沴，陰陽之氣不和，引申爲相傷相害，并導致衰敗。

[13]亦以金德而傳于宋：晉又以金德傳位給宋。按五行相生説，土生金，金生水。晉爲金德，金德衰，故晉應傳位給水德的宋。

[14]澹：人名。即謝澹。字景恒，陳郡陽夏人。謝安孫，謝瑶子，宋文帝時官至特進、金紫光祿大夫。《南史》卷一九有附傳。

[15]宣範：人名。即劉宣範。本書、《南史》均一見，其事不詳。

[16]時應靈祉：請接受神靈賜給你的福祉。

[17]酬于上天之眷命：以酬謝上天的垂愛和所賦予的重任。眷命，語出《尚書·大禹謨》：“皇天眷命，奄有四海，爲天下君。”

　　王奉表陳讓，晋帝已遜琅邪王第，表不獲通。於是陳留王虔嗣等二百七十人，[1]及宋臺群臣，[2]並上表勸進。上猶不許。太史令駱達陳天文符瑞數十條，[3]群臣又固請，王乃從之。

　　[1]虔嗣：人名。即曹虔嗣。曹魏後裔。晋武帝司馬炎篡魏時，封魏帝曹奐爲陳留王，以後子孫承襲，待以賓禮。曹虔嗣勸進，實有示範性質。

　　[2]宋臺群臣：劉裕宋王府的衆臣。

　　[3]太史令：官名。秦漢時掌天文、曆法、撰史，東漢以後不再撰史，專掌天時、星曆，歲終奏新曆，國祭、喪、娶奏吉日及時節禁忌，並記瑞應、灾異。　駱達：人名。其事不詳。所奏灾異詳見本書《符瑞志上》，文繁不録。

宋書　卷三

本紀第三

武帝下

永初元年夏六月丁卯，^[1]設壇於南郊，即皇帝位，柴燎告天。^[2]策曰：

[1]永初：宋武帝劉裕年號（420—422）。

[2]柴燎告天：燒柴祭天。改朝換代的帝王登極時一定要舉行的祭天儀式。

皇帝臣裕，敢用玄牡，^[1]昭告皇天后帝。晋帝以卜世告終，歷數有歸，欽若景運，^[2]以命于裕。夫樹君宰世，天下爲公，德充帝王，樂推攸集。^[3]越俶唐、虞，^[4]降暨漢、魏，靡不以上哲格文祖，^[5]元勳陟帝位，^[6]故能大拯黔首，垂訓無窮。晋自東遷，四維不振，宰輔焉依，爲日已久。難棘隆安，^[7]禍成元興，遂至帝主遷播，宗祀堙滅。裕雖地非齊、晉，衆無一旅，仰憤時難，俯悼橫流，[8]投袂一麾，[9]則皇祀克復。及危而能持，顛而能扶，姦宄具殲，僭僞必滅。誠興廢有期，否終有數。[10]至於大造晉室，撥亂濟民，因藉時來，[11]實尸其重。[12]加以殊俗慕義，重譯來庭，正朔所暨，咸服聲教。至乃三靈垂象，山川告祥，人神協祉，歲月滋著。是以群公卿士，億兆夷人，僉曰皇靈降鑒於上，晉朝款誠於下，天命不可以久淹，[13]宸極不可以暫曠。[14]遂逼群議，恭茲大禮。

[1]玄牡：祭祀天地時用的黑色公牛。典出《尚書·湯誥》："（湯）敢用玄牡，敢昭告于上天神后。"這種用玄牡的儀式，被後世帝王沿襲下來。

[2]欽若景運：敬順大好時運。

[3]樂（lè）推攸集：即"百姓樂推、天命攸集"的簡化語。意爲百姓樂意擁戴，天命所歸。

[4]越：發語詞，同"惟"。　俶：始也。一曰善，同"淑"。唐、虞：傳說時代的聖君名。

[5]靡不以上哲格文祖：沒有不以道德高尚、才能超群的人來感動文祖。文祖，有二説。一説爲堯的祖廟。一説爲天。天爲萬物之祖，故曰文祖。

[6]元勳陟帝位：有極大功勳的人登上皇帝寶座。

[7]難（nàn）棘隆安：艱難起於晉安帝隆安年間。

[8]橫流：動亂，災禍。

[9]投袂一麾："麾"各本並作"援"，《南史》卷一《宋武帝紀》作"起"，中華本據本書《禮志三》改。

[10]否（pǐ）終有數：厄運到極點是有氣數的。有數，有氣

數，有因緣，命中注定的。

[11] 因藉（jiè）時來：借著時來運轉的好機會。藉，同"借"。

[12] 實尸其重：實際承擔其重任。

[13] 久淹：長期滯留。

[14] 暫曠：暫時空缺。

猥以寡德，託於兆民之上，雖仰畏天威，略是小節，顧深永懷，[1] 祗懼若賈。[2] 敬簡元辰，升壇受禪，告類上帝，用酬萬國之情。克隆天保，[3] 永祚于有宋。惟明靈是饗。[4]

[1] 顧深永懷："深"各本作"探"，中華本據本書《禮志三》改。

[2] 祗懼若賈：小心謹慎有如敗亡。劉向《新序·善謀》："紂作淫虐，文王惠和，殷是以賈，周是以興。"此句有以紂爲戒之意。

[3] 克隆天保：上天保佑，興隆昌盛。

[4] 明靈是饗：聖明神靈請享用祭品。"是饗"，祭祀時最後一句公式性用語。《詩·小雅·楚茨》："神保是饗。"

禮畢，備法駕幸建康宮，[1] 臨太極前殿。詔曰："夫世代迭興，承天統極，雖遭遇異塗，因革殊事，若乃功濟區宇，道振生民，興廢所階，異世一揆。[2] 朕以寡薄，屬當艱運，藉否終之期，因士民之力，用獲拯溺，匡世撥亂，安國寧民，業未半古，功參曩烈。晉氏以多難仍遘，曆運已移，欽若前王，憲章令軌，用集大命于朕躬。惟德匪嗣，[3] 辭不獲申，遂祗順三靈，饗茲景祚，[4]

燔柴于南郊，受終于文祖。猥當與能之期，爰集樂推之
運，嘉祚肇開，隆慶惟始，思俾休嘉，惠兹兆庶。其大
赦天下。改晉元熙二年爲永初元年。賜民爵二級。[5] 鰥
寡孤獨不能自存者，人穀五斛。逋租宿債勿復收。[6] 其
有犯鄉論清議、贓汙淫盜，一皆蕩滌洗除，[7] 與之更始。
長徒之身，[8] 特皆原遣。亡官失爵，禁錮奪勞，[9] 一依
舊准。"[10]

[1]法駕：皇帝車駕的一種。《史記》卷九《吕太后本紀》：
"迺奉天子法駕，迎代王於邸。"《集解》引蔡邕曰："天子有大駕、
小駕、法駕。法駕上所乘，曰金根車，駕六馬，有五時副車，皆駕
四馬，侍中参乘，屬車三十六乘。"

[2]異世一揆：時代不同，道理一樣。

[3]惟德匪嗣：祇是我的德行不足以繼承大位。匪嗣，謙詞，
自謂不敢繼承。

[4]饗兹景祚：享受這個帝業。

[5]賜民爵二級：賜給編户齊民男子爵二級。秦漢有賜民爵八
級制度，凡遇喜慶大事，可賜民爵一、二、三級不等，宋仍沿襲此
制。（詳見朱紹侯《封賜民爵八級制再認識》，載於《軍功爵制研
究》（增訂版），商務印書館 2017 年版。）

[6]逋租：拖欠的租稅。　宿債：積欠的舊債。

[7]蕩滌洗除：從户籍籍注中徹底清除掉。魏晋時期重視鄉評
清議，人的品德行爲都要在户籍中注明，稱爲籍注。如籍注中有
贓、污、淫、盜等記録，將影響人的一生前途。劉裕建宋，給籍注
中有污點的人以重新做人的機會，即所謂"與之更始"。

[8]長徒之身：長期服勞役的刑徒。

[9]禁錮：官吏因犯罪被剥奪從政的權利。　奪勞：剥奪勞績。
自漢代以來有功、勞考核官吏的制度。功，功績。勞，累計的勞動

日，相當於工齡。是升官提職的依據。如犯罪，其勞動日就被除掉，謂之“奪勞”。

[10]一依舊准：完全按照過去的規章制度處理。

　　封晉帝爲零陵王，[1]全食一郡。載天子旟旗，乘五時副車，行晉正朔，郊祀天地，禮樂制度，皆用晉典。上書不爲表，答表勿稱詔。[2]追尊皇考爲孝穆皇帝，[3]皇妣爲穆皇后，[4]尊王太后爲皇太后。[5]詔曰：“夫微禹之感，[6]嘆深後昆，[7]盛德必祀，道隆百世。[8]晉氏封爵，咸隨運改，[9]至於德參微管，[10]勳濟蒼生，愛人懷樹，猶或勿翦，[11]雖在異代，義無泯絕。降殺之宜，[12]一依前典。可降始興公封始興縣公，[13]廬陵公封柴桑縣公，[14]各千户；始安公封荔浦縣侯，[15]長沙公封醴陵縣侯，[16]康樂公可即封縣侯，[17]各五百户：以奉晉故丞相王導、太傅謝安、大將軍溫嶠、大司馬陶侃、車騎將軍謝玄之祀。[18]其宣力義熙，豫同艱難者，一仍本秩，無所減降。”封晉臨川王司馬寶爲西豐縣侯，[19]食邑千户。

[1]零陵王：王爵名。王國在今湖南永州市。

[2]“載天子旟旗”至“答表勿稱詔”：全屬對晉廢帝零陵王的優待，這是歷代篡位者對前朝皇帝的官樣文章。又《南史》卷一《宋武帝紀》、《全宋文》在“答表不稱詔”後並有“宮于故秣陵”五字，意爲不讓零陵王就國，實則使居秣陵（今江蘇南京市）以便控制。

[3]追尊皇考爲孝穆皇帝：劉裕尊封其父劉翹爲穆皇帝。按《謚法》：“布德執義曰穆。”“中情見貌曰穆。”

[4]皇妣爲穆皇后：劉裕尊封其生母趙氏爲穆皇后。《通鑑》

宋武帝永初元年作"孝穆皇后"。

[5]尊王太后爲皇太后：劉裕尊封其繼母宋王太后蕭氏爲皇太后。

[6]微禹之感：若是没有大禹治水，我就要變成爲魚的感嘆。微禹，典出《左傳》昭公元年："美哉禹功！明德遠矣。微禹，吾其魚乎！"

[7]後昆：也作"後緄"。後嗣，子孫。

[8]道隆百世：盛德之道，永久不衰。

[9]咸隨運改：全都隨著改朝換代而重新改封。

[10]德參微管：功德像管仲一樣。微管，若没有管仲。典出《論語·憲問》，子曰："微管仲，吾其被髮左衽矣。"是孔子贊揚管仲幫齊桓公九合諸侯、一匡天下的功勞。

[11]愛人懷樹，猶或勿翦：熱愛召公，懷念他的仁政，對棠樹都不肯砍伐。典出《詩·召南·甘棠》，是說召公出巡，曾在棠樹下處理政事，使人各得其所。召公死後，人民懷念他的仁政，故作《甘棠》以咏其德。

[12]降殺之宜：降級多少合適。降殺，遞減，降級。

[13]始興公：公爵名。即始興郡公王蝦。字偉世，琅邪人，王導三世嫡孫，王琨子，官至尚書，娶鄱陽公主爲妻。宋受禪降爲縣公。公國在今廣東韶關市東南蓮花嶺下。

[14]廬陵公：公爵名。即廬陵郡公謝澹。謝安孫，謝琰子。仕晉爲光禄大夫兼太保，持節奉册禪宋，宋建國降爲柴桑縣公。公國在今江西吉水縣東北。　柴桑縣公：公爵名。公國在今江西九江市。

[15]始安公：公爵名。即始安郡公。温嶠之後，名失傳。公國在今廣西桂林市。　荔浦縣侯：侯爵名。侯國在今廣西荔浦縣。

[16]長沙公：公爵名。即長沙郡公陶延壽。陶侃曾孫，陶瞻孫，陶綽子。《晉書》卷六六《陶瞻傳》："綽之卒，子延壽嗣（長沙郡公）。宋受禪，降爲吴昌侯，五百户。"與此處降爲醴陵縣侯不

同。公國在今湖南長沙市。　醴陵縣侯：侯爵名。侯國在今湖南醴
陵市。

[17]康樂公：公爵名。即康樂公謝靈運。陳郡陽夏人。本書卷
六七有傳。公國在今江西萬載縣。

[18]王導：人名。字茂弘。琅邪人，晋元帝時丞相。《晋書》
卷六五有傳。　謝安：人名。字安石，陳郡陽夏人。《晋書》卷七
九有傳。　温嶠：人名。字太真，太原祁人。晋元帝時官至散騎侍
郎、太子中庶子，明帝時遷侍中，參綜機要，因討王敦、蘇峻功，
拜驃騎將軍，開府儀同三司，封始興郡公。《晋書》卷六七有傳。

陶侃：人名。字士行，本鄱陽人，後徙尋陽（今江西九江市）。
曾任南蠻長史，因討張昌、陳敏、杜弢、蘇峻功，官至太尉，封長
沙郡公。《晋書》卷六六有傳。　謝玄：人名。字幼度，謝安兄謝
奕子，以淝水戰之功，封康樂縣公，卒後追贈車騎將軍，開府儀同
三司。《晋書》卷七九有附傳。

[19]臨川王：王爵名。王國在今江西撫州市。　司馬寶：人
名。字弘文，武陵王晞之孫，過繼給臨川王郁，後襲封。官至秘書
監、太常、左將軍。入宋任金紫光禄大夫，降爲西豐侯。事見《晋
書》卷六四《臨川獻王郁傳》。　西豐侯：侯爵名。侯國在今江西
撫州市臨川區。

庚午，以司空道憐爲太尉，封長沙王。追封司徒道
規爲臨川王。尚書僕射徐羨之加鎮軍將軍，[1]右衛將軍
謝晦爲中領軍，[2]宋國領軍檀道濟爲護軍將軍，[3]中領軍
劉義欣爲青州刺史。[4]立南郡公義慶爲臨川王。[5]又詔
曰："夫銘功紀勞，有國之要典，慎終追舊，在心之所
隆。自大業創基，十有七載，世路迍邅，[6]戎車歲動，
自東徂西，靡有寧日。實賴將帥竭心，文武盡效，寧内
拓外，迄用有成。威靈遠著，寇逆消蕩，遂當揖讓之

禮，猥饗天人之祚。念功簡勞，無忘鑒寐，[7]凡厥誠勤，宜同國慶。其酬賞復除之科，[8]以時論舉。[9]戰亡之身，厚加復贈。"[10]乙亥，立桂陽公義真爲廬陵王，彭城公義隆爲宜都王，[11]第四皇子義康爲彭城王。[12]

[1]徐羨之：人名。字宗文，東海郯人。本書卷四三有傳。鎮軍將軍：官名。位在鎮軍大將軍下，與中軍將、撫軍將合稱三號將軍，位比四鎮將軍。主要爲中央軍職，亦可出任地方，並領刺史兼理民政。三品。

[2]謝晦：人名。字宣明，陳郡陽夏人。本書卷四四有傳。中領軍：官名。中央禁軍統帥，掌京師駐軍及禁軍。三品。

[3]宋國領軍：官名。宋王國的領軍將軍。　護軍將軍：督護京師以外諸軍。三品。

[4]劉義欣：人名。劉道憐長子。本書卷五一有附傳。

[5]南郡公：公爵名。公國在今湖北荆州市荆州區。　義慶：人名。即劉義慶。劉道規之子。本書卷五一有附傳。

[6]迍邅：艱難，難行。

[7]鑒寐：亦作"監寐""鑒昧"。不脱衣帽睡覺，形容形勢緊張無暇休息。

[8]酬賞復除之科：酬勞、賞賜、免租、免役的條令。

[9]以時論舉：即時討論上奏。論舉，一般解作"選拔推舉"，在此應作"討論舉奏"解。

[10]厚加復贈：免租、免役的賞賜從優。

[11]義隆：人名。即劉義隆。宋文帝。本書卷五有紀。　宜都王：王爵名。王國在今湖北宜都市。

[12]義康：人名。即劉義康。本書卷六八有傳。

丁丑，詔曰："古之王者，巡狩省方，躬覽民物，搜揚幽隱，拯災恤患，用能風澤遐被，[1]遠至邇安。[2]朕以寡闇，道謝前哲，因受終之期，託兆庶之上，鑒寐屬慮，[3]思求民瘼。才弱事艱，若無津濟，[4]夕惕永念，[5]心馳遐域。可遣大使分行四方，旌賢舉善，問所疾苦。其有獄訟虧濫，政刑乖愆，[6]傷化擾治，未允民聽者，皆當具以事聞。萬事之宜，無失厥中，暢朝廷乃眷之旨，宣下民壅隔之情。”戊寅，詔曰：“百官事殷俸薄，祿不代耕。[7]雖國儲未豐，要令公私周濟。諸供給昔減半者，[8]可悉復舊。六軍見祿粗可，[9]不在此例。其餘官僚，或自本俸素少者，亦疇量增之。”

己卯，改晉《泰始曆》爲《永初曆》。[10]

[1]用能風澤遐被：能使德澤達到很遠的地方。

[2]遠至邇安：遠方歸服，近民安樂。語出《左傳》襄公二十四年。

[3]屬慮：不斷思慮。

[4]若無津濟：好像沒有渡口。

[5]夕惕永念：夜晚心懷憂懼，念念不忘。

[6]乖愆：謬誤，失當。

[7]祿不代耕：俸祿收入沒有種地收入多。

[8]諸供給昔減半者：“給”各本並作“納”，中華本據《元龜》卷五〇五改。

[9]見（xiàn）祿粗可：現在的俸祿勉强可以。見同“現”。

[10]改晉《泰始曆》爲《永初曆》：改西晉建國時於泰始元年（265）頒布的《泰始曆》爲《永初曆》。一般改朝換代時即更改曆法，名曰“改正朔”。實際上曆法本身並沒有變化，衹改換個名稱。

秋七月丁亥，原放劫賊餘口没在臺府者，[1]諸流徙家並聽還本土。[2]又運舟材及運船，不復下諸郡輸出，悉委都水別量。[3]臺府所須，皆別遣主帥與民和市，[4]即時裨直，[5]不復責租民求辦。又停廢虜車牛，不得以官威假借。又以市稅繁苦，優量減降。從征關、洛，殞身戰場，幽没不反者，贍賜其家。己丑，陳留王曹虔嗣薨。[6]

[1]原放劫賊餘口没在臺府者：免罪釋放的叛亂被俘人口而籍没在中央機構爲奴隸的人。劫賊，對孫恩、盧循、桓玄、劉毅等反晉鬭爭失敗被俘人員的蔑稱。

[2]諸流徙家：各本並奪“流”字，中華本據《南史》補。

[3]悉委都水別量：全都委托都水臺另外籌措。都水，官署名。都水臺的簡稱。西晉置，掌舟船水運、河渠灌溉事務，長官爲都水使者，屬官有河堤謁者、參軍二員，令史若干員。東晉改河堤謁者爲都水謁者，員六人。

[4]和市：集市貿易。

[5]即時裨直：立刻按值付款。

[6]薨（hōng）：諸侯死曰薨。

辛卯，復置五校三將官，[1]增殿中將軍員二十人，餘在員外。[2]戊戌，後將軍、雍州刺史趙倫之進號安北將軍，[3]征虜將軍、北徐州刺史劉懷慎進號平北將軍，征西大將軍、開府儀同三司楊盛進號車騎大將軍。[4]甲辰，鎮西將軍李歆進號征西將軍，[5]平西將軍乞佛熾盤進號安西大將軍，[6]征東將軍高句驪王高璉進號征東大將軍，[7]鎮東將軍百濟王扶餘映進號鎮東大將軍。[8]置東宮冗從僕射、[9]旅賁中郎將官。[10]

［1］五校：官名。即禁軍步兵、屯騎、長水、越騎、射聲五校尉。　三將：官名。即虎賁中郎將、冗從僕射、羽林監。置此以加強中央的保衛。

［2］增殿中將軍員二十人，餘在員外：意爲殿中將軍正式編制二十人，超出二十人的編制，則爲員外殿中將軍，故稱“餘在員外”。

［3］趙倫之：人名。字幼成，下邳僮（今安徽泗縣）人，劉裕之舅。本書卷四六有傳。　安北將軍：官名。四安將軍之一，爲出鎮北方某一地區的軍事長官，或爲刺史等地方官的加官，權任很重。三品。

［4］楊盛：人名。氏族領袖，楊定從子。定死，楊盛“自號征西將軍、秦州刺史、仇池公……分諸氐羌爲二十部，護軍各爲鎮戍，不置郡縣，遂有漢中之地”。先向晋稱臣，後又投靠北魏，因與後秦不和，經常征戰，又投靠南朝宋。事見《魏書》卷一〇一《氐傳》。　車騎大將軍：官名。高於諸名號大將軍，多賜元老重臣以示尊崇。一品。

［5］鎮西將軍：官名。《晋書》卷八七《涼武昭王李玄盛傳》作“鎮西大將軍”，本書疑脱“大”字。　李歆：人名。字士業，隴西狄道（今甘肅臨洮縣）人，西涼主李暠之子。暠卒，李歆自稱大都督、大將軍、護羌校尉、涼州牧、涼公，向晋稱臣，在與沮渠蒙遜攻戰中，戰敗被殺。《晋書》卷八七有附傳。　征西將軍：官名。《南史》卷一《宋武帝紀》、《通鑑》宋武帝永初元年作“征西大將軍”，本書疑脱“大”字。

［6］乞佛熾盤：人名。一作“乞伏熾盤”。鮮卑人，西秦主乞伏乾歸長子。乾歸死，熾盤襲位，後攻滅禿髮傉檀，占領樂都，兵強地廣，在位十六年。《晋書》卷一二五有載記。

　　[7]高句驪：國名。亦作“高麗”“高句麗”。東漢時，興起於東北地區，占有遼寧南部、朝鮮北部之地，傳二十八王，爲唐高宗所滅。　高璉：人名。高麗國王，曾征服扶餘，爲高麗國的强盛奠定基礎。義熙九年開始交通東晉，晉封他爲使持節、都督營州諸軍事、征東將軍、高句麗王、樂浪公。高璉與北魏也有聯繫，宋、北魏封他爲都督遼海諸軍事、征東將軍、領護東夷中郎將、遼東郡開國公、高句麗王，宋建立後，雙方也保持友好往來。事見本書卷九七《高句驪國傳》、《魏書》卷一〇〇《高句麗傳》。

　　[8]百濟：國名。在今朝鮮境內，原爲扶餘之別種，後占領馬韓故地，建立百濟國。　扶餘映：人名。百濟國王，義熙十二年通晉，晉封他爲使持節、都督百濟諸軍事、鎮東將軍、百濟王。宋建立後，信使往來不絶。事見本書卷九七《百濟國傳》。

　　[9]東宮冗從僕射：官名。即太子冗從僕射，東宮侍從武官，定員七人。

　　[10]旅賁中郎將：官名。即太子旅賁中郎將，隨從並迎送太子，定員十人，隸太子左、右衛率。

　　戊申，遷神主於太廟，[1]車駕親奉。

　　[1]神主：祖先牌位。　太廟：皇帝的祖廟。

　　壬子，詔曰：“往者軍國務殷，事有權制，劫科峻重，[1]施之一時。今王道惟新，政和法簡，可一除之，還遵舊條。反叛、淫、盗三犯補冶士，[2]本謂一事三犯，終無悛革。[3]主者頃多并數衆事，合而爲三，甚違立制之旨，普更申明。”

　　[1]劫科峻重：劫難時期制定的科律都很嚴厲。

[2]三犯：叛、淫、盜三種罪犯。　冶士：判刑後從事冶煉鑄造的刑徒。

[3]本謂一事三犯，終無悛革：本來是説一種罪惡犯了三次，最終不能改正。指明對上引三犯是誤解。

八月戊午，西中郎將、荊州刺史宜都王義隆進號鎮西將軍。

辛酉，開亡叛赦，限内首出，[1]蠲租布二年。先有資狀、[2]黃籍猶存者，[3]聽復本注。[4]諸舊郡縣以北爲名者，悉除；寓立於南者，聽以南爲號。又制有無故自殘傷者補冶士，實由政刑煩苛，民不堪命，可除此條。

罷青州併兗州。

[1]開亡叛赦，限内首出：對逃亡叛逆者施行赦免令，在限定時間内出來自首。

[2]資狀：户籍上記載的品德資歷的評語。

[3]黃籍：用黃紙書寫的正式户籍。是與東晉南朝用白紙寫的僑居户籍，即所謂的“白籍”相對而言的户籍。

[4]聽復本注：允許恢復原來的籍注。注，即籍注，指户籍中記載入籍人品德資歷的欄目。

戊辰，詔曰：“彭、沛、下邳三郡，首事所基，[1]情義繾綣，[2]事由情獎，古今所同。彭城桑梓本鄉，[3]加隆攸在，優復之制，宜同豐、沛。[4]其沛郡、下邳可復租布三十年。”

[1]首事所基：劉裕首先倡義討伐桓玄的基地。

[2]繾綣：纏綿，形容感情深厚。

[3]桑梓：故鄉或父老鄉親的代稱。語出《詩·小雅·小弁》。

[4]優復之制，宜同豐、沛：優待免除租役的制度，應該和劉邦對豐、沛的優復相同。劉邦爲沛郡豐邑人，他建國後，對其故鄉給予優惠的復除政策。事見《漢書》卷一上《高帝紀上》。

　　辛未，追諡妃臧氏爲敬皇后。[1]癸酉，立王太子爲皇太子。乙亥，詔曰：“朕承曆受終，猥饗天命。荷積善之祚，藉士民之力，七廟備文，[2]率由令範。[3]先后祗嚴，[4]獲遂宣訓，[5]蒸嘗肇建，[6]情敬無違。加以儲宮備禮，[7]皇基彌固，國慶家禮，爰集旬日，[8]豈予一人，獨荷茲慶。其見刑罪無輕重，[9]可悉原赦。限百日，以今爲始。先因軍事所發奴僮，[10]各還本主；若死亡及勳勞破免，亦依限還直。”[11]

　　[1]敬皇后：劉裕原配夫人臧愛親。按《諡法》：“夙夜恭事曰敬。”

　　[2]七廟備文：七廟文飾具備。各本並脱此四字，中華本據《元龜》卷二〇七補。

　　[3]率由令範：遵循良好的典範。

　　[4]先后祗嚴：已去世的母后（敬皇后）恭謹嚴肅。

　　[5]獲遂宣訓：於是獲得聖善的訓誡。各本並脱“獲遂”二字，中華本據《元龜》卷二〇七補。

　　[6]蒸嘗肇建：祭祀始建。“蒸嘗”各本並作“七廟”，中華本據《元龜》卷二〇七改。

　　[7]儲宮備禮：太子禮儀周備。儲宮，太子所居宮室，此處借指太子。

［8］爰集旬日：較短時間内能够實現。

［9］其見刑罪無輕重：現有的罪犯無論輕重。

［10］先因軍事所發奴僮：以前因爲戰争需要所徵發的各種奴隸。按：發奴爲兵，是東晋南朝所習見之事。奴僮，奴隸和家務奴隸。

［11］亦依限還直：也按照規定償還奴隸身價，給其主人。

　　閏月壬午朔，詔曰：“晋世帝后及藩王諸陵守衛，宜便置格。[1]其名賢先哲，見優前代，或立德著節，或寧亂庇民，墳塋未遠，並宜洒掃。主者具條以聞。”丁酉，特進、左光禄大夫孔季恭加開府儀同三司。[2]

［1］宜便置格：應該適當地制定一個規格。

［2］孔季恭：人名。名靖。因名與劉裕的高祖名字相同，故稱字。會稽山陰（今浙江紹興市）人。本書卷五四有傳。

　　辛丑，詔曰：“主者處案雖多所諮詳，若衆官命議，[1]宜令明審。自頃或總稱參詳，[2]於文漫略。[3]自今有厝意者，[4]皆當指名其人；所見不同，依舊繼啓。”又詔曰：“諸處冬使，[5]或遣或不，[6]事役宜省，今可悉停。[7]唯元正大慶，[8]不在其例。郡縣遣冬使詣州及都督府，亦停之。”

［1］命議：任命評議。

［2］參詳：參酌詳審。

［3］漫略：模糊簡略。

［4］有厝意者：有關心的人。實指有不同意見的人。

[5]冬使：冬季派出的慰勞使者。

[6]或遣或不（fǒu）：有的派遣有的不派遣。不，同"否"。《説文・不部》："否，不也。"

[7]今可悉停：各本並脱"今"字，中華本據本書《禮志一》、《元龜》卷一九一補。

[8]元正：正月元日。元旦。

九月壬子朔，置東宮殿中將軍十人，[1]員外二十人。[2]壬申，置都官尚書。[3]

[1]東宮殿中將軍：官名。太子侍從武官，典衛兵，守東宮，直侍太子左右，夜間監管宮門。

[2]員外：定編以外的人員。

[3]都官尚書：官名。尚書省都官曹長官，主管軍事刑獄、徒隸獄囚，有時也管水利工程。三品。

冬十月辛卯，改晉所用王肅祥禫二十六月儀，[1]依鄭玄二十七月而後除。[2]

十二月辛巳朔，車駕臨延賢堂聽訟。

[1]王肅：人名。字子雍，東海（今山東郯城縣）人，王朗之子，三國時著名學者。《三國志》有附傳。　祥禫：解除父母喪期之祥祭、禫祭的合稱。王肅主張二十六個月解除喪期。

[2]鄭玄：人名。字康成，北海高密（今山東高密市）人，東漢著名學者、經學家。《後漢書》卷三五有傳。　二十七月而後除：《儀禮・士虞禮》："朞（一年，此處指十三個月）而小祥，曰：'薦此常事。'又朞（此指二十五個月）而大祥，曰：'薦此祥事。'中月（隔一個月）而禫。"鄭玄曰："中猶間也，禫，祭名也。與

大祥間一月。自喪至此，凡二十七月。"

二年春正月辛酉，車駕祠南郊，大赦天下。丙寅，斷金銀塗。[1]以揚州刺史廬陵王義眞爲司徒，以尚書僕射、鎮軍將軍徐羨之爲尚書令、揚州刺史。丙子，南康揭陽蠻反，[2]郡縣討破之。己卯，禁喪事用銅釘。罷會稽郡府。[3]

[1]斷金銀塗：斷絕、禁止用金銀爲塗飾。

[2]南康：郡名。治所在今江西贛州市。宋時改爲南康國。揭陽蠻：廣東揭陽的少數民族。

[3]罷會稽郡府：廢除會稽郡的軍府。

二月己丑，車駕幸延賢堂策試諸州郡秀才、孝廉。[1]揚州秀才顧練、豫州秀才殷朗所對稱旨，[2]並以爲著作佐郎。[3]戊申，制中二千石加公田一頃。

[1]策試：以策問選拔人才的考試制度。

[2]顧練、殷朗：皆人名。本書均一見，事皆不詳。

[3]著作佐郎：官名。協助著作郎修撰國史及起居注，屬著作省，職務清閑，是南朝時期門閥士族起家之官。六品。

三月乙丑，初限荆州府置將不得過二千人，吏不得過一萬人，[1]州置將不得過五百人，吏不得過五千人。兵士不在此限。

[1]置將不得過二千人，吏不得過一萬人：此處"將"指武職

人員，"吏"指文職人員，皆爲供軍府長官役使的地位低下的文武
小吏。

夏四月己卯朔，詔曰："淫祠惑民費財，前典所絕，
可並下在所除諸房廟。其先賢及以勳德立祠者，不在此
例。"戊申，車駕於華林園聽訟。己亥，[1]以左衛將軍王
仲德爲冀州刺史。

[1]己亥：據中華本考證，"按是月己卯朔，二十一日己亥，
三十日戊申，戊申不當在己亥前，當有誤"。

五月己酉，置東宮屯騎、步兵、翊軍三校尉官。[1]
甲戌，車駕又幸華林園聽訟。

[1]東宮屯騎、步兵、翊軍三校尉官：均爲太子侍從武官，員
各七人。屯騎掌騎兵，步兵領步兵，翊軍爲太子出行時護駕。

六月壬寅，詔曰："杖罰雖有舊科，然職務殷碎，
推坐相尋。若皆有其實，則體所不堪；文行而已，又非
設罰之意。可籌量恓爲中否之格。"車駕又於華林園聽
訟。甲辰，制諸署敕吏四品以下，又府署所得輒罰者，
聽統府寺行四十杖。[1]

[1]聽統府寺行四十杖：統一由主管官府杖罰四十。府寺，
《左傳》隱公七年孔穎達疏："然自漢以來，三公所居謂之府，九
卿所居謂之寺。"引申爲高級官府或官署。

秋七月己巳，地震。

八月壬辰，車駕又於華林園聽訟。

九月己丑，[1]零陵王薨。[2]車駕三朝率百僚舉哀于朝堂，一依魏明帝服山陽公故事。[3]太尉持節監護，葬以晋禮。

[1]九月己丑：是月丙午朔，無己丑。《晋書》卷一〇《恭帝紀》記“丁丑”，該月亦無丁丑。《通鑑》宋武帝永初二年祇記“九月”，不記日。張熷《舉正》云：“推此九月無己丑日。”

[2]零陵王薨：零陵王司馬德文（晋恭帝）死。據《晋書·恭帝紀》記載，帝自被廢之後，“深慮禍機，褚后常在帝側，飲食所資，皆出褚后，故宋人莫得伺其隙。宋永初二年九月丁丑，（劉）裕使后兄叔度請后；有間，兵人踰垣而入，弒帝于內房”。本書卷五二《褚叔度傳》作“乃以被掩殺之”。

[3]一依魏明帝服山陽公故事：完全依照魏明帝爲山陽公辦喪事的規格辦理。魏明帝，即曹魏第二位皇帝曹叡。山陽公，即漢獻帝劉協被魏文帝廢後的封號。事見《後漢書》卷九《孝獻帝紀》注引《續漢書》及《三國志》卷三《魏書·明帝叡紀》裴松之注。

冬十月丁酉，詔曰：“兵制峻重，務在得宜。役身死叛，輒考傍親，流遷彌廣，未見其極。遂令冠帶之倫，[1]淪陷非所。宜革以弘泰，[2]去其密科。[3]自今犯罪充兵合舉戶從役者，便付營押領。其有戶統及讁止一身者，[4]不得復侵濫服親，[5]以相連染。”己亥，以涼州胡帥大沮渠蒙遜爲鎮軍大將軍、開府儀同三司、涼州刺史。癸卯，車駕於延賢堂聽訟，以員外散騎常待應襲爲寧州刺史。[6]

〔1〕冠帶之倫：官僚士族一類人物。

〔2〕弘泰：寬宏通達。

〔3〕密科：繁苛的法律條文。

〔4〕戶統：《元龜》卷二〇九作"科戶絶"，意爲没有男人服役的戶。 謫止一身者：謫發祇限一人的戶。

〔5〕服親：五服以内的親屬。即高祖至自身五代親屬。

〔6〕應襲：人名。於寧州刺史卸任後，曾卷入徐佩之、茅亨謀反案，餘事不詳。 寧州：地名。晋時治所在今雲南晋寧縣東北晋城鎮，宋時移至今雲南曲靖市。

三年春正月甲辰朔，詔刑罰無輕重，悉皆原降。[1]壬子，以前冀州刺史王仲德爲徐州刺史。癸丑，以尚書令、揚州刺史徐羨之爲司空、録尚書事，刺史如故。撫軍將軍、江州刺史王弘進號衛將軍、開府儀同三司，太子詹事傅亮爲尚書僕射，中領軍謝晦爲領軍將軍。乙卯，以輔國將軍毛德祖爲司州刺史。[2]乙丑，詔曰："古之建國，教學爲先，弘風訓世，莫尚於此，發蒙啓滯，咸必由之。故爰自盛王，迄于近代，莫不敦崇學藝，修建庠序。自昔多故，戎馬在郊，旌旗卷舒，日不暇給。遂令學校荒廢，講誦蔑聞，[3]軍旅日陳，俎豆藏器，[4]訓誘之風，將墜于地。後生大懼於墙面，[5]故老竊嘆於《子衿》。[6]此《國風》所以永思，[7]《小雅》所以懷古。[8]今王略遠屆，[9]華域載清，仰風之士，日月以冀。便宜博延胄子，[10]陶奬童蒙，[11]選備儒官，弘振國學。主者考詳舊典，以時施行。"

[1]原降：寬恕，減刑。

[2]毛德祖：人名。各本並脱"祖"字，中華本據本書卷九五《索虜傳》、《晋書》卷八一《毛德祖傳》補。

[3]蔑聞：無聞，聽不到。

[4]俎豆藏器：禮器藏而不用。俎豆，祭祀、宴饗時盛祭品的兩種禮器，也泛指各種禮器。

[5]後生大懼於墻面：年輕人最怕不學無術。墻面，即面墻，面對墻壁，別無所見，比喻不學無術，一無所知。

[6]故老竊嘆於《子衿》：年老而有見識的人暗暗嘆息亂世學校廢而不修。《子衿》，《詩·鄭風》篇名。《詩序》以爲此篇專爲諷刺學校廢而不修之事。

[7]此《國風》所以永思：這是《詩·國風》所以念念不忘之事。

[8]《小雅》所以懷古：《詩·小雅》所以懷念古時的人和事。

[9]王略遠屆：王道遠播。王略，王道、帝業。

[10]便宜博延胄子：就應該廣泛招收國子學的學員。胄子，國子學生員。潘尼《釋奠頌》："莘莘胄子，祁祁學生。"

[11]陶獎童蒙：培育獎掖無知的兒童。

二月丁丑，詔曰："豫州南臨江澨，北接河、洛，民荒境曠，轉輸艱遠，撫莅之宜，[1]各有其便。淮西諸郡，可立爲豫州；[2]自淮以東，爲南豫州。"[3]以豫州刺史彭城王義康爲南豫州刺史，征虜將軍劉粹爲豫州刺史。[4]又分荆州十郡還立湘州，左衛將軍張邵爲湘州刺史。[5]戊寅，以徐州之梁，還屬豫州。

[1]撫莅之宜：安撫治理的最好辦法。

[2]豫州：據《輿地表》，治所在今河南汝南縣，轄淮西諸郡。

[3]南豫州：據《輿地表》，治所在今安徽和縣，轄淮東諸郡。

[4]征虜將軍：官名。武官，也可以作爲高級文官加號。　劉粹：人名。字道沖，沛郡蕭（今安徽蕭縣）人。本書卷四五有傳。

[5]左衛將軍：官名。負責宮禁宿衛，禁衛軍統帥之一，權任很重，多由皇帝親近擔任。四品。　張邵：人名。各本並作“張紀”，中華本據《通鑑》永初三年改。本書卷四六《張邵傳》稱：“武帝受命，以佐命功，封臨沮伯。分荆州立湘州，以邵爲刺史。”張邵，字茂宗，吳郡吳（今江蘇蘇州市）人。

三月，上不豫。[1]太尉長沙王道憐、司空徐羨之、尚書僕射傅亮、領軍將軍謝晦、護軍將軍檀道濟並入侍醫藥。群臣請祈禱神祇，上不許，唯使侍中謝方明以疾告廟而已。[2]丁未，以司徒廬陵王義真爲車騎將軍、開府儀同三司、南豫州刺史。上疾瘳。[3]己未，大赦天下。時秦、雍流户悉南入梁州。庚申，送綊絹萬匹，[4]荆、雍州運米，委州刺史隨宜賦給。辛酉，亡命刁彌攻京城，[5]得入，太尉留府司馬陸仲元討斬之。[6]

[1]上不豫：皇上有病。《逸周書・五權》：“維王不豫。”朱右曾云：“天子有疾稱不豫。”

[2]謝方明：人名。陳郡陽夏人。本書卷五三有傳。

[3]疾瘳：病愈。

[4]送綊絹萬匹：“綊”各本並作“綜”，中華本據《元龜》卷一九五改。

[5]亡命：指脱離户籍逃亡在外的人。　刁彌：人名。刁逵之子，爲其父報仇攻入京口，戰敗被殺。

[6]陸仲元：人名。吳郡吳人，晋太尉陸玩的曾孫，歷官吏部

郎、右衞將軍、侍中、吳郡太守。自陸玩至仲元，四世爲侍中，貴盛一時。

夏四月乙亥，封仇池公楊盛爲武都王，平南將軍楊撫進號安南將軍。[1]丁亥，以車騎司馬徐琰爲兗州刺史。[2]庚寅，左光禄大夫、開府儀同三司孔季恭薨。

[1]平南將軍：官名。四平將軍之一，多持節都督或監某一地區的軍事。有時也作爲刺史等地方官兼理軍事的加官。三品。 楊撫：人名。氐族首領，仇池公楊盛之侄。有文武智略，後爲武都王楊玄所殺。事見本書卷九八《氐胡傳》。 安南將軍：官名。四安將軍之一，爲出鎮南方的軍事長官，或作爲刺史等地方官兼理軍務的加官。三品。

[2]徐琰：人名。任兗州刺史不久，北魏發兵南下，徐琰“委守奔敗”，餘事不詳。

五月，上疾甚，召太子誡之曰：“檀道濟雖有幹略，而無遠志，非如兄韶有難御之氣也。徐羨之、傅亮當無異圖。謝晦數從征伐，頗識機變，若有同異，[1]必此人也。小却，[2]可以會稽、江州處之。”又爲手詔曰：“朝廷不須復有別府，宰相帶揚州，可置甲士千人。若大臣中任要，宜有爪牙以備不祥人者，[3]可以臺見隊給之。[4]有征討悉配以臺見軍隊，行還復舊。後世若有幼主，朝事一委宰相，母后不煩臨朝。仗既不許入臺殿門，要重人可詳給班劍。”癸亥，上崩于西殿，時年六十。[5]秋七月己酉，葬丹陽建康縣蔣山初寧陵。[6]

　　[1]若有同異：如果有異議，實指有異謀，即圖謀不軌的人。
同異，偏義詞，著重點是異，《建康實録》無"同"字。

　　[2]小却：周一良《札記》曰："小却"指時間言，猶云稍晚、
稍後。

　　[3]不祥人：凶人，可以解作圖謀不軌的人。

　　[4]臺見隊：臺城現有的衛隊，即皇帝的警衛軍隊。

　　[5]時年六十：各本並作"時年六十七"。洪頤煊《諸史考異》
曰："案高祖以晋哀帝興寧元年歲癸丑生，下距永初三年，止六十
歲。'七'字當衍。"《御覽》卷一二八引徐爰《宋書》及《通鑑》
宋武帝永初三年胡三省注均作"六十歲"。

　　[6]蔣山：山名。即鍾山。在今江蘇南京市中山門外。　初寧
陵：據南京博物院考察，在今江蘇南京市江寧區麒麟門之麒麟鋪。

　　上清簡寡欲，嚴整有法度，未嘗視珠玉輿馬之飾，
後庭無紈綺絲竹之音。寧州嘗獻虎魄枕，光色甚麗。時
將北征，以虎魄治金創，上大悦，命擣碎分付諸將。[1]
平關中，得姚興從女，有盛寵，以之廢事。謝晦諫，即
時遣出。財帛皆在外府，[2]内無私藏。宋臺既建，有司
奏東西堂施局脚牀、銀塗釘，上不許；使用直脚牀，釘
用鐵。[3]諸主出適，[4]遣送不過二十萬，無錦繡金玉。内
外奉禁，莫不節儉。性尤簡易，常著連齒木屐，[5]好出
神虎門逍遥，[6]左右從者不過十餘人。時徐羡之住西
州，[7]嘗思羡之，[8]便步出西掖門，羽儀絡驛追隨，已出
西明門矣。諸子旦問起居，入閤脱公服，止著裙帽，[9]
如家人之禮。孝武大明中，[10]壞上所居陰室，[11]於其處
起玉燭殿，與群臣觀之。牀頭有土鄣，[12]壁上挂葛燈
籠、[13]麻繩拂。[14]侍中袁顗盛稱上儉素之德。[15]孝武不

答，獨曰：“田舍公得此，[16]以爲過矣。”故能光有天下，克成大業者焉。

[1]“時將北征”至“命擣碎分付諸將”：丁福林《校議》云：“《建康實錄》卷一一作：‘時將北伐，或曰療金瘡，上大悦，命碎之分賜諸將。’則以虎魄治金瘡乃裕謀士所提議，而裕則聞之而喜也。此於‘北征’後即云‘以虎魄治金創’於文義費解。意‘北征’後恐佚‘或曰’二字。”

[2]外府：外庫，公庫，與儲放皇室私財的内府相對而言。

[3]局脚牀：彎腿牀。局，彎曲。《詩·小雅·正月》：“謂天蓋高，不敢不局。”毛傳：“局，曲也。”牀，古有兩解：一坐牀，即現代的凳子、椅子，《説文》所説“安身之几坐”；二卧牀，即《詩·小雅·斯干》所説“載寢之牀”。此處應爲卧牀。

[4]諸主出適：各位公主出嫁。

[5]連齒木屐：鞋底多齒的木拖鞋。明代田藝衡《留青日札》：連齒木屐蓋今之拖屐也。

[6]逍遥：慢步行走。

[7]西州：揚州刺史治所，其地在臺城之西，故稱西州。《江南通志》：“西州城在上元縣（今江蘇南京市江寧區）治，晉揚州刺史治所。”

[8]嘗思羨之：中華本作“嘗幸羨之”，丁福林《校議》云：“於文義欠妥。”據《南史》卷一《宋武帝紀》改。《建康實錄》卷一〇作“嘗思羨之”。蓋指劉裕性極簡易，思及羨之，故即步行而往西州尋找羨之。

[9]裙帽：帽沿周圍有薄紗細網下垂的帽子。

[10]孝武：即孝武帝劉駿。本書卷六有紀。　大明：宋孝武帝劉駿年號（457—464）。

[11]陰室：皇帝生前所住的房子。保留陰室的目的，是讓死者

的靈魂自由出入。

[12]土鄣：舊屏風。土，本地的，不合潮流的。鄣，同"障"，屏風，屏障。

[13]壁上挂葛燈籠：各本並脱"挂"字。中華本據《南史》、《類聚》卷一三、《御覽》卷一二八及卷四三一引補。葛燈籠，用葛布作罩的燈籠。按：當時都以絲綢作罩，用葛布顯其土氣、節省。

[14]麻繩拂：用麻繩做的拂塵（蠅甩）。

[15]袁顗：人名。字景章，《南史》作"國章"，陳郡陽夏人。本書卷八四有傳。

[16]田舍公：意爲鄉巴佬。《建康實録》作"田舍翁"。

　　史臣曰：[1]漢氏載祀四百，[2]比祚隆周，[3]雖復四海横潰，而民繫劉氏，慄慄黔首，[4]未有遷奉之心。[5]魏武直以兵威服衆，[6]故能坐移天曆，[7]鼎運雖改，而民未忘漢。及魏室衰孤，怨非結下。晋藉宰輔之柄，因皇族之微，世擅重權，用基王業。至於宋祖受命，義越前模。晋自社廟南遷，禄去王室，朝權國命，遞歸台輔。君道雖存，主威久謝。桓温雄才蓋世，勳高一時，移鼎之業已成，[8]天人之望將改。自斯以後，晋道彌昏，道子開其禍端，元顯成其末釁，桓玄藉運乘時，加以先父之業，因基革命，人無異心。高祖地非桓、文，衆無一旅，曾不浹旬，[9]夷凶翦暴，祀晋配天，不失舊物，誅内清外，功格區宇。至於鍾石變聲，柴天改物，[10]民已去晋，異於延康之初，功實静亂，又殊咸熙之末。所以恭皇高遜，[11]殆均釋負。[12]若夫樂推所歸，謳歌所集，魏、晋采其名，高祖收其實矣。盛哉！

［1］史臣曰：是本書作者沈約的評論。

［2］漢氏載（zǎi）祀四百：漢家當政四百年。載祀，年，歲。《左傳》宣公三年：“桀有昏德，鼎遷于商，載祀六百。”楊伯峻注：“古人或稱載，或稱祀，或稱年，或稱歲，其實一也……‘載祀六百’爲叙事語，載祀連言，複詞也，謂殷商有國六百年耳。”

［3］比祚隆周：享國的年代可以與興盛的周朝比美。

［4］慄慄黔首：處於恐懼中的百姓。

［5］未有遷奉之心：没有改變態度尊奉另外一姓的想法。

［6］魏武：魏武帝曹操。《三國志》卷一有紀。

［7］坐移天曆：漸漸地改變了天運。天曆，天命。代指帝位。

［8］移鼎之業已成：改變帝位的業績已經完成。移鼎，遷移九鼎。九鼎自夏以後象徵王權、帝位。故移鼎即喻指改變帝位。

［9］曾不浹句：竟不到十天。

［10］改物：改變前朝的典章文物制度。

［11］恭皇高遜：晋恭帝風度高尚，讓位給劉裕。遜，遜位，讓位。

［12］殆均釋負：等於是解脱了負擔。

宋書　卷四

本紀第四

少帝

　　少帝諱義符，小字車兵，武帝長子也。[1] 母曰張夫人。[2] 晉義熙二年，[3] 生於京口。[4] 武帝晚無男，及帝生，甚悅。年十歲，拜豫章公世子。[5] 帝有旅力，[6] 善騎射，解音律。宋臺建，[7] 拜宋世子。元熙元年，[8] 進爲宋太子。武帝受禪，[9] 立爲皇太子。

[1] 武帝：劉裕的謚號。按《謚法》：“威強叡德曰武。”“克定禍亂曰武。”錢大昕《考異》云：“案紀傳書諸帝皆稱廟號，獨此紀書武帝者四，而仍有稱高祖者。又它篇例稱魏爲索虜，而此紀一云魏軍克滑臺，一云魏主拓跋嗣薨，全非休文之例。又如義熙十二年正月，以豫章世子爲西中郎將、豫州刺史。三月，除征虜將軍、徐兗二州刺史，鎮京口。十四年六月，除中軍將軍，副貳相國府。若宜見於本紀，而略不及。卷末無史臣論。其非休文書顯然。蓋此篇久亡，後人雜採它書以補之，故義例乖舛如此。”

[2] 張夫人：即張闕。本書卷四一有傳。

[3]義熙：晋安帝司馬德宗年號（405—418）。

[4]京口：地名。又稱北府，在今江蘇鎮江市。

[5]年十歲，拜豫章公世子：中華本校勘記云：“少帝義符生於義熙二年，而據《五行志》授豫章世子，在義熙七年，則當云六歲，此云十歲，疑有誤。”查本書《五行志》無義熙七年授豫章世子語，祇有《五行志一》記“義熙七年，晋朝拜授劉毅世子”，與少帝無涉，中華本校勘有誤。

[6]帝有旅力：《南史》卷一《少帝紀》作“帝膂力絕人”。旅，同“膂”。

[7]宋臺建：宋公國建立政府機構。臺，一般指中央政府機構。洪邁《容齋續筆》卷五《臺城少城》云：“晋宋間，謂朝廷禁省爲臺，故稱禁城爲臺城，官軍爲臺軍，使者爲臺使，卿士爲臺官，法令爲臺格。”

[8]元熙：晋恭帝司馬德文年號（419—420）。

[9]受禪：接受禪讓，實爲逼宮奪帝位。

永初三年五月癸亥，[1]武帝崩，[2]是日，太子即皇帝位。大赦。尊皇太后曰太皇太后。[3]

[1]永初：宋武帝劉裕年號（420—422）。

[2]崩：皇帝、皇后死的稱謂。

[3]皇太后：皇帝母。　太皇太后：皇帝祖母。此指劉裕繼母孝懿蕭皇后。本書卷四一有傳。

六月壬申，以尚書僕射傅亮爲中書監，[1]司空徐羨之、領軍將軍謝晦及亮輔政。[2]戊子，太尉長沙王道憐薨。[3]

[1]尚書僕射：官名。魏晋時爲尚書省次官，輔助尚書令執掌政務，參議大政，諫諍得失，監察彈劾百官，可封還詔旨，常受命主持官吏選舉。南朝時，尚書令爲宰相之職，位尊權重，不親庶務，尚書省日常工作由尚書僕射主持。三品。　傅亮：人名。字季友，北地靈州（今寧夏靈武市）人。本書卷四三有傳。　中書監：官名。與中書令共爲中書省長官，唯入朝時班次略高於令，掌收納奏章及機要政務，草擬及發布詔令。據《南史》卷一《宋少帝紀》、本書卷四三《傅亮傳》，傅亮此時還擔任尚書令。

[2]司空：官名。三公之一，爲名譽宰相，多爲重臣加官。一品。　徐羨之：人名。字宗文，東海郯（今山東郯城縣）人。本書卷四三有傳。　領軍將軍：官名。禁衛軍及京都諸軍統帥。三品。謝晦：人名。字宣明，陳郡陽夏（今河南太康縣）人。本書卷四四有傳。

[3]太尉：官名。東漢時位列三公之首，魏晋南北朝爲名譽宰相。一品。　長沙王：王爵名。王國在今湖南長沙市。　道憐：人名。即劉道憐。劉裕中弟。本書卷五一有傳。

秋九月丁未，有司奏武皇帝配南郊，[1]武敬皇后配北郊。[2]

[1]配南郊：皇帝南郊祭天時，使劉裕享受配祭。《漢書·郊祀志下》：“王者尊其考，欲以配天。”

[2]配北郊：皇帝北郊祭地時，使劉裕的皇后享受配祭。《漢書·郊祀志下》：“先祖配天，先妣配墬，其誼一也。”

冬十一月戊午，有星孛于營室。[1]

[1]有星孛于營室：有彗星見於營室。孛，謂彗星出現光芒四

射的現象，舊時以爲是不祥之兆，預示將有悖亂兵災發生。營室，星宿名。即室宿，二十八宿之一。

十二月庚戌，[1]魏軍克滑臺。[2]

[1]十二月庚戌：永初三年（422）十二月己巳朔，本月内無庚戌。查本書卷九五《索虜傳》、《魏書》卷三《太宗紀》及《通鑑》宋武帝永初三年均記魏軍十一月庚戌攻滑臺。按：十一月庚子朔，庚戌爲十一月十一日。知“十二月”乃“十一月”之誤。

[2]滑臺：地名。在今河南滑縣東舊滑縣。

明年春正月己亥朔，大赦，改元爲景平元年。[1]文武進位二等。辛丑，[2]祀南郊。虜將達奚卭破金墉，[3]進圍虎牢。毛德祖擊虜敗之，[4]虜退而復合。拓跋木末又遣安平公涉歸寇青州。[5]癸卯，河南郡失守。[6]乙卯，有星孛于東壁。[7]

[1]改元：改用新年號紀年。年號以一爲元，故稱改年號爲“改元”。　景平：宋少帝劉義符年號（423—424）。

[2]辛丑：各本並作“辛巳”，中華本據局本及《南史》改。按：是年正月己亥朔，無辛巳，初三日爲辛丑。

[3]虜將達奚卭破金墉：中華本據《魏書》卷二九《奚斤傳》考證：“圍虎牢者爲奚斤，斤本姓達奚氏。‘卭’當是‘斤’字之訛。”按：本書卷九五《索虜傳》也作“達奚斤”。金墉，城名。在今河南洛陽市東北漢魏故城西北隅。

[4]毛德祖：人名。滎陽陽武（今河南原陽縣）人。時任冠軍將軍、司州刺史，戍守虎牢，用地道戰、反間計重創魏軍，後因援兵不至，雖經奮戰，城終被攻破，被俘，死於魏。事見本書《索虜

傳》。

[5]拓跋木末：據中華本考證："拓跋木末即魏主拓跋嗣。本卷後又稱嗣。蓋所採雜異，故前後不一致。"拓跋嗣，人名。即北魏太宗元明帝，拓跋珪長子，在位期間爲北魏統一北方奠定了基礎。《魏書》卷三有紀。　安平公：公爵名。各本作"平安公"，今從局本和中華本。本書《索虜傳》景平元年（423）："虜又遣楚兵將軍徐州刺史安平公涉歸幡能健……東擊青州。"按：涉歸幡能健即叔孫健。魏道武帝時，曾賜爵安平公。《魏書》卷二九有傳。青州：治所在今山東青州市。

[6]河南郡：治所在今河南洛陽市。

[7]有星孛于東壁：有彗星見於東壁。東壁，星宿名。即壁宿，因在天門之東而得名，二十八宿之一。

二月丁丑，[1]太皇太后崩。沮渠蒙遜、吐谷渾阿犲並遣使朝貢。[2]庚辰，爵蒙遜爲驃騎大將軍，[3]封河西王。以阿犲爲安西將軍、沙州刺史，封澆河公。[4]辛未，富陽人孫法光反，[5]寇山陰，[6]會稽太守褚淡之遣山陰令陸劭討敗之。[7]

[1]二月丁丑：景平元年二月戊辰朔，丁丑爲二月十日，下文之"庚辰"爲二月十二日，"辛未"爲二月四日，順序顛倒，故張燮《舉正》曰："二月丁丑，庚辰書辛未前，誤。"

[2]沮渠蒙遜：人名。盧水胡人，其先爲匈奴左沮渠，因以爲姓。蒙遜曾在前涼吕光手下任官，吕光殺其伯父羅仇，遂叛走投奔段業。後殺段業，前涼亡，蒙遜先稱河西王，後稱涼王，都張掖，史稱北涼。在位三十三年，死於宋元嘉中。《晉書》卷一二九有載記、本書卷九八有傳。　吐谷（yù）渾：鮮卑族慕容部的一支，原居遼東，晉時其領袖吐谷渾率族人遷至甘肅、青海，至其孫葉延

時，始建吐谷渾國。　阿犲：人名。也作"阿豺""阿柴"，葉延四世孫。少帝即位後，遣使獻方物，與宋建立貢使貿易關係，死於宋元嘉三年（426）。事見本書卷九六《鮮卑吐谷渾傳》、《北史》卷九六《吐谷渾傳》。

［3］驃騎大將軍：官名。各本皆無"驃騎"二字，中華本據《南史》補。按：本書卷五《文帝紀》元嘉二年"驃騎大將軍涼州牧大沮渠蒙遜改爲車騎大將軍"，可見應有"驃騎"二字。

［4］安西將軍：官名。四安將軍之一，爲出鎮某一地區的軍事長官，或作爲刺史等地方官兼理軍務的加官，權任很重。三品。沙州：十六國西秦置，治所在今青海貴德縣、貴南縣一帶，因其地有黃沙，草木不生，故以爲名。　澆河公：公爵名。公國在今青海貴德縣南。

［5］富陽：縣名。在今浙江富陽市。　孫法光：人名。本書卷五二《褚叔度傳》作"孫法亮"，《南齊書》卷三〇《戴僧静傳》作"孫法先"，未知孰是。查本書《褚叔度傳》，此次暴動規模相當大。

［6］山陰：縣名。治所在今浙江紹興市。

［7］會稽：郡名。治所在今浙江紹興市。　褚淡之：人名。字仲源，河南陽翟（今河南禹州市）人，晋恭帝褚皇后之兄。曾遵照劉裕旨意，騙出褚后，而殺害晋恭帝，因此得任會稽太守。事見本書《褚叔度傳》。褚淡之，各本並作"褚談"，中華本據本書《褚叔度傳》改"談"爲"淡"，並補"之"字。　陸劭：人名。吳郡吳（今江蘇蘇州市）人，後升任臨海太守，南齊陸澄的祖父，餘事不詳。本書《褚叔度傳》作"陸邵"，《南齊書》卷三九《陸澄傳》作"陸劭"，《南史》卷二八《褚裕之傳》作"陸邵"。

三月壬寅，孝懿皇后祔葬于興寧陵。[1]是月，高麗國遣使朝貢。[2]甲子，豫州刺史劉粹遣軍襲許昌，[3]殺虜潁川太守庾龍。[4]乙丑，虜騎寇高平。[5]初虜自河北之敗，請修和親，及聞高祖崩，因復侵擾，河、洛之地騷然矣。

[1]祔葬：有兩解：一合葬，二葬於先塋之旁。據《南史》卷一一《孝懿蕭皇后傳》記載，劉裕死前遺旨："太后百歲後不須祔葬。"蕭后也以遺令形式遵照執行，故此祔葬乃葬於興寧陵旁之意。

興寧陵：劉裕父親劉翹的陵墓。《通鑑》宋少帝景平元年胡三省注："興寧陵在晋陵丹徒縣諫壁里雩山。"在今江蘇鎮江市丹徒區東，又稱東雩山。

[2]高麗國：國名。也稱高句麗國。其先是扶餘族別支，東漢時興起於東北，後占有遼寧南部、朝鮮北部之地，傳二十八世，爲唐高宗所滅。

[3]豫州：治所在今安徽和縣。　劉粹：人名。字道沖，沛郡蕭（今安徽蕭縣）人。本書卷四五有傳。

[4]潁川：郡名。治所在今河南許昌市。各本並作"潁州"，中華本據本書《劉粹傳》改。　庾龍：人名。潁川人，北魏臨時任命的潁川太守，餘事不詳。

[5]高平：郡名。晋時置，治所在今山東巨野縣。宋永初二年（421）移至今山東鄒平縣。

夏四月，檀道濟北征，[1]次臨朐，[2]焚虜攻具。[3]乙未，魏軍克虎牢，[4]執司州刺史毛德祖以歸。

[1]檀道濟：人名。高平金鄉（今山東嘉祥縣）人。本書卷四三有傳。

[2]臨朐：縣名。在今山東臨朐縣。

[3]焚虜攻具：丁福林《校議》曰："本書《索虜傳》：'四月

壬申，虜聞道濟將至，焚燒器械，棄青州走。’……攻具乃魏將叔孫建等所自焚，而非道濟軍焚之。此處所載，與史實有違。”按：這種兩説之詞，很難説哪家所記準確。

　　[4]乙未，魏軍克虎牢：據丁福林《校議》考證：《南史》卷一《少帝紀》、《通鑑》卷一一九、《魏書》卷三《太宗紀》、《北史》卷一《魏太宗明元帝紀》均作“閏四月己未，魏軍克虎牢”，知此“乙未”乃“己未”之誤，又於“己未”前失“閏月”二字。閏四月丁酉朔，己未爲閏四月二十三日。虎牢，關名。在今河南滎陽市氾水鎮西。

　　秋七月癸酉，尊所生張夫人爲皇太后。丁丑，以旱，詔赦五歲刑以下罪人。[1]

　　冬十月己未，有星孛于氐，[2]指尾，[3]貫攝提，[4]向大角，[5]仲月在危，[6]季月掃天倉而後滅。[7]是歲，魏主拓跋嗣薨，子燾立。[8]

　　[1]五歲刑：各本並脱“刑”字，中華本據《南史》補。

　　[2]有星孛于氐：有慧星見於氐。氐，星宿名。氐宿，二十八宿之一，東方蒼龍七宿的第三宿，也稱天根。

　　[3]指尾：指向尾宿。尾宿爲東方蒼龍七宿的第六宿。

　　[4]貫攝提：上通於攝提星。攝提，屬亢宿，共六星，位於大角星兩側，左三星爲左攝提，右三星爲右攝提。

　　[5]向大角：向著大角星。大角星屬亢宿，在左右攝提之間，即牧夫座第一星，是北方的橙色亮星。

　　[6]仲月在危：秋季第二個月處在危宿的位置。仲月，每季的第二個月，此指秋季第二個月。危，星宿名。危宿爲二十八宿之一，北方玄武七宿的第五宿。

　　[7]季月掃天倉而後滅：秋季第三個月掠過天倉星而後消失。

天倉，星名。屬西方七宿的婁宿。

[8]燾：人名。即拓跋燾。鮮卑族，拓跋嗣長子，即北魏世祖
太武帝。北魏在他統治時期統一北方。《魏書》卷四有紀。

十二月丙寅，[1]省寧州之江陽、犍爲、安上三郡，[2]
合爲宋昌郡。[3]

[1]十二月丙寅：景平元年十二月癸巳朔，本月無丙寅，有誤。

[2]寧州：晋時治所在今雲南晋寧縣東北晋城鎮，宋時移至今
雲南曲靖市。　江陽：郡名。治所在今四川彭山縣東。　犍爲：郡
名。治所在今四川彭山縣東。　安上：郡名。治所不詳。

[3]宋昌郡：治所不詳。據《建康實録》卷一一記載，"十二
月丙寅，省寧州之江陽爲建安郡"，既不提犍爲，也不提安上，更
不是三郡合爲宋昌郡。查本書《州郡志四》寧州梁水郡下有建安縣
（在今雲南建水縣境），宋時建，與建安郡有無關係，待考。

二年春二月癸巳朔，[1]日有蝕之。廢南豫州刺史盧
陵王義真爲庶人，[2]徙新安郡。[3]乙未，以皇弟義恭爲冠
軍將軍，[4]南豫州刺史。乙巳，大風，天有五色雲，占
者以爲有兵。高麗國遣使貢獻。執政使使者誅義真于
新安。[5]

[1]二年春二月癸巳朔：中華本考證："'二月癸巳朔'，局本
同，宋本、北監本、毛本、殿本、《通鑑考異》引《宋略》、《建康
實録》作'正月癸巳朔'，《南史·宋本紀》作'二月己卯朔'。按
陳垣《朔閏表》，景平二年正月癸亥朔，二月壬辰朔。查正月無癸
巳，癸巳爲二月初二日。然日蝕當在朔日，是年正月祇二十九日，
作二月壬辰朔者，蓋後人定朔有誤。《宋書·五行志》作'二月癸

巳朔'。今改從局本。"

［２］南豫州：治所在今安徽和縣。 廬陵王：王爵名。王國在今江西吉水縣東北。 義真：人名。即劉義真。本書卷六一有傳。

［３］新安郡：治所在今浙江淳安縣。

［４］義恭：人名。即劉義恭。本書卷六一有傳。 冠軍將軍：官名。將軍名號。三品。

［５］執政使使者誅義真于新安：據丁福林《校議》考證，誅義真不在景平二年（４２４）二月，而在是年六月。詳見本書卷四三《徐羨之傳》、卷六一《廬陵孝獻王義真傳》及《通鑑》卷一二〇。

夏五月，江州刺史王弘、南兗州刺史檀道濟入朝。[1]帝居處所爲多過失。乙酉，皇太后令曰：

［１］江州刺史王弘、南兗州刺史檀道濟入朝：各本作"江州刺史檀道濟、揚州刺史王弘入朝"，中華本據《建康實錄》改。錢大昕《考異》說："案是時道濟爲南兗州刺史，非江州，弘爲江州刺史，非揚州也。揚州治輦下，時以司空徐羨之領之。紀所書皆誤。"江州，西晉時治所在今江西南昌市，東晉時移至今湖北黃梅縣西南。王弘，人名。字休元，琅邪臨沂（今山東臨沂市）人。本書卷四二有傳。南兗州，治所在今江蘇鎮江市。

王室不造，[1]天禍未悔，先帝創業弗永，棄世登遐。[2]義符長嗣，屬當天位，不謂窮凶極悖，一至於此。大行在殯，[3]宇内哀惶，幸災肆於悖詞，喜容表於在感。至乃徵召樂府，[4]鳩集伶官，[5]優倡管絃，靡不備奏，珍羞甘膳，有加平日。採擇媵御，産子就宮，覿然無怍，醜聲四達。及懿后崩背，重加天罰，親與左右執紼歌呼，推排梓宮，[6] 抃掌笑謔，殿省備聞。加復日夜媟狎，群小慢戲，興造千計，費用萬端，帑藏空虛，人力殫盡。刑罰苛虐，幽囚日增。居帝王之位，好皁隸之役，處萬乘之尊，悅廝養之事。親執鞭撲，毆擊無辜，以爲笑樂。穿池築觀，朝成暮毀，徵發工匠，疲極兆民。遠近嘆嗟，人神怨怒，社稷將墜，豈可復嗣守洪業，君臨萬邦。今廢爲營陽王，[7] 一依漢昌邑、晋海西故事。[8]

[1]不造：不幸。《詩·周頌·閔予小子》：“遭家不造。”馬瑞辰《毛詩傳箋通釋》：“又按《詩》多以不爲語辭，造與戚一聲之轉，古通用，則《詩》云‘遭家不造’猶云遭家戚，即後世所謂丁家艱也。”

[2]登遐：升天遠去。

[3]大行：皇帝、皇后剛死而未定謚號時稱大行。《後漢書》卷五《孝安帝紀》：“大行皇帝不永天年。”注引韋昭曰：“大行者，不反之辭也。天子崩，未有謚，故稱大行也。”

[4]樂府：主管音樂的官署。引申爲歌舞演奏人員。

[5]伶官：樂官，此處指供職宮廷的伶人。

[6]梓宮：皇帝、皇后的棺材。此處特指孝懿蕭皇后的棺材。

[7]營陽王：王爵名。王國在今湖南道縣。

[8]一依漢昌邑、晋海西故事：完全按照漢代處理昌邑王、晋代處理海西王的事例辦理。昌邑，即漢武帝孫昌邑王劉賀。昭帝死，無子，大將軍霍光立昌邑王劉賀爲帝，即位後二十七日，因行淫亂，霍光奏請孝昭皇后廢黜。事見《漢書》卷六三《昌邑哀王髆傳》、卷六八《霍光傳》。海西，即晋海西公司馬奕。晋哀帝死，

無子，立弟琅邪王司馬弈爲帝，立六年，桓温以帝内宫淫亂爲由，奏請崇德太后廢爲海西公。事見《晉書》卷八《廢帝海西公紀》、卷九八《桓温傳》。

鎮〔西將軍宜都王，[1] 仁明孝弟，著自幼辰。德業沖粹，識心明允。宜纂洪統，[2] 光臨億兆。主者詳依典故，以時奉迎。未亡人嬰此百罹，[3] 雖存若隕。永悼情事，撫心摧塞。〕[4]

[1] 鎮西將軍：官名。四鎮將軍之一。三品，如爲持節都督則爲二品。　宜都王：王爵名。爲宋文帝劉義隆未當皇帝前的封爵。王國在今湖北宜都市。

[2] 宜纂洪統：應該繼承皇帝的世系。

[3] 未亡人：寡婦的自稱。此爲皇太后自稱。　百罹：種種不幸遭遇。

[4] “西將軍”至“摧塞”：此段文字各本並脱，中華本據《元龜》卷一八八補。

始徐羨之、傅亮將廢帝，諷王弘、檀道濟求赴國訃。弘等來朝。使中書舍人邢安泰、潘盛爲内應。[1] 是旦，道濟、謝晦領兵居前，羨之等隨後，因東掖門開，[2] 入自雲龍門。[3] 盛等先戒宿衞，莫有禦者。時帝於華林園爲列肆，[4] 親自酤賣。又開瀆聚土，以象破岡埭，[5] 與左右引船唱呼，以爲歡樂。夕游天淵池，[6] 即龍舟而寢。其朝未興，兵士進，殺二侍者於帝側，傷帝指。扶出東閣，就收璽紱，群臣拜辭，送於東宫，遂幽於吴郡。[7] 是日，赦死罪以下。太后令奉還璽紱。檀道濟入守朝堂。六月癸丑，徐羨之等使中書舍人邢安泰弑帝於金昌亭。[8]帝有勇力，不即受制，突走出昌門，追以門關蹹之，致殞。時年十九。[9]

[1]中書舍人：官名。中書省屬官。魏晉時中書省置舍人、通事各一人，共掌收納、轉呈文書奏事。七品。東晉時合爲一官，後省“通事”二字，多用名流。宋時開始用親信寒士、細人，入值禁中，並漸奪中書侍郎草擬詔令之職，權勢漸重。　邢安泰：人名。曾任吏部令史、都令史、平原太守、散騎侍郎等職，與徐羨之關係密切，餘事不詳。　潘盛：人名。因廢少帝功進位員外散騎侍郎、建安太守，元嘉三年有罪伏誅。

[2]東掖門：臺城南面四門之一。在今江蘇南京市城內。余賓碩《金陵覽古·臺城》引《宮苑記》云：“臺城南面四門，曰大司馬、曰閶闔，曰東掖，曰西掖。”

[3]雲龍門：南朝宮城之西門。在今江蘇南京市雞鳴山南。

[4]華林園：東晉仿魏洛陽之華林園，於建康宮城北所建之苑園。在今江蘇南京市雞鳴寺南。

[5]破岡埭：亦稱破岡瀆。三國吳所開鑿，在今江蘇南部，西起句容市東南，通赤山湖及秦淮河，東至丹陽市西南延陵鎮西，是一條人工運河，便利了南京與太湖區域的水上交通。

[6]天淵池：各本並作“天泉池”，中華本稱：“蓋據李延壽《南史》，乃避唐（李淵）諱。今仍據沈約《宋書·徐羨之傳》改爲天淵池。”池在建康宮城北面，近華林園。

[7]吳郡：治所在今江蘇蘇州市。

[8]金昌亭：亦作“金閶亭”，在建康昌門（西門）內，今江蘇南京市西城昌門內。

[9]“始徐羨之、傅亮將廢帝”至“時年十九”：據中華本考證：“此段宋本已有脫葉。北監本、毛本、殿本、局本據《南史》

補。今仍録存。徐羨之、傅亮、檀道濟、謝晦等入雲龍門至華林園廢少帝一段，又見沈約《宋書·徐羨之傳》中。”

　　（上闕）〔則創業之君，自天所啓；守文之主，其難乎哉！〕[1]

　　[1]“則創業之君”至“其難乎哉”：各本並脱，僅涵芬樓影印百衲本所據之宋本有此殘葉。中華本認爲“蓋即本卷史臣曰之殘存結尾語”，所説是。

宋書　卷五

本紀第五

文帝

　　太祖文皇帝諱義隆，[1]小字車兒，武帝第三子也。
晋安帝義熙三年，[2]生於京口。[3]盧循之難，[4]上年四歲，
高祖使諮議參軍劉粹輔上鎮京城。[5]十一年，封彭城縣
公。[6]高祖伐羡至彭城，[7]將進路，板上行冠軍將軍留
守。[8]晋朝加授使持節、監徐兗青冀四州諸軍事、徐州
刺史，[9]將軍如故。關中平定，高祖還彭城，又授監司
州豫州之淮西兗州之陳留諸軍事、前將軍、司州刺
史，[10]持節如故，將鎮洛陽。仍改授都督荆益寧雍梁秦
六州豫州之河南廣平揚州之義成松滋四郡諸軍事、西中
郎將、荆州刺史，[11]持節如故。永初元年，[12]封宜都
王，[13]食邑三千户。進督北秦，[14]并前七州。進號鎮西
將軍，[15]給鼓吹一部。[16]又進督湘州。[17]是歲入朝。時
年十四。長七尺五寸，博涉經史，善隸書。

[1]太祖：廟號。一般尊開國皇帝爲太祖，此爲破例，以表彰劉義隆中興之功。　文：謚號。按《謚法》："經天緯地曰文。""慈惠愛民曰文。"

[2]晋安帝：即司馬德宗。安爲謚號。按《謚法》："好和不爭曰安。"《晋書》卷一〇有紀。　義熙：晋安帝司馬德宗年號（405—418）。

[3]京口：地名。又稱京城、京鎮、京北府，在今江蘇鎮江市。

[4]盧循：人名。字于先，小名元龍。范陽（今河北涿州市）人。隆安三年（399）隨孫恩起兵反晋，孫恩死，徐道覆率衆推盧循爲領袖。後兵敗，投水自盡。《晋書》卷一〇〇有傳。

[5]高祖：宋武帝劉裕廟號。　諮議參軍：官名。丞相府、公府、位從公府、中軍府的屬官，職掌不定，位在列曹參軍上。州所置者，常帶大郡太守，且有越次行府州事者。　劉粹：人名。字道沖，沛郡蕭（今安徽蕭縣）人。本書卷四五有傳。

[6]彭城縣公：公爵名。公國在今江蘇徐州市。

[7]伐羌：討伐羌族建立的國家後秦，其君主時爲姚泓。

[8]板：官制用語。指皇帝册封、任命官吏。　行：官制用語。兼攝。　冠軍將軍：官名。宋置，將軍名號。三品。　留守：官名。長官出征，留守後方主持後方工作。

[9]使持節：凡是重要軍事長官出征、出鎮加使持節銜，可誅殺二千石以下官吏。皇帝派大臣出巡或擔任祭吊使命時，也加使持節，以示權威和尊重。　監徐兗青冀四州諸軍事：監察徐兗青冀四州的軍事長官。位在都督諸軍事下，督軍事上。其職權因所加"使持節""持節""假節"之號而不同。　徐州：治所在今江蘇徐州市。

[10]前將軍：官名。常用作加官。三品。也是軍府名號。　司州：治所在今河南滎陽市汜水鎮。

[11]廣平：郡名。治所在今河南鄧州市。　義成：郡名。治所在今湖北丹江口市北。查本書《州郡志》及《輿地表》，義成屬荆

州，與此異。　松滋：郡名。查本書《州郡志》及《輿地表》，松滋爲縣，屬荆州河東郡。從義成、松滋兩郡所屬情況考察，知此段文字有誤。　西中郎將：官名。四中郎將之一。戰時率師征伐，或鎮守某地，晋宋多兼豫州刺史或持節都督司豫冀并諸軍事。宋時多以宗室充此任。

[12]永初：宋武帝劉裕年號（420—422）。

[13]宜都王：王爵名。王國在今湖北宜都市。

[14]北秦：州名。僑置於今陝西漢中市。

[15]鎮西將軍：官名。四鎮將軍之一，多持節都督出鎮方面。位在征西將軍下，一般不並置。三品，如授持節都督則進位二品。

[16]鼓吹：演奏樂曲的樂隊，皇帝賜給功臣以示尊崇。

[17]湘州：治所在今湖南長沙市。

　　景平二年七月中，[1]少帝廢。[2]百官備法駕奉迎，[3]入奉皇統。行臺至江陵，[4]進璽紱。[5]侍中臣琇、[6]散騎常侍臣巕之、[7]中書監尚書令護軍將軍建城縣公臣亮、[8]左衛將軍臣景仁、[9]給事中游擊將軍龍鄉縣侯臣隆、[10]越騎校尉都亭侯臣綱、[11]給事黃門侍郎臣孔璩之、[12]散騎侍郎臣劉思考、[13]員外散騎侍郎臣潘盛、[14]中書侍郎臣何尚之、[15]羽林監封陽縣開國侯臣蕭思話、[16]長兼尚書左丞德陽縣侯臣孫康、[17]吏部郎中騎都尉臣張茂度、[18]儀曹郎中臣徐長琳、[19]倉部郎中臣庾俊之、[20]都官郎中臣袁洵等上表曰：[21]“臣聞否泰相革，[22]數窮則變，天道所以不諂，[23]卜世所以靈長。[24]乃者運距陵夷，[25]王室艱晦，九服之命，靡所適歸，[26]高祖之業，將墜于地。賴基厚德深，人神同獎，社稷以寧，有生獲乂。伏惟陛下君德自然，聖明在御，孝悌著於家邦，風猷宣於蕃牧。[27]是以徵祥雜沓，[28]符瑞燿煇。[29]宗廟神靈，乃眷西顧，[30]萬邦黎獻，[31]望景託生。[32]臣等忝荷朝列，豫充將命，復集休明之運，[33]再覩太平之業。行臺至止，瞻望城闕，不勝喜說鳧藻之情，[34]謹詣門拜表以聞。"上答曰："皇運艱弊，數鍾屯夷，[35]仰惟崇基，[36]感尋國故，[37]永慕厥躬，悲慨交集。賴七百祚永，[38]股肱忠賢，[39]故能休否以泰，天人式序。[40]猥以不德，[41]謬降大命，顧己兢悸，何以克堪。輒當暫歸朝庭，展哀陵寢，并與賢彥申寫所懷。[42]望體其心，勿爲辭費。"府州佐史並稱臣，請題牓諸門，一依宮省，上不許。甲戌，發江陵。八月丙申，車駕至京城。[43]丁酉，謁初寧陵，[44]還於中堂即皇帝位。[45]

[1]景平：宋少帝劉義符年號（423—424）。

[2]少帝：即劉義符。本書卷四有紀。丁福林《校議》據本書《少帝紀》、《南史》卷一《宋本紀上》、《建康實錄》卷一一、《通鑑》卷一二〇考證，少帝被廢在景平二年五月，而非七月，被殺在其年六月。

[3]法駕：皇帝車駕的一種。《史記》卷九《呂太后本紀》："迺奉天子法駕，迎代王於邸。"《集解》引蔡邕曰："天子有大駕、小駕、法駕。法駕上所乘，曰金根車，駕六馬，有五時副車，皆駕四馬，侍中參乘，屬車三十六乘。"自漢文帝起，用法駕迎藩王入繼帝位，乃成定制。

[4]行臺：臺省在外者稱行臺，代表中央政府的暫設機構。江陵：地名。在今湖北荆州市荆州區。

[5]璽紱：也作"璽韍"，即"璽綬"。皇帝、皇后的御璽和御璽上所繫的彩色絲帶。

[6]侍中：官名。侍中省長官，侍衛皇帝，出行則護駕，掌顧問應對，諫諍糾察，平議尚書奏事，有異議得駁奏。三品。　琇：人名。《全宋文》卷四二："琇，人名。失其姓，景平末爲侍中。"《南朝五史人名索引》認爲即王琇。按：王琇乃王導之孫，王謐之子，宋文帝時出任臨海太守。事見本書卷六七《謝靈運傳》。

[7]散騎常侍：官名。侍從皇帝，參掌機密，職任比侍中。三品。　巖之：人名。史失其姓。

[8]中書監：官名。中書省長官之一，掌納奏，擬詔出令。三品。　尚書令：官名。尚書省長官，綜理全國政務，參議大政，權如宰相。三品。　護軍將軍：官名。掌都護京師以外諸軍事，權任頗重。三品。　建城縣公：公爵名。公國在今江西高安市。　亮：人名。即傅亮。字季友，北地靈州（今寧夏靈武市）人。本書卷四三有傳。

[9]左衛將軍：官名。禁衛軍主要統帥之一，權任很重，多由皇帝親信擔任。四品。　景仁：人名。即殷景仁。陳郡長平（今河南西華縣）人。本書卷六三有傳。

[10]給事中：官名。或爲正官，或爲加官，有此銜者可給事禁中，常侍從皇帝左右，備顧問應對，位在中常侍下。五品。　游擊將軍：官名。禁軍將領之一，掌宿衛之任。四品。　龍鄉縣侯：侯爵名。侯國在今廣東羅定市。　隆：人名。史失其姓。按宋文帝名義隆，此處爲何不避"隆"諱？洪頤煊《諸史考異》："所謂二名不偏諱也。"意謂不偏（遍）諱"義隆"二字，而僅諱"義"字或"隆"字。錢大昕《考異》："史例諸帝皆不稱名，而以'諱'字代之，此紀義隆字屢見，蓋校書者妄也。"

[11]越騎校尉：官名。侍衛武官，不領兵，隸中領軍，用以安置勳舊武官。四品。　都亭侯：侯爵名。位在鄉侯下。　綱：人名。史失其姓。

[12]給事黃門侍郎：官名。門下省次官，與侍中共掌門下衆事。五品。　孔璩之：人名。會稽山陰（今浙江紹興市）人，孔琳

之之弟。事見本書卷五六《孔琳之傳》。

〔13〕散騎侍郎：官名。掌文學侍從，諫諍糾劾，收納奏章。五品。　劉思考：人名。劉裕族弟，劉遵考從弟。歷官十郡三州，卒於散騎侍郎任內。本書卷五一有附傳。

〔14〕員外散騎侍郎：官名。爲閑散之職。初多以公族、功臣子弟充任。也用以安置閑退官員、衰老之士。　潘盛：人名。原爲中書舍人，徐羨之、傅亮廢少帝，與邢泰共爲內應，後出任建安太守。徐、傅被誅，潘盛也以罪伏誅。

〔15〕中書侍郎：官名。中書省次官，中書監、令不在，可主持工作。後擬詔出令之職歸中書通事舍人，侍郎則職閑官清，成爲諸王起家之官。五品。　何尚之：人名。字彥德，廬江灊（今安徽霍山縣）人。本書卷六六有傳。

〔16〕羽林監：官名。掌宿衛送從。五品。　封陽縣開國侯：侯爵名。侯國在今廣西賀州市八步區南信都。　蕭思話：人名。南蘭陵（今江蘇常州市武進區）人。本書卷七八有傳。

〔17〕尚書左丞：官名。尚書省佐官，位次尚書，與右丞共掌尚書省庶務，率諸都令史監督稽核尚書曹、郎曹政務，監察糾彈尚書令、僕射、尚書等文武百官，號稱“監司”，分管宗祠祭祀、朝儀禮制、選授官吏及文書章奏。六品。　德陽縣侯：侯爵名。侯國在今四川遂寧市東南龍鳳場。　孫康：人名。其事不詳。

〔18〕吏部郎中：官名。尚書吏部曹長官通稱，屬吏部尚書，主管官員選任銓敘調動事務，對五品以下官吏的任免有建議權。六品。　騎都尉：官名。居禁中，宿衛皇帝左右。六品。　張茂度：人名。吳郡吳（今江蘇蘇州市）人。本書卷五三有傳。

〔19〕儀曹郎中：官名。也稱儀曹郎，尚書省儀曹長官通稱，掌車服羽儀朝覲郊廟饗宴等吉凶禮制。六品。　徐長琳：人名。其事不詳。

〔20〕倉部郎中：官名。也稱倉部郎，尚書倉部曹長官通稱，隸吏部尚書。六品。　庾俊之：人名。據本書《五行志》，庾俊之元

嘉二十一年時任益州刺史，餘事不詳。

[21]都官郎中：官名。也稱都官郎，尚書省都官曹長官通稱，職掌刑獄，亦佐督軍。六品。　袁洵：人名。陳郡陽夏（今河南太康縣）人，袁豹之子。元嘉中歷任江州刺史、尋陽太守、吳郡太守，卒後追贈征虜將軍。事見本書卷五二《袁豹傳》。

[22]否（pǐ）泰相革：厄運、好運互相變革。否，卦名。《易·否卦》，坤（☷）下乾（☰）上，上下隔閡，閉塞不通。引申爲困厄、不順。泰，卦名。《易·泰卦》，乾（☰）下坤（☷）上，《象》曰：“天地交，泰。”引申爲通順、好運。

[23]不謟（tāo）：不疑。《左傳》昭公二十六年：“天道不謟。”杜預注：“謟，疑也。”楊伯峻注：“蓋言天命不可疑。”

[24]靈長：福分綿長。

[25]運距陵夷：國運衰落。陵夷，衰頹、衰落。

[26]九服之命，靡所適歸：對全國的詔命，沒有地方遵從。九服，王畿以外的九等地區，引申爲全國各地。

[27]風猷宣於蕃牧：風教德化宣布於藩國。風猷，風化道德。蕃牧，諸侯封國的代稱。此指劉義隆的宜都王封國。蕃，同“藩”。

[28]徵祥雜沓：吉祥的徵兆紛雜繁多。

[29]符瑞燡（huò）煇：祥瑞的徵兆明亮光輝。

[30]乃眷西顧：意爲關懷顧視西方。實指關懷西方的宜都王劉義隆。語出《詩·大雅·皇矣》。鄭玄《箋》：“乃眷然運視西顧。”

[31]萬邦黎獻：萬國黎民的賢者。語出《尚書·益稷》。

[32]望景託生：望見影子就把生命託給他了，極言百姓對劉義隆的企盼。景，同“影”。

[33]休明之運：美好清明的時運。

[34]喜說鳧藻之情：喜悅歡樂的心情。說，同“悅”。

[35]數鍾屯夷：多次遇到困厄。數鍾，多次遭遇。屯夷，偏義詞，指艱難困厄。

[36]崇基：高壇。此處代指國家。

　　[37]國故：《禮記·文王世子》："有國故則否。"劉敞曰："有國故者，謂凶禮、師旅也。"是國故即指國家遇到重大的凶喪和戰爭事故。

　　[38]七百：《左傳》宣公三年："成王定鼎于郟鄏，卜世三十，卜年七百，天所命也。"後世以"七百"稱頌國運綿長。

　　[39]股肱：大腿和胳膊。引申爲皇帝的輔政大臣。《左傳》昭公九年："君之卿佐，是謂股肱。"

　　[40]天人式序：擺正天與人的關係。式序，次第、順序。此處當作擺正順序解。

　　[41]猥（wěi）：鄙陋，卑劣。劉義隆自謙之詞，自稱爲鄙俗之人。

　　[42]賢彥：德才俱佳的人。

　　[43]車駕至京城：孫虨《考論》云："當作京邑。京城則京口矣。"按：《通鑑》作"建康"，《建康實録》作"京師"，知京城有誤。沈約久居建康，應知京城是京口，京邑纔是建康。此誤或是沈約筆誤，或是印刷傳寫之誤。並非京城可指京口，也可指建康。

　　[44]初寧陵：宋武帝劉裕的陵墓。在今江蘇南京市麒麟門之麒麟鋪。

　　[45]中堂：《通鑑》胡三省注："晉孝武以太學在秦淮南，去臺城懸遠，權以中堂爲太學，親釋奠於先聖。則中堂亦在秦淮北，但在臺城之外耳。"

　　元嘉元年秋八月丁酉，大赦天下，改景平二年爲元嘉元年。文武賜位二等，逋租宿債勿復收。庚子，以行撫軍將軍、荆州刺史謝晦爲撫軍將軍、荆州刺史。[1]癸卯，司空、録尚書事、揚州刺史徐羨之進位司徒，[2]衛將軍、江州刺史王弘進位司空，[3]中書監、護軍將軍傅亮加左光禄大夫、開府儀同三司，[4]撫軍將軍、荆州刺史謝晦進號衛將軍，鎮北將軍、南兗州刺史檀道濟進號征北將軍。[5]甲辰，追尊所生胡婕妤爲皇太后，謚曰章后。[6]右衛將軍、南徐州刺史彭城王義康進號驃騎將軍，[7]冠軍將軍、南豫州刺史義恭進號撫軍將軍，封江夏王。[8]立第六皇弟義宣爲竟陵王，[9]第七皇弟義季爲衡陽王。[10]戊申，以豫州刺史劉粹爲雍州刺史，[11]驍騎將軍管義之爲豫州刺史，[12]南蠻校尉到彥之爲中領軍。[13]己酉，減荆、湘二州今年稅布之半。

　　九月丙子，立妃袁氏爲皇后。[14]

[1]撫軍將軍：將軍名號。三品。　謝晦：人名。字宣明，陳郡陽夏人。本書卷四四有傳。

[2]司空：官名。名譽宰相，無實際職掌，多爲重臣之加官。一品。　錄尚書事：以公卿權重者居此職。總領尚書省政務，位在三公上。一品。　揚州：治所在今江蘇南京市。　徐羨之：人名。字宗文，東海郯（今山東郯城縣）人。本書卷四三有傳。　司徒：官名。名譽宰相。一品。加錄尚書事者爲真宰相。

[3]衛將軍：官名。位在諸名號大將軍之上，多作爲軍府名號，以加大臣和重要州郡長官，無具體職掌。二品。　江州：西晋時治所在今江西南昌市，東晋時移至今湖北黄梅縣。　王弘：人名。字休元，琅邪臨沂（今山東臨沂市）人。本書卷四二有傳。

[4]左光禄大夫：官名。作爲在朝顯職的加官，或授予年老致仕者，亦作爲卒後贈官，以示尊崇。無職掌。　開府儀同三司：官名。爲大臣的加號，意爲享受與太尉、司徒、司空相同的禮制待遇。

[5]鎮北將軍：官名。四鎮將軍之一。三品。或爲持節都督，出鎮方面，則爲二品，權勢很重。　檀道濟：人名。高平金鄉（今

山東嘉祥縣）人。本書卷四三有傳。 征北將軍：官名。四征將軍之一。三品。若爲持節都督，出鎮方面則爲二品，地位顯要。

[6]胡婕妤：名道安，淮南（今安徽當塗縣）人。本書卷四一有傳。婕妤，九嬪之一，位九卿。 章：謚號。《後漢書》卷三《肅宗孝章帝紀》注引《謚法》："温克令儀曰章。"

[7]右衛將軍：官名。中華本作"衛將軍"，丁福林《校議》據本書卷六八《武二王傳》考證，乃"右衛將軍"之誤，今據改。 南徐州：治所在今江蘇鎮江市。 彭城王：王爵名。王國在今江蘇徐州市。 義康：人名。即劉義康。本書卷六八有傳。 驃騎將軍：官名。居名號大將軍之首，僅作爲軍府名號加授大臣和重要州郡長官，無具體職掌。二品，開府位從公者一品。

[8]冠軍將軍：官名。將軍名號。三品。 南豫州：治所在今安徽和縣。 義恭：人名。即劉義恭。本書卷六一有傳。 江夏王：王爵名。王國在今湖北武漢市武昌區。

[9]義宣：人名。即劉義宣。本書卷六八有傳。 竟陵王：王爵名。王國在今湖北鍾祥市。

[10]義季：人名。即劉義季。本書卷六一有傳。 衡陽王：王爵名。王國在今湖南湘潭市。

[11]豫州：治所在今安徽壽縣。 雍州：東晉僑置，治所在今湖北襄陽市襄城區。

[12]驍騎將軍：官名。護衛皇宮的主要將領之一。四品。 管義之：人名。其事不詳。

[13]南蠻校尉：官名。掌荊州及江州少數民族事務，統兵。四品。 到彥之：人名。字道豫，彭城武原（今江蘇邳州市）人。宋開國功臣。本書卷四六有目無文，《南史》卷二五有傳。 中領軍：官名。禁軍統帥，掌禁軍及京師駐軍。三品。

[14]袁氏：名齊嬀，陳郡陽夏人。本書卷四一有傳。

二年春正月丙寅，司徒徐羨之、尚書令傅亮奉表歸
政，上始親覽。辛未，車駕祠南郊，[1]大赦天下。

[1]辛未，車駕祠南郊：正月十五日，皇帝到南郊祭天。元嘉
二年正月丁巳朔，辛未爲正月十五日。車駕，皇帝所乘的車，此處
代指皇帝。各本並脱"辛未"二字，中華本據《南史》《建康實
録》《通鑑》補。

三月乙丑，左將軍、徐州刺史王仲德進號安北
將軍。[1]

[1]左將軍：官名。漢時位高權重，魏晋時權位漸低，僅爲武
官名號，略高於雜號將軍，宋時成爲軍府名號，用作加官。三品。
　王仲德：人名。名懿，太原祁（今山西祁縣）人。本書卷四六有
傳。　安北將軍：官名。四安將軍之一，爲出鎮北方的軍事長官，
或作爲刺史及地方官兼理軍務的加官。三品。

夏五月戊寅，特進謝澹卒。[1]

[1]特進：官名。多爲加官名號，用以安置閑退大臣。二品。
　謝澹：人名。字景恒，陳郡陽夏人，謝安孫，謝晦從叔。晋宋交
替時，曾向劉裕進璽綬，後官至光禄大夫、侍中、特進、金紫光禄
大夫。《南史》卷一九有傳。

秋八月甲申，以關中流民出漢川，[1]置京兆、扶風、
馮翊等郡。[2]乙酉，驃騎將軍、南徐州刺史彭城王義康
爲開府儀同三司，新除司空王弘爲車騎大將軍、開府儀

同三司，[3]以右軍長史江恒爲廣州刺史。[4]

[1]漢川：區域名。泛指今陝西漢中平原。

[2]京兆：郡名。治所原在今陝西西安市西北。　扶風：郡名。治所原在今陝西眉縣東北渭河北岸。　馮翊：郡名。治所原在今陝西大荔縣。以上三郡均爲宋遥置，有名無實。

[3]車騎大將軍：官名。重號將軍，多授權臣、元老，以示尊崇。

[4]右軍長史：官名。右軍將軍的幕僚長，總理右軍府庶務。　江恒：人名。濟陽考城（今河南民權縣）人，江霖之孫，江詔之子。晋哀帝時曾任西中郎長史，餘事不詳。　廣州：治所在今廣東廣州市。

　　冬十一月癸酉，以前將軍楊玄爲征西將軍、北秦州刺史。[1]

[1]前將軍：官名。爲軍府名號，用作加官。三品。　楊玄：字黃眉，略陽氐族領袖，世居隴西。事見本書卷九八《氐胡傳》。　征西將軍：官名。四征將軍之一，出鎮西方的軍事長官。三品。若爲持節都督則爲二品。　北秦州：此爲遥置，並非宋的實土。

　　三年春正月丙寅，司徒、録尚書事、揚州刺史徐羨之，尚書令、護軍將軍、左光禄大夫傅亮，有罪伏誅。遣中領軍到彦之、征北將軍檀道濟討荆州刺史謝晦，上親率六師西征。大赦天下。丁卯，以車騎大將軍、江州刺史王弘爲司徒、録尚書事、揚州刺史，驃騎將軍、南徐州刺史彭城王義康改爲荆州刺史，撫軍將軍、南豫州

刺史江夏王義恭改爲南徐州刺史。己巳，以前護軍將軍
趙倫之爲鎮軍將軍。[1]

[1]趙倫之：人名。字幼成，下邳僮（今安徽泗縣）人。本書
卷四六有傳。　鎮軍將軍：官名。與中軍、撫軍共爲三號將軍，位
比四鎮將軍。主要爲中央軍職，也可出任地方軍事長官，並領刺史
等地方官，兼理民政。三品。

閏月丙戌，皇子劭生。[1]

[1]劭：人名。即元凶劉劭。本書卷九九有傳。

二月乙卯，繫囚見徒，[1]一皆原赦。戊午，以金紫
光禄大夫王敬弘爲尚書左僕射，[2]豫章太守鄭鮮之爲尚
書右僕射。[3]建安太守潘盛有罪伏誅。[4]庚申，特進范泰
加光禄大夫。[5]是日，車駕發京師。戊辰，到彥之、檀
道濟大破謝晦於隱磯。[6]丙子，車駕自蕪湖反斾。[7]己
卯，擒晦於延頭，[8]送京師伏誅。

[1]繫囚見（xiàn）徒：在押的罪犯。見，同“現”。
[2]金紫光禄大夫：官名。光禄大夫爲銀章青綬，如加賜金章
紫綬爲金紫光禄大夫，諸所賜予皆與特進同。二品。如爲加官，唯
假章綬，禄賜班位，不别給車服吏卒。　王敬弘：人名。名裕，琅
邪臨沂人。本書卷六六有傳。　尚書左僕射：官名。尚書省次官，
當時尚書令爲宰相之任，位尊權重，不親庶務。尚書省政務由僕射
主持，諸曹奏事，由左、右僕射審議聯署。左僕射又領殿中、主客
二曹。三品。

[3]豫章：郡名。治所在今江西南昌市。　鄭鮮之：人名。字道子，滎陽開封（今河南開封市）人。本書卷六四有傳。　尚書右僕射：官名。與祠部尚書通職，不並置，置者領祠部、儀曹二郎曹，位在左僕射下。三品。

[4]建安：郡名。治所在今福建建甌市。　潘盛：各本並作“潘城”，中華本據本書卷四《少帝紀》、卷四三《徐羨之傳》改。

[5]范泰：人名。字伯倫，順陽（今河南淅川縣）人。本書卷六〇有傳。　光禄大夫：官名。無具體職掌，多爲加官，授予年老致仕官員。三品。

[6]隱磯：地名。又名隱圻。在今湖南臨湘市西北長江南岸。

[7]反斾：回師，出軍歸來。

[8]延頭：地名。在今湖北武漢市黃陂區。

三月辛巳，車駕還宫。

夏五月乙未，以征北將軍、南兖州刺史檀道濟爲征南大將軍、江州刺史，[1]中領軍到彦之爲南豫州刺史。戊戌，以後將軍長沙王義欣爲南兖州刺史。乙巳，驃騎大將軍、涼州牧大沮渠蒙遜改爲車騎大將軍。[2]詔曰：“夫哲王宰世，廣達四聰，[3]猶巡嶽省方，[4]採風觀政。所以情僞必審，幽遐罔滯，[5]王澤無擁，[6]九皋有聞者也。[7]朕以寡薄，猥纂洪緒。[8]雖永念治道，志存昧旦，[9]願言傅巖，[10]發想宵寐，[11]而丘園之秀，[12]藏器未臻，[13]物情民隱，[14]尚隔視聽。乃眷區域，[15]輟寢忘湌。今氛祲祛蕩，[16]宇内寧晏，旌賢弘化，於是乎始。可遣大使巡行四方。其宰守稱職之良，閭巷一介之善，[17]詳悉列奏，勿或有遺。若刑獄不恤，政治乖謬，傷民害教者，具以事聞。其高年、鰥寡、幼孤、六疾不能自存

者，^[18]可與郡縣優量賑給。博採輿誦，廣納嘉謀，務盡
銜命之旨，俾若朕親覽焉。”丙午，車駕臨延賢堂聽訟。

[1]征南大將軍：官名。爲將軍名號，多授予出征在外都督諸
軍事者，位在四征將軍之上，不常置。二品。

[2]驃騎大將軍：官名。爲將軍名號，地位尊崇，僅次於大將
軍，多加元老重臣。一品。　涼州：治所在今甘肅武威市。　牧：
官名。爲一州的長官，掌握州的軍政大權，與刺史並置時，地位高
於刺史，有時也屬於榮譽頭銜。　大：尊稱。　沮渠蒙遜：人名。
張掖郡盧水胡人，北涼的創始者。《晋書》卷一二九有載記，本書
卷九八有傳。

[3]廣達四聰：廣泛聽取四方的輿論。語出《尚書·舜典》：
“明四目，達四聰。”孔穎達疏：“達四方之聰，使爲己遠聽聞四
方也。”

[4]巡嶽省方：巡狩邦國，省察四方。

[5]幽遐罔滯：偏僻邊遠的地方沒有阻礙。

[6]王澤無擁：皇帝恩澤的傳布沒有阻塞。擁，同“壅”。

[7]九皋：曲折深遠的沼澤。語出《詩·小雅·鶴鳴》：“鶴鳴
于九皋。”鄭玄《箋》：“皋，澤中水溢出所爲坎，自外數至九，喻
深遠也。”

[8]猥纂：謙詞。承繼。　洪緒：世代相傳的大業，即帝業。

[9]昧旦：天將明未明之時。

[10]傅巖：地名。又名傅險。在今山西平陸縣北。相傳商時賢
人傅説爲奴隸，曾於此版築。此處意爲思念賢人傅説。

[11]宵寐：夜晚。

[12]丘園：丘墟和園圃。喻指隱士所居之處。此指隱士。

[13]藏器未臻：懷才的隱士沒有到來。藏器，《易·繫辭下》：
“君子藏器於身，待時而動。”

[14]物情民隱：人民的心情願望和隱憂痛苦。

[15]乃眷區域：關懷民居土地問題。乃眷，語出《詩·大雅·皇矣》：“乃眷西顧。”鄭玄《箋》：“乃眷然運視西顧。”後以“乃眷”喻關懷。

[16]氛祲袪蕩：叛亂已被平定。

[17]閭閻：貧賤人家，指平民百姓。　一介：微小的。

[18]六疾：寒疾、熱疾、末（四肢）疾、腹疾、惑疾、心疾等六種病。也泛指各種疾病。

六月己未，以鎮軍將軍趙倫之爲左光禄大夫、領軍將軍。[1]丙寅，車駕又於延賢堂聽訟。丙子，又聽訟。以右衛王華爲中護軍。[2]

[1]領軍將軍：官名。掌管禁軍及京師諸軍。三品。

[2]右衛：本爲禁衛軍指揮機構，此指禁軍主要統帥之一的右衛將軍。四品。　王華：人名。字子陵，琅邪臨沂人。本書卷六三有傳。　中護軍：官名。掌督護京師以外地方諸軍。三品。

冬十一月戊寅，以梁、南秦二州刺史吉翰爲益州刺史，[1]驃騎參軍劉道産爲梁、南秦二州刺史。[2]己亥，以南蠻校尉劉遵考爲雍州刺史。[3]

[1]南秦：州名。治所在今陝西漢中市。　吉翰：人名。字休文，馮翊池陽（今陝西涇陽縣）人。本書卷六五有傳。

[2]驃騎參軍：官名。驃騎將軍府諸曹長官，掌參謀軍務。劉道産：人名。彭城呂（今江蘇銅山縣）人。本書卷六五有傳。

[3]南蠻校尉：官名。亦稱護南蠻校尉，掌荊州、江州少數民族事務，統兵，多由地位較高的將軍及南中郎將兼領，且多兼任荊

州刺史及都督周圍數州諸軍事。四品。本書卷五一《營浦侯遵考傳》作"寧蠻校尉"。　劉遵考：人名。劉裕族弟。本書卷五一有傳。

十二月癸丑，以中書侍郎蕭思話爲青州刺史。[1]壬戌，前吳郡太守徐佩之謀反，[2]及黨與皆伏誅。

[1]青州：東晉末治所在今山東青州市，此時不詳。
[2]吳郡：治所在今江蘇蘇州市。　徐佩之：人名。東海郯人，徐羨之的侄子。本書卷四三有附傳。

四年春正月乙亥朔，曲赦都邑百里内。[1]辛巳，車駕親祠南郊。

[1]曲赦：限定在一定區域内的特赦。　都邑：首都，京師。

二月乙卯，行幸丹徒，[1]謁京陵。[2]

[1]丹徒：縣名。在今江蘇鎮江市丹徒區。
[2]京陵：劉裕祖先在丹徒的陵墓。

三月丙子，詔曰："丹徒桑梓綢繆，大業攸始，踐境永懷，觸感罔極。昔漢章南巡，加恩元氏，[1]況情義二三，有兼曩日。思播遺澤，酬慰士民。其蠲此縣今年租布，五歲刑以下皆悉原遣；登城三戰及大將家，[2]隨宜隱恤。"丁亥，車駕還宮。戊子，尚書右僕射鄭鮮之卒。壬寅，禁斷夏至日五絲命縷之屬，[3]富陽令諸葛闡之之議也。[4]

[1]漢章南巡，加恩元氏：查《後漢書》卷三《肅宗孝章帝紀》，章帝在位多次出巡，但恩加元氏爲北巡，而非南巡。如建初七年（82）北巡至魏郡，“復元氏七年傜役”。元氏，縣名。在今河北元氏縣。按：元氏縣是劉秀在河北起家之地，丹徒爲劉裕居住和起兵之地，宋文帝以元氏比丹徒，下文之“情義二三，有兼曩日”即指此。

[2]登城三戰：指隨劉裕於京口起兵，立有特殊戰功的老戰士。三戰具體所指不詳。

[3]五絲命縷：用五色絲做的長命縷。《風俗通義·佚文》：“五月五日，以五綵絲擊背，名長命縷，一名續命縷，一名辟兵繒，一名五色縷，一名朱索。”據此知漢代五月五日有此習俗，南朝時夏至亦有此俗。

[4]富陽：縣名。在今浙江富陽市。　諸葛闡之：人名。後升任淮陽太守，餘事不詳。

夏四月庚戌，以廷尉王徽之爲交州刺史。[1]

[1]廷尉：官名。秦漢時爲九卿之一，是中央最高司法刑獄長官，魏晉以後尚書權重，主管修訂法律及刑獄政令，南朝又置“建康三官”分掌刑獄，廷尉職權轉輕。三品。　王徽之：人名。接替杜弘文（杜慧度子）任交州刺史，餘事不詳。　交州：在今越南北寧省仙遊縣東。

五月壬午，中護軍王華卒。京師疾疫，甲午，遣使存問，給醫藥；死者若無家屬，賜以棺器。

六月癸卯朔，日有蝕之。庚申，以金紫光禄大夫殷穆爲護軍將軍。[1]

[1]殷穆：人名。陳郡長平人，曾任五兵尚書，劉裕的相國左
長史，入宋任散騎常侍、國子祭酒、五兵尚書、吳郡太守、金紫光
祿大夫、護軍將軍，後進位特進、右光祿大夫，元嘉五年（428）
五月病卒。事見本書卷五九《殷淳傳》。

五年春正月乙亥，詔曰：“朕恭承洪業，臨饗四海，
風化未弘，治道多昧，求之人事，鑒寐惟憂。[1]加頃陰
陽違序，旱疫成患，仰惟災戒，責深在予。思所以側身
剋念，[2]議獄詳刑，上答天譴，[3]下恤民瘼。[4]群后百司，
其各獻讜言，[5]指陳得失，勿有所諱。”甲申，車駕臨玄
武館閱武。戊子，京邑大火，遣使巡慰賑賜。

[1]鑒寐：穿衣服睡覺。形容緊張得連睡覺都不能脱衣服。
[2]側身剋念：輾轉反側，戒懼反思。剋念，反思。
[3]天譴：上天譴責。按天人感應的迷信説法，出現旱災，就
是上天對當政者的譴責。
[4]民瘼：老百姓的困苦。
[5]讜言：直言、善言。

夏四月己亥，以南蠻校尉蕭摹之爲湘州刺史。[1]戊
午，以始興太守徐豁爲廣州刺史。[2]

[1]蕭摹之：人名。南蘭陵人，蕭思話的族叔，後官至丹陽尹。
事見本書卷七八《蕭思話傳》。
[2]始興：郡名。治所在今廣東韶關市蓮花嶺下。　徐豁：人

名。字萬同，東莞姑幕（今山東諸城市）人。本書卷九二有傳。

五月己卯，以湘州刺史張邵爲雍州刺史。[1]

[1]張邵：人名。字茂宗，吴郡吴人。本書卷四六有傳。

六月庚戌，司徒王弘降爲衛將軍、開府儀同三司。京邑大水，乙卯，[1]遣使檢行賑贍。以江夏内史程道惠爲廣州刺史。[2]

[1]乙卯：各本並作“己卯”，中華本據局本及《南史》改正。按：本月丁酉朔，無己卯。

[2]内史：官名。王國官員，掌民政，職如太守。　程道惠：人名。宋初官至侍中，曾參與徐羨之等廢少帝事件，與謝晦也有某種聯繫，餘事不詳。

秋八月壬戌，特進、左光禄大夫范泰卒。
冬十月甲辰，車駕於延賢堂聽訟。
閏月癸未，以右軍司馬劉德武爲豫州刺史。[1]辛卯，安陸公相周籍之爲寧州刺史。[2]
十二月庚寅，左光禄大夫、領軍將軍趙倫之卒。

[1]右軍司馬：官名。管理右軍府内武職，參贊軍務，位次於長史。　劉德武：人名。其事不詳。

[2]安陸公：公爵名。公國在今湖北安陸市。　相：官名。公國行政長官，職如縣令。　周籍之：人名。後任巴東太守、輔國將軍，因鎮壓帛氐奴反晉有功升任益州刺史，餘事不詳。　寧州：晉

時治所在今雲南晉寧縣，宋時移至今雲南曲靖市西。

是歲，天竺國遣使獻方物。[1]

[1]天竺國：古印度國，亦名身（yuān）毒，均爲印度的不同
譯音。　獻方物：貢獻土特産，實爲貢使貿易。

六年春正月辛丑，車駕親祠南郊。癸丑，以驃騎將
軍、荆州刺史彭城王義康爲司徒、録尚書事，領平北將
軍、南徐州刺史。[1]

[1]南徐州刺史：各本並脱"南"字，中華本據本書卷六八
《彭城王義康傳》、《建康實録》、《通鑑》補。

三月丁巳，立皇子劭爲皇太子。戊午，大赦天下，
賜文武位一等。辛酉，以左衛將軍殷景仁爲中領軍。
夏四月癸亥，以尚書左僕射王敬弘爲尚書令，丹陽
尹臨川王義慶爲尚書左僕射，[1]吏部尚書江夷爲尚書右
僕射。[2]

[1]丹陽尹：官名。都城行政長官。丹陽郡治所在建康，其長
官稱尹，以區別其他各郡。　臨川王：王爵名。王國在今江西撫州
市臨川區西。　義慶：人名。即劉義慶。劉道憐之子，出繼劉道規
爲嗣。本書卷五一有附傳。
[2]江夷：人名。字茂遠，濟陽考城人。本書卷五三有傳。

五月壬辰朔，日有蝕之。癸巳，以新除尚書令王敬

弘爲特進、左光禄大夫。甲午，以撫軍司馬劉道濟爲益州刺史。[1]乙卯，於雍州置馮翊郡。[2]

[1]撫軍司馬：官名。撫軍將軍府高級幕僚，管理府内武職，參贊軍務，地位僅次於長史。　劉道濟：人名。沛郡蕭人。本書卷四五有附傳。　益州：治所在今四川成都市。

[2]馮翊：郡名。治所在今湖北當陽市北。《輿地表》元嘉六年：“三輔豪傑出襄陽，僑立馮翊郡于南郡之編縣（今湖北當陽市）。”即指此。

七月己酉，以尚書左丞孔默之爲廣州刺史。[1]是月，百濟王遣使獻方物。[2]

[1]孔默之：人名。魯郡魯（今山東曲阜市）人，孔淳之之弟，孔熙先之父，官至尚書右丞。事見本書卷六九《范曄傳》。

[2]百濟：古國名。在朝鮮半島西南部，原爲扶餘別部，馬韓的屬國。建國於漢代，後爲唐高宗所滅。

九月戊午，於秦州置隴西、宋康二郡。[1]

[1]於秦州置隴西、宋康二郡：《輿地表》元嘉六年：“關中民三千餘户歸化，立隴西、宋康二郡于南鄭（今陝西漢中市）。”即指此。錢大昕《考異》：“案：《州郡志》秦州無宋康郡，又紀稱元嘉九年於廣州立宋康郡，是同時有兩宋康矣。”

冬十月壬申，中領軍殷景仁丁艱去職。[1]

[1]丁艱：丁憂，遇父母喪事。舊制父母喪，三年不做官、不婚嫁、不赴宴。

十一月己丑朔，日有蝕之。
十二月丁亥，河南國、河西王遣使獻方物。[1]

[1]河南國、河西王遣使獻方物：《通鑑》作“河西王蒙遜、吐谷渾王慕璝皆遣使入貢”。兩者實爲一事。河南國即指吐谷渾人慕容璝所建立的政權。事見本書卷九六《鮮卑吐谷渾傳》。河西王即指沮渠蒙遜。事見本書卷九八《胡大且渠蒙遜傳》。又“河西王”各本及《南史》均作“西河王”，中華本據本書卷四《少帝紀》、《胡大且渠蒙遜傳》及《南史》卷一《少帝紀》改。

七年春正月癸巳，以吐谷渾慕容璝爲征西將軍、沙州刺史。[1]是月，倭國王遣使獻方物。[2]

[1]吐谷渾慕容璝：丁福林《校議》考證，慕容璝乃慕璝之誤。丁云：“據《魏書》及本書之《吐谷渾傳》，慕璝五世祖葉延命以吐谷渾爲姓。則慕璝乃名也，帝紀傳寫者誤以爲姓而臆增爲‘慕容璝’耳。”　沙州：十六國西秦置，治所在今青海貴德縣、貴南縣一帶，因其地有黃沙，草木不生，故以爲名。
[2]倭國：古代對日本國的稱呼。

三月戊子，遣右將軍到彦之北伐，[1]水軍入河。甲午，以前征虜司馬尹沖爲司州刺史。[2]甲寅，以前中領軍殷景仁爲領軍將軍。

[1]右將軍：官名。地位略高於雜號將軍。三品。

　　[2]尹沖：人名。字子順，天水冀（今甘肅甘谷縣）人。曾任後秦姚興吏部郎，因與興子廣平公姚弼結黨反對太子姚泓，失敗後投宋，先任征虜司馬、南廣平太守，後升任司雍并三州豫州之潁川兗州之陳留二郡諸軍事、奮威將軍、司州刺史，戍守虎牢。魏軍陷虎牢，尹沖抗節不降，投塹而死。各本並脱"尹"字，中華本據本書卷九五《索虜傳》、《通鑑》補。

　　夏四月癸未，訶羅單國遣使獻方物。[1]

　　[1]訶羅單國：古國名。在今印度尼西亞蘇門答臘島，一説在爪哇島，或兼指此二島。

　　六月己卯，以冠軍將軍氐楊難當爲秦州刺史。[1]

　　[1]楊難當：人名。氐族領袖武都王楊玄之弟，玄死，難當廢太子保宗自立。事見本書卷九八《氐胡傳》。　秦州：治所在今甘肅天水市。

　　秋七月戊子，索虜碻磝戍棄城走。[1]丙申，以平北諮議參軍甄法護爲梁、南秦二州刺史。[2]戊戌，索虜滑臺戍棄城走。[3]甲寅，林邑國、訶羅陁國、師子國遣使獻方物。[4]

　　[1]索虜：晋宋人對北魏的蔑稱。因鮮卑人頭上有髮辮，故稱其爲索虜、索頭虜。　碻磝戍：城名。在今山東茌平縣西南古黄河南岸。戍，戍守據點，實指城。
　　[2]平北諮議參軍：官名。平北將軍府幕僚，掌顧問諫議，位在列曹參軍上。　甄法護：人名。中山無極（今河北元氏縣）人，

官至梁州刺史，氏帥楊難當攻漢中，法護棄城逃走，被賜死於
獄中。

[3]滑臺：地名。在今河南滑縣東舊滑縣，爲北方軍事重鎮。

[4]林邑國：古國名。在今越南中部。　訶羅陁國：古南海國
名。今地不詳。　師子國：古國名。斯里蘭卡的古稱。

　　冬十月甲寅，罷南豫州并豫州。[1]以左將軍竟陵王
義宣爲徐州刺史。戊午，立錢署，鑄四銖錢。戊寅，金
墉城爲索虜所陷。[2]

[1]罷南豫州并豫州：時南豫州治歷陽（今安徽和縣），合爲
豫州後治壽春（今安徽壽縣）。

[2]金墉城：城名。在今河南洛陽市東北魏晉洛陽故城。

　　十一月癸未，虎牢城復爲索虜所陷。[1]壬辰，遣征
南大將軍檀道濟北討，右將軍到彥之自滑臺奔退。[2]

[1]十一月癸未，虎牢城復爲索虜所陷：丁福林《校議》云：
“《魏書‧世祖紀上》記虎牢城於神䴥三年（即宋元嘉七年）十月
辛巳爲魏將安頡等攻陷，《通鑑》從之。此蓋是據奏到之日而書於
十一月。”虎牢，城名。在今河南榮陽市汜水鎮。

[2]“壬辰，遣征南大將軍”至“滑臺奔退”：丁福林《校議》
云：“據本書《檀道濟傳》、《通鑑》卷一二一，檀道濟率衆北討與
到彥之自滑臺奔敗事有先後。今標點則成二事皆在是月壬辰，故非
是。應易‘北討’後之逗爲句。”

　　十二月辛酉，以南兗州刺史長沙王義欣爲豫州刺
史，司徒司馬吉翰爲司州刺史。[1]乙亥，京邑火，延燒

太社北墻。[2]兗州刺史竺靈秀有罪伏誅。[3]

　　[1]司徒司馬：官名。司徒府幕僚，掌府内武職，參贊軍務，
位僅次於長史。

　　[2]太社：皇帝祭祀土神、穀神的場所，也是皇帝爲百姓祈福
或報功的地方。

　　[3]竺靈秀：人名。東晋末任劉裕太尉行參軍，後升任寧遠將
軍隨劉裕北伐，屢立戰功。宋元嘉初任兗州刺史，魏軍攻占滑臺，
竺靈秀被抵罪處死。

　　八年春正月庚寅，於交州復立珠崖郡。[1]癸巳，以
左軍將軍申宣爲兗州刺史。[2]丁酉，征南大將軍檀道濟
破索虜於東平壽張。[3]

　　[1]珠崖郡：治所在今海南海口市瓊山區。

　　[2]申宣：人名。魏郡魏（今河北大名縣）人，申恬之父。劉
裕平廣固，歸順東晋。入宋歷官冠軍將軍、左將軍、兗青二州
刺史。

　　[3]東平：郡名。治所在今山東東平縣西北。各本並脱“平”
字，洪頤煊《諸史考異》云《檀道濟傳》作“東平壽張”，此“東”
下脱“平”字。據補。　壽張：縣名。在今山東東平縣。

　　二月乙卯，以平北司馬韋朗爲青州刺史。[1]戊午，
以尚書右僕射江夷爲湘州刺史。辛酉，滑臺爲索虜所
陷。癸酉，征南大將軍檀道濟引軍還。丁丑，青州刺史
蕭思話棄城走。以太子右衛率劉遵考爲南兗州刺史。[2]

[1]韋朗：人名。後任廣州刺史，餘事不詳。按：蕭思話自元嘉五年任青州刺史，此時並未解職，韋朗不得任青州刺史，疑韋朗任青州刺史在二月丁丑蕭思話棄城走之後。

[2]太子右衛率：官名。職掌宿衛東宮，亦領兵出征。四品。

三月甲申，車駕於延賢堂聽訟。戊申，詔曰："自頃軍役殷興，國用增廣，資儲不給，百度尚繁。宜存簡約，以應事實。內外可通共詳思，務令節儉。"

夏四月甲寅，以衡陽王師阮萬齡爲湘州刺史。[1]乙卯，以後軍參軍徐遵之爲兗州刺史。[2]

[1]衡陽王師：官名。王國師傅，職輔導衡陽王。六品。時衡陽王爲劉裕第七子劉義季，其國先在今湖南湘潭市西南，元嘉中移至株洲市西南。　阮萬齡：人名。陳留尉氏（今河南尉氏縣）人。本書卷九三有傳。

[2]徐遵之：人名。後任汝南、新蔡二郡太守，餘事不詳。

六月乙丑，大赦天下。己卯，割江南及揚州晉陵郡屬南徐州，江北屬兗州。以徐州刺史竟陵王義宣爲南兗州刺史，司徒司馬吉翰爲徐州刺史。[1]

[1]司徒司馬吉翰爲徐州刺史：查吉翰於元嘉七年（430）十二月由司徒司馬爲司州刺史，實未上任，明年復爲司徒司馬，故此處仍稱以司徒司馬爲徐州刺史。事見本書卷六五《吉翰傳》。

閏月庚子，詔曰："自頃農桑惰業，遊食者衆，荒萊不闢，督課無聞。一時水旱，便有罄匱，苟不深存務本，[1]豐給靡因。郡守賦政方畿，縣宰親民之主，宜思獎訓，導以良規。咸使肆力，地無遺利，耕蠶樹藝，各盡其力。若有力田殊衆，歲竟條名列上。”揚州旱。乙巳，遣侍御史省獄訟，[2]申調役。丙午，以左軍諮議參軍劉道產爲雍州刺史。

[1]苟不深存務本：各本並脱“苟”字，中華本據《元龜》卷一九八補。

[2]侍御史：官名。西漢爲御史大夫屬官，入侍禁中蘭臺，給事殿中，員十五人。東漢爲御史臺屬官。宋置侍御史十人，除分曹治事外，亦奉命監國、督察巡視州郡、收捕犯罪官吏、宣示詔命等。七品。

秋八月甲辰，臨川王義慶解尚書僕射。[1]丁未，割豫州秦郡屬南兗州。[2]

[1]臨川王義慶解尚書僕射：丁福林《校議》云：“上文記義慶於元嘉六年四月爲尚書左僕射，又考本書《宗室傳》載義慶‘六年，加尚書左僕射……’則義慶時所解應爲左僕射，此處於‘僕射’前佚‘左’一字。”

[2]割豫州秦郡屬南兗州：《輿地表》元嘉八年：“始割江淮間爲南兗州境，治廣陵（今江蘇揚州市），統廣陵、山陽、海陵、盱眙及豫州之秦郡（今江蘇南京市六合區）。”

冬十二月，罷湘州還并荆州。

九年春三月庚戌，衛將軍王弘進位太保，[1]加中書監。丁巳，征南大將軍、江州刺史檀道濟進位司空。

［1］太保：官名。地位尊崇，無職掌，作爲贈官，用以安置元老勳舊大臣。一品。

夏四月乙亥，以護軍將軍殷穆爲特進、右光禄大夫，建昌縣公到彦之爲護軍將軍。

五月壬申，中書監、録尚書事、衛將軍、揚州刺史王弘薨。

六月甲戌，以左軍諮議參軍申宣爲青州刺史。分青州置冀州。[1]戊寅，司徒、南徐州刺史彭城王義康改領揚州刺史。己卯，以司徒參軍崔諲爲冀州刺史。[2]壬午，以吐谷渾慕容延爲平東將軍，[3]吐谷渾拾虔爲平北將軍，[4]吐谷渾輝伐爲鎮軍將軍。[5]癸未，詔曰：“益、梁、交、廣，境域幽遐，治宜物情，或多偏擁。可更遣大使，巡求民瘼。”置積射、强弩將軍官。[6]乙未，以征西將軍、沙州刺史吐谷渾慕容瑣爲征西大將軍、西秦河二州刺史、隴西王。北秦州刺史氐楊難當加號征西將軍。壬寅，以撫軍將軍、荆州刺史江夏王義恭爲征北將軍、開府儀同三司、南兖州刺史，前將軍臨川王義慶爲平西將軍、荆州刺史，南兖州刺史竟陵王義宣爲中書監、中軍將軍，征虜將軍衡陽王義季爲南徐州刺史。

［1］分青州置冀州：《輿地表》元嘉九年：“割青州西部置冀州郡縣，領廣川、平原、清和、樂陵四郡。”冀州，治所在今山東濟南市歷城區。

［2］崔諲：人名。清河東武城（今河北清河縣）人，以將吏爲劉裕所知，宋初任振威將軍、東萊太守，少帝時鎮壓過亡命司馬靈

期、司馬順之暴動。文帝時任司徒參軍。

〔3〕慕容延：人名。一稱慕延或慕利延，慕璝之弟。事見本書卷九六《鮮卑吐谷渾傳》。 平東將軍：官名。四平將軍之一，權任較重，多持節都督或監某一地區軍事，有時亦作爲刺史等地方官兼理軍務的加官。三品。

〔4〕拾虔：人名。鮮卑吐谷渾領袖樹洛干之子，拾寅之兄。事見本書《鮮卑吐谷渾傳》。 平北將軍：官名。四平將軍之一，職任與平東將軍同。

〔5〕吐谷渾輝伐爲鎮軍將軍：各本脫“谷”字，中華本據前後文補。輝伐，一作“煒伐”，《魏書》作“緯伐”，鮮卑吐谷渾領袖阿犲之子，餘事不詳。

〔6〕積射：官名。即積射將軍。領積射營，轄二千五百人，擔當宿衛。五品。 強弩將軍：官名。弩營長官，任皇帝侍衛。五品。

秋七月戊辰，以尚書王仲德爲鎮北將軍、徐州刺史。庚午，以領軍將軍殷景仁爲尚書僕射，太子詹事劉湛爲領軍將軍。[1]壬申，河南國、河西王遣使獻方物。[2]

〔1〕太子詹事：官名。總領東宮官屬，職掌庶務，輔翊太子，可參預朝政。三品。 劉湛：人名。字弘仁，南陽涅陽（今河南鄧州市東）人。本書卷六九有傳。

〔2〕河西王：各本均作“西河王”，中華本據本書卷四《少帝紀》及卷九八《胡大且渠蒙遜傳》改。

九月，[1]妖賊趙廣寇益州，[2]陷没郡縣，州府討平之。

　[1]九月：丁福林《校議》據本書卷四五《劉道濟傳》及《通鑑》卷一二二考證，“此誤書元嘉十年九月事於九年九月。”

　[2]妖賊：對趙廣軍的蔑稱。趙廣軍因推道士程道養爲蜀王，故有是稱。　趙廣：人名。元嘉九年（432）至十四年（437）益州人民反抗宋政權的領袖。趙廣軍發展至十餘萬人，攻占廣漢（今四川射洪縣）、涪城（今四川綿陽市）等地，並兩次圍攻成都，失敗後被殺。

　　冬十一月壬子，以少府甄法崇爲益州刺史。[1]癸丑，於廣州立宋康郡。[2]

　[1]少府：官名。漢代爲九卿之一，職掌皇室財政，魏晋以後職權分散，實際祇管宮廷日常生活用品的供應，宮廷手工業生産及財寶保管等雜務。三品。　甄法崇：人名。甄法護之弟，中山無極人，宋初曾任江陵令。本書卷七八《蕭思話傳》言其於“元嘉十年，自少府爲益州刺史”，與此不同。《南史》卷七〇有傳。

　[2]宋康郡：治所在今廣東陽江市西。

　　十二月甲戌，以右軍參軍李秀之爲交州刺史。[1]庚寅，立第五皇子紹爲廬陵王，[2]江夏王義恭子朗爲南豐縣王。[3]

　[1]李秀之：人名。其事不詳。

　[2]紹：人名。即劉紹。字休胤。廬陵王義真無子，以劉紹繼嗣襲爵。本書卷六一有附傳。　廬陵王：王爵名。王國在今江西吉水縣。

　[3]朗：人名。即劉朗。字元明。本書卷六一有附傳。　南豐縣王：王爵名。王國在今江西廣昌縣。

十年春正月甲寅，竟陵王義宣改封南譙王。[1]鎮北將軍、徐州刺史王仲德加領兗州刺史，淮南太守段宏爲青州刺史。[2]己未，大赦天下。孤老、六疾不能自存者，[3]人賜穀五斛。後將軍、豫州刺史長沙王義欣進號鎮軍將軍。

[1]南譙王：王爵名。王國在今安徽巢湖市居巢區東南。
[2]段宏：人名。鮮卑人，原爲南燕慕容超尚書左僕射、徐州刺史。劉裕伐廣固，歸降，成爲宋一員猛將，卒後追封左將軍。
[3]孤老：孤獨無依的老人。

夏四月戊戌，青州刺史段宏加冀州刺史。封陽縣侯蕭思話爲梁、南秦二州刺史。
五月，林邑王遣使獻方物。
六月乙亥，以前青州刺史韋朗爲廣州刺史。闍婆州訶羅單國遣使獻方物。
秋七月戊戌，曲赦益、梁、秦三州。於益州立宋寧、宋興二郡。[1]

[1]宋寧、宋興二郡：《輿地表》元嘉十年：“免建平營立宋興郡，免吳營立宋寧郡，並寄治成都。”

八月丁丑，於青州立太原郡。[1]辛巳，護軍將軍到彥之卒。

[1]太原郡：《輿地表》元嘉十年：“割青州濟南及兗州、泰山

二郡界地，立太原郡。”

冬十一月，氐楊難當寇漢川。丁未，梁州刺史甄法護棄城走，難當據有梁州。

十一年春正月，亡命馬大玄群黨數百人寇泰山，[1]州郡討平之。

[1]亡命：指脱離户籍而逃亡的人。　馬大玄：人名。本書僅此一見，《通鑑》《建康實録》未載，其事不詳。　泰山：據中華本考證，除三朝本外，弘治本、北監本、毛本、殿本、局本均作“秦梁”。

二月癸酉，以交阯太守李耽之爲交州刺史。[1]

[1]交阯：郡名。治所在今越南北寧省仙遊縣東，也是交州治所所在地。　李耽之：人名。曾任員外散騎常侍，於元嘉三年（426）出巡廣州，餘事不詳。

夏四月，梁、秦二州刺史蕭思話破氐楊難當，[1]梁州平。

五月丁卯，曲赦梁、南秦二州劍閣北。戊寅，以大沮渠茂虔爲征西大將軍、涼州刺史。[2]是月，京邑大水。

[1]梁、秦二州刺史蕭思話：丁福林《校議》據本書卷七八《蕭思話傳》考證“梁、秦二州”乃“梁、南秦二州”之誤，“梁”後“秦”前必佚“南”字，應據補。
[2]沮渠茂虔：人名。沮渠，複姓，原爲匈奴官名，後以官爲

姓。茂虔，沮渠蒙遜之三子，蒙遜卒，被推爲主。事見本書卷九八《胡大且渠蒙遜傳》。王利器纂輯《越縵堂讀書簡端記》："慈按：《晉書》《宋書》俱作'茂虔'，《十六國春秋》《通鑑》俱作'牧犍'，以羌胡名義判之，當從'牧犍'爲正，'茂虔'乃音之轉，《魏書》亦作'牧犍'。" 征西大將軍：官名。將軍名號，位在四征將軍之上，多授予統兵出鎮在外的都督數州諸軍事者。二品。

六月丁未，省魏郡。[1]

[1]省魏郡：《輿地表》元嘉十一年："省僑魏郡及諸縣，以其民併建康。"以此知其郡治原寄在建康。

是歲，林邑國、扶南國、訶羅單國遣使獻方物。
十二年春正月辛酉，大赦天下。辛未，車駕親祠南郊。癸酉，封黃龍國主馮弘爲燕王。[1]

[1]黃龍國主：宋對北燕國君的稱謂。因其國都在龍城（亦稱黃龍城、和龍城，今遼寧朝陽市），故有此稱。 馮弘：人名。字文通，信都（今河北冀州市）人，北燕王馮跋之弟。跋死，弘殺跋子翼自立。即位六年遭北魏進攻，東奔高麗，二年後被殺。

夏四月乙酉，[1]尚書僕射殷景仁加中護軍。丙辰，詔曰："周宗以寧，實由多士，漢室之隆，亦資得人。朕寐寤樂賢，爲日已久，而則哲難階，[2]明揚莫效。[3]用令遺才在野，管庫虛朝，[4]永懷前載，慚德深矣。夫舉爾所知，宣尼之篤訓，[5]貢士任官，先代之成准。[6]便可宣敕内外，各有薦舉。當依方銓引，[7]以觀厥用。"是夜，京都地震。

[1]四月乙酉：是月丁亥朔，無乙酉。中華本考證："'乙酉'
或是'己酉'之訛。"己酉爲四月二十三日。丁福林《校議》據
《建康實録》考證，"乙酉"乃"乙巳"之誤。

[2]則哲難階：知人不易做到。則哲，典出《尚書·皋陶謨》：
"知人則哲。"難階，難以達到。

[3]明揚莫效：選拔不到人才。明揚，明察薦舉。

[4]管庫虛朝：朝廷中没有才幹之士。《南史》卷二六《馬樞
傳》："貴爵位者以巢、由（巢父、許由，古隱士）爲桎梏，愛山
林者以伊、吕（伊尹、吕尚，古賢臣）爲管庫。"管庫本屬小吏，
有貶義，此處反其義而用之，泛指有才幹之士。

[5]宣尼：漢平帝追謚孔子爲褒成宣尼公，故"宣尼"遂成爲
孔子的代稱。

[6]成准：已確立的準則。

[7]依方銓引：依照常規選拔、薦引人才。

六月，丹陽、淮南、吴興、義興大水，[1]京邑乘船。
己酉，以徐豫南兗三州、會稽宣城二郡米數百萬斛賜五
郡遭水民。[2]是月，斷酒。師子國遣使獻方物。

[1]淮南：郡名。治所在今安徽當塗縣。　吴興：郡名。治所
在今浙江湖州市南下菰城。　義興：郡名。治所在今江蘇宜興市。

[2]會稽：郡名。治所在今浙江紹興市。　宣城：郡名。治所
在今安徽宣城市宣州區。丁福林《校議》云："上文記四郡遭水災
而以米賜'五郡遭水民'，顯誤。考本書《五行志四》云：'元嘉
十二年六月，丹陽、淮南、吴、吴興、義興五郡大水，京邑乘
船。'……此於'淮南'後佚'吴'字，'吴吴興'相連續，故涉

下而俟。”

秋七月乙酉，[1]闍婆婆達國、扶南國並遣使獻方物。

[1]七月乙酉：是月丙辰朔，乙酉爲七月三十日。中華本誤以該月爲庚戌朔，推算該月無乙酉，故據《南史》改爲辛酉，誤。

八月壬申，[1]於益州立南晉壽、南新巴、北巴西三郡。[2]乙亥，原遭水郡諸逋負。

[1]八月壬申：是月丙戌朔，無壬申，亦無下文之乙亥。

[2]於益州立南晉壽、南新巴、北巴西三郡：各本並作“於益州立南晉壽、新巴西三郡”。孫彪《考論》云：“據《州郡志》，是南晉壽、南新巴、北巴西三郡。”據改。按：此三郡均爲僑置。南晉壽在今四川彭州市西北，南新巴、北巴西二郡均在劍閣縣以南地區。

九月，蜀郡賊張尋爲寇。[1]

[1]張尋：人名。曾與趙廣一起參加反宋鬥爭，後降宋，元嘉十六年以謀反罪被殺。

冬十一月，以右軍行參軍苟道覆爲交州刺史。[1]

[1]苟道覆：人名。其事不詳。

十三年春正月癸丑，上有疾，不朝會。

三月己未，司空、江州刺史檀道濟有罪伏誅。[1]庚申，大赦天下。以中軍將軍南譙王義宣爲鎮南將軍、江州刺史。[2]

[1]檀道濟有罪伏誅：實爲冤案。祇因道濟爲名將、掌軍權，文帝怕其奪帝位而殺之。

[2]鎮南將軍：官名。四鎮將軍之一。三品，持節都督出鎮方面者二品。

夏五月戊辰，鎮北將軍、徐兗二州刺史王仲德進號鎮北大將軍。[1]庚辰，以征北司馬王方俳爲兗州刺史。[2]

[1]鎮北大將軍：官名。職掌與鎮北將軍同。二品。

[2]王方俳：人名。太原祁人，王仲德侄，王元德子，襲父爵爲安復縣侯。歷官冀州刺史、驃騎司馬、驍騎將軍，曾隨王玄謨北伐，大敗而歸。本書其他各傳及《南史》均作"王方回"。　兗州：《輿地表》元嘉十三年："以兗州刺史治魯之鄒山（今山東鄒城市東南）。"

六月，高麗國、武都王遣使獻方物。[1]

[1]高麗國：古國名。亦稱高句麗。原爲中國東北一少數民族，後發展壯大，東晉後占遼寧南部及朝鮮北部地區，其王姓高氏。後被唐高宗所滅。　武都王：氐族領袖楊難當自封的爵號。事見本書卷九八《略陽清水氐楊氏傳》。

秋七月己未，零陵王太妃薨。[1]追崇爲晉皇后，葬以晉禮。

[1]零陵王太妃：即晉恭思褚皇后。名靈媛，河南陽翟（今河南禹州市）人，義興太守爽之女。初爲琅邪王妃，恭帝即位，立爲皇后。恭帝退位，宋封爲琅邪王妃。《晉書》卷三二有傳。

八月庚寅，尚書僕射、中護軍殷景仁改爲護軍將軍。

九月癸丑，立第二皇子濬爲始興王，[1]第三皇子駿爲武陵王。[2]

[1]濬：人名。即劉濬。二凶之一。本書卷九九有傳。　始興王：王爵名。王國在今廣東韶關市。

[2]駿：人名。即劉駿。宋孝武帝。本書卷六有紀。　武陵王：王爵名。王國在今湖南常德市。

十四年春正月辛卯，車駕親祠南郊，大赦天下。文武賜位一等；孤老、六疾不能自存者，人賜穀五斛。

二月壬子，以步兵校尉劉真道爲梁、南秦二州刺史。[1]

[1]步兵校尉：官名。皇帝侍衛武官，不領營兵，隸中領軍（領軍將軍），用以安置勳舊武臣。四品。　劉真道：人名。各本並作“劉道真”。張森楷《校勘記》云：“當作劉真道，見《劉懷肅傳》，下十八年亦作劉真道。”張說是，據改。

夏四月丁未，以輔國將軍周籍之爲益州刺史。[1]

〔1〕輔國將軍：官名。將軍名號。三品。

秋八月戊午，以尚書金部郎中徐森之爲交州刺史。[1]

〔1〕尚書金部郎中：官名。或稱金部郎，尚書省金部曹長官通稱。掌審核全國庫藏錢帛出納賑籍、錢幣鑄造及有關度量衡政令。六品。 徐森之：人名。其事不詳。

冬十二月辛酉，停賀雪。[1]河南國、河西王、訶羅單國並遣使獻方物。[2]

〔1〕賀雪：每年冬季下雪，説明瑞雪兆豐年，朝臣都要賦詩祝賀，稱爲賀雪。
〔2〕河西王：王爵名。各本並作“西河王”，中華本據本書卷四《少帝紀》及卷九八《胡大且渠蒙遜傳》改。

十五年春二月丁未，以平東將軍吐谷渾慕容延爲鎮西將軍、秦河二州刺史。[1]

〔1〕鎮西將軍、秦河二州刺史：丁福林《校議》云：“本書《鮮卑吐谷渾傳》、《通鑑》卷一二三皆作‘鎮西大將軍、西秦河二州刺史’。”應予更正。河，州名。十六國前涼置，治所在今甘肅臨夏市。

夏四月甲辰，燕王弘遣使獻方物。[1]立皇太子妃殷氏，[2]賜王公以下各有差。己巳，以倭國王珍爲安東將軍。[3]

[1]燕王弘：人名。即燕王慕容弘。"弘"各本並作"年"，中華本據《晋書·載記》改。

[2]皇太子妃殷氏：即劉劭妃。元凶即皇帝位後立爲皇后，劉劭被誅，殷氏賜死於廷尉。

[3]珍：人名。倭國王贊之弟，贊死立爲王。事見本書卷九七《倭國傳》。據我國和日本學術界考證，贊相當於應神、仁德、履中三天皇之一，珍（彌）可能是仁德、反正天皇之一。　安東將軍：官名。四安將軍之一，爲出鎮東方某一地區的軍事長官，或作州刺史兼理軍務的加官。三品。賜倭王者爲榮譽頭銜。

五月己丑，特進、右光禄大夫殷穆卒。辛卯，鎮北大將軍、徐州刺史王仲德卒。壬辰，以右衛將軍劉遵考爲徐、兖二州刺史。[1]

[1]右衛將軍：官名。禁軍主要統帥之一，多由皇帝親信擔任。四品。　兖：州名。元嘉十五年（438）治所由鄒山遷至彭城（今江蘇徐州市）。

秋七月辛未，地震。甲戌，以陳、南頓二郡太守徐循爲寧州刺史。[1]

[1]陳：郡名。治所在今河南淮陽縣。　南頓：郡名。治所在今河南項城市西南南頓鎮。　徐循：人名。其事不詳。　寧州：治所在今雲南曲靖市。

　　八月辛丑，以左衛將軍趙伯符爲徐、兖二州刺史。[1]甲寅，以始興内史陸徽爲廣州刺史。[2]丁巳，以兖州刺史王方俳爲青、冀二州刺史。[3]

　　[1]左衛將軍：官名。禁軍主要統帥之一，多由皇帝親信擔任。四品。　趙伯符：人名。字潤遠，下邳僮人，趙倫之之子。本書卷四六有附傳。
　　[2]内史：官名。晉武帝改王國相爲内史，掌管民政，職如郡太守。五品。　陸徽：人名。字休猷，吳郡吳人。本書卷九二有傳。
　　[3]冀：州名。僑置，治所在今山東濟南市歷城區。

　　是歲，武都王、河南國、高麗國、倭國、扶南國、林邑國並遣使獻方物。
　　十六年春正月戊寅，車駕於北郊閲武。庚寅，司徒、録尚書事、揚州刺史彭城王義康進位大將軍，[1]領司徒，餘如故。征北將軍、開府儀同三司、南兖州刺史江夏王義恭進位司空，刺史如故。特進、左光禄大夫王敬弘開府儀同三司。癸巳，復分荆州置湘州。

　　[1]大將軍：官名。不常設，或作爲贈官專授親貴重臣。一品。

　　二月己亥，以南徐州刺史衡陽王義季爲安西將軍、荆州刺史。丁未，以始興王濬爲湘州刺史。癸亥，割梁州之巴西梓潼南宕渠南漢中、南秦州之南安懷寧凡六郡，[1]屬益州。分長沙、江夏郡立巴陵郡，屬湘州。[2]

[1]巴西：郡名。西晋永嘉後僑置，與梓潼郡同治涪縣（今四川綿陽市東）。　南宕渠：郡名。治所在今四川南充市。　南漢中：郡名。治所在今陝西漢中市。　南安：洪頤煊《諸史考異》云："南安當作安固。"並舉本書卷五三《張茂度傳》、卷六五《吉翰傳》爲證。《輿地表》作"南安固"，治所在今四川嘉陵江支流林溪上游儀隴等縣一帶。　懷寧：郡名。本書《州郡志四》："寄治成都。"

[2]分長沙、江夏郡立巴陵郡，屬湘州：《輿地表》元嘉十六年："分長沙東北之巴陵、蒲圻、下雋及江夏之沙陽立巴陵郡，屬湘州。"據《輿地表》可知是分長沙郡之三縣和分江夏郡之一縣而建立巴陵郡。故長沙與江夏郡之間應有頓號斷開，中華本此處有誤。江夏郡，治所在今湖北武漢市武昌區。巴陵郡，治所在今湖南岳陽市。

夏四月丁巳，以鎮南將軍、江州刺史南譙王義宣爲征北將軍、南徐州刺史。平西將軍臨川王義慶爲衛將軍、江州刺史。[1]

[1]平西將軍：官名。四平將軍之一，多兼任鎮守地區的刺史，統管軍政事務。三品。

六月己酉，隴西吐谷渾慕容延改封河南王。[1]癸丑，以吐谷渾拾寅爲平西將軍，[2]吐谷渾繁暄爲撫軍將軍。[3]

[1]隴西吐谷渾慕容延改封河南王：丁福林《校議》云："考慕延籍非隴西，乃遼東也，此觀本書《鮮卑吐谷渾傳》自知。則此云'隴西吐谷渾慕延'者恐非是。考《南史·宋本紀》載今夏六月己酉，'改封隴西王吐谷渾慕延爲河南王'，《通鑑》卷一二三

同。慕延之封隴西王，在元嘉十五年二月……此於‘隴西’後佚‘王’字。”

[2]拾寅：人名。吐谷渾領袖隴西王慕容瓖之侄。事見本書卷九六《鮮卑吐谷渾傳》。

[3]繁暱：人名。吐谷渾領袖慕容延之庶長子。事見本書《鮮卑吐谷渾傳》。

秋八月庚子，立第四皇子鑠爲南平王。[1]

[1]鑠：人名。即劉鑠。字休玄。本書卷七二有傳。　南平王：王爵名。王國在今湖北公安縣。

閏月乙未，鎮軍將軍、豫州刺史長沙王義欣薨。戊戌，復分豫州之淮南爲南豫州。癸卯，以左衛將軍劉遵考爲豫州刺史。戊申，以湘州刺史始興王濬爲南豫州刺史，武陵王駿爲湘州刺史。

冬十二月乙亥，皇太子冠，[1]大赦天下。

[1]皇太子冠：太子劉劭舉行加冠禮，表示已成年。時劉劭外傳年十三歲，實爲十五歲。因文帝即位之年即生劉劭，時文帝正在守喪期間，故秘之。至元嘉三年閏正月“方云劭生”。事見本書卷九九《劉劭傳》。

是歲，武都王、河南王、林邑國、高麗國並遣使獻方物。

十七年夏四月戊午朔，日有蝕之。

五月癸巳，領軍將軍劉湛母憂去職。

秋七月壬寅，以征虜諮議參軍杜驥爲青州刺史。[1]壬子，皇后袁氏崩。[2]

[1]征虜諮議參軍：官名。征虜將軍府幕僚，職掌不定，位在列曹參軍上。　杜驥：人名。字度世，京兆杜陵（今陝西西安市長安區）人，杜預四世孫。本書卷六五有傳。

[2]皇后袁氏：即文帝袁皇后。名齊嬀，陳郡陽夏人。死後謚元皇后。本書卷四一有傳。

八月，徐、兖、青、冀四州大水，己未，遣使檢行賑恤。

九月壬子，葬元皇后於長寧陵。[1]

[1]長寧陵：即文帝劉義隆之陵，在今江蘇南京市東北鍾山。

冬十月戊午，前丹陽尹劉湛有罪，及同黨伏誅。大赦天下，文武賜爵一級。[1]以大將軍、領司徒、録尚書、揚州刺史彭城王義康爲江州刺史，大將軍如故。以司空、南兖州刺史江夏王義恭爲司徒、録尚書事。戊寅，衛將軍臨川王義慶以本號爲南兖州刺史，尚書僕射、護軍將軍殷景仁爲揚州刺史，僕射如故。

[1]文武賜爵一級：在文武官員原有爵位的基礎上，再贈賜一級爵位。

十一月丙戌，以尚書劉義融爲領軍將軍，[1]秘書監徐湛之爲中護軍。[2]丁亥，詔曰：“前所給揚、南徐二州百姓田糧種子，兗、兩豫、青、徐諸州比年所寬租穀應督入者，悉除半。今年有不收處，[3]都原之。凡諸逋債，優量申減。又州郡估稅，所在市調，多有煩刻。山澤之利，猶或禁斷；役召之品，遂及稚弱。諸如此比，傷治害民。自今咸依法令，務盡優允。如有不便，即依事別言，不得苟趣一時，以乖隱恤之旨。主者明加宣下，稱朕意焉。」癸丑，尚書僕射、揚州刺史殷景仁卒。

[1]尚書：官名。分管尚書省諸曹，爲八座之一，可參加朝廷重大議案的討論，但無決定權。三品。　劉義融：人名。劉道憐第三子，劉義慶之弟。本書卷五一有附傳。

[2]秘書監：官名。秘書省長官，掌圖書經籍，領著作省。三品。　徐湛之：人名。字孝源，東海郯（今山東郯城縣）人，劉裕外孫。本書卷七一有傳。

[3]今年有不收處：「年」各本作「半」，中華本據《元龜》卷四八九改。

十二月癸亥，以光禄大夫王球爲尚書僕射。[1]戊辰，以南豫州刺史始興王濬爲揚州刺史，湘州刺史武陵王駿爲南豫州刺史，南平王鑠爲湘州刺史。

[1]王球：人名。字倩玉，琅邪臨沂人。本書卷五八有傳。各本作「王琳」，中華本據《南史》《通鑑》改。洪頤煊《諸史考異》云：「王球作王琳，是傳寫之訛。」

是歲，武都王、河南王、百濟國遣使獻方物。
十八年春二月乙卯，以豫章太守庾登之爲江州刺史。[1]

[1]豫章：郡名。治所在今江西南昌市。　庾登之：人名。字元龍，潁川陽陵（今河南許昌市）人。本書卷五三有傳。

夏五月壬午，[1]衛將軍南兗州刺史臨川王義慶、征北將軍南徐州刺史南譙王義宣並開府儀同三司。癸巳，於交州置宋熙郡。[2]是月，沔水泛溢。

[1]五月壬午：據中華本考證，“壬午”各本作“壬申”，局本作“壬午”。按：是月壬午朔，無壬申，今從局本。
[2]宋熙郡：治所在今廣東高要市東南。

六月戊辰，遣使巡行賑贍。辛未，領軍將軍劉義融卒。

秋七月戊戌，以徐、兗二州刺史趙伯符爲領軍將軍。

冬十月辛亥，以巴東、建平二郡太守臧質爲徐、兗二州刺史。[1]乙卯，省南徐州之南燕、濮陽、南廣平郡。[2]

[1]巴東：郡名。治所在今重慶奉節縣東。　建平：郡名。治所在今重慶巫山縣。　臧質：人名。字含文，東莞莒（今山東莒縣）人。本書卷七四有傳。
[2]南燕、濮陽、南廣平：此三郡均爲僑置郡，其治所均在晉陵之武進（今江蘇丹陽市東）等縣。錢大昕《考異》：“案：《州郡志》南徐州有南濮陽郡，不言何時省併，與紀不相應。志又不載南

燕郡僑立本末。考《晉書・謝玄傳》云：'都督徐兗青三州、揚州之晉陵、幽州之燕國諸軍事。'燕國與晉陵連文，疑即僑立於晉陵界。"

十一月戊子，尚書僕射王球卒。己亥，以丹陽尹孟顗爲尚書僕射。[1]

[1]孟顗：人名。字彦重，平昌安丘（今山東安丘市）人，孟昶之弟。起家東陽太守，歷官吳郡、會稽、丹陽三郡太守、侍中、僕射、太子詹事，復爲會稽太守，卒於官，贈右光禄大夫。

氐楊難當又寇漢川。十二月癸亥，遣龍驤將軍裴方明與梁、秦二州刺史劉真道討之。[1]是月，[2]晉寧太守爨松子反叛，[3]寧州刺史徐循討平之。[4]

[1]龍驤將軍：官名。將軍名號，魏晉時始設，地位較高。三品。 裴方明：人名。河東（今山西夏縣）人，曾爲劉道濟振武中兵參軍，因征蜀之功，升潁川、南平昌太守，在征仇池時，因貪贓下獄死。
[2]是月：各本並作"十二月"，中華本因上文已有十二月，不當重出，故改爲"是月"。
[3]晉寧：郡名。治所在今雲南晉寧縣昆陽鎮。 爨松子：人名。蠻族領袖，其事不詳。
[4]徐循：人名。其事不詳。

是歲，肅特國、高麗國、蘇靡黎國、林邑國並遣使獻方物。[1]

[1]蕭特國：本書、《南史》均一見，今地不詳。《建康實録》作"蕭慎"。又本書卷六《孝武帝紀》於大明三年十一月己巳有"蕭慎國重譯獻楛矢、石砮"的記載。蕭慎爲中國東北地區的古國。蕭特疑爲"蕭慎"之誤。　蘇靡黎國：即《佛國記》中的多摩黎帝國，《西域記》作"耽摩栗底國"，其地在印度加爾哥達城西南，今稱塔姆魯克。

十九年正月乙巳，詔曰："夫所因者本，聖哲之遠教；本立化成，敩學之爲貴。[1]故詔以三德，[2]崇以四術，[3]用能納諸義方，致之軌度。盛王聖世，[4]咸必由之。永初受命，[5]憲章弘遠，將陶鈞庶品，[6]混一殊風，有詔典司，大啓庠序，而頻邁屯夷，[7]未及修建。永瞻前猷，[8]思敷鴻烈。[9]今方隅乂寧，戎夏慕嚮，廣訓胄子，[10]實維時務。便可式遵成規，闡揚景業。"[11]

[1]敩（xiào）學之爲貴：教導學習是最重要的。

[2]三德：三種品德。古籍所指不一。《周禮·地官·師氏》："以三德教國子：一曰至德，以道爲本；二曰敏德，以爲行本；三曰孝德，以知逆惡。"《尚書·洪範》以正直、剛克、柔克爲三德。《國語·晋語四》以禮賓、親親、善善爲三德。

[3]四術：詩、書、禮、樂合稱四術。《禮記·王制》："樂正崇四術，立四教，順先王，詩、書、禮、樂以造士。春秋教以禮樂，冬夏教以詩書。"

[4]盛王聖世："聖"各本並作"祖"，中華本據《元龜》卷一九四改。

[5]永初受命：指劉裕代晋建宋稱帝。永初，宋武帝劉裕年號（420—422）。

[6]陶鈞庶品：造就人才。陶鈞，亦作"陶均"。原爲製造陶

器的陶輪，引申爲治國之道，或喻爲陶冶、造就。庶品，借指衆物、萬物，或指衆官、百官。此處引申爲人才。

［7］頻邁屯夷：屢遭危難。屯夷爲偏義詞，指艱難、困厄。屯，艱難困頓。夷，平坦。

［8］永瞻前猷：長遠瞻望先王的謀劃。

［9］思敷鴻烈：思念施行偉大的功業。

［10］廣訓胄子：廣泛訓育貴族子弟。胄子，皇室貴族的嫡長子。此處泛指貴族官僚子弟，也指國子學生。

［11］闡揚景業：弘揚大業。

夏四月甲戌，以久疾愈，始奉礿祠，^[1]大赦天下。

［1］礿（yuè）祠：古代祭祀名。《禮記·王制》："天子諸侯宗廟之祭，春曰礿，夏曰禘，秋曰嘗，冬曰烝。"鄭玄注："此蓋夏殷之祭名，周則改之，春曰祠，夏曰礿。"宋用周制。"礿"各本並作"初"，中華本據《元龜》卷二〇七改。

五月庚寅，梁秦二州刺史劉真道、龍驤將軍裴方明破氐楊難當，仇池平。^[1]

［1］"五月庚寅"至"仇池平"：丁福林《校議》據《魏書》卷四下《世祖紀下》、本書卷九八《略陽清水氏楊氏傳》考證，認爲裴方明破氐楊難當在元嘉十九年閏五月。與此條所記不同。

閏月，京邑雨水，丁巳，遣使巡行賑恤。
六月壬午，以大沮渠無諱爲征西大將軍、涼州刺史。^[1]

[1]沮渠無諱：人名。北凉沮渠茂虔之弟，盧水胡人。北魏拓跋燾攻凉州，茂虔被俘，無諱據酒泉繼續反抗。酒泉失守後，無諱向西發展，占據鄯善、高昌，直至病死。事見本書卷九八《胡大且渠蒙遜傳》。

秋七月，以梁、秦二州刺史劉真道爲雍州刺史，龍驤將軍裴方明爲梁、南秦二州刺史。甲戌晦，日有蝕之。

冬十月甲申，芮芮國遣使獻方物。[1]己亥，以晋寧太守周萬歲爲寧州刺史。[2]

[1]芮芮國：即柔然，北朝稱爲蠕蠕。本爲東胡族一支，南北朝時國勢强大，西魏時爲突厥所滅。

[2]周萬歲：人名。本書僅此一見，其事不詳。

十二月丙申，詔曰："胄子始集，學業方興。自微言泯絶，[1]逝將千祀，[2]感事思人，意有慨然。奉聖之胤，可速議繼襲。於先廟地，特爲營造，依舊給祠置令，四時饗祀。闕里往經寇亂，[3]黌校殘毁，[4]并下魯郡修復學舍，[5]採召生徒。昔之賢哲及一介之善，猶或衛其丘壟，禁其芻牧，況尼父德表生民，功被百代，而墳塋荒蕪，荆棘弗翦。可蠲墓側數户，以掌洒掃。"魯郡上民孔景等五户居近孔子墓側，[6]蠲其課役，供給洒掃，并種松栢六百株。

[1]微言泯絶：孔子所説的精深微妙的言辭泯滅斷絶。劉歆《移書讓太常博士》："及夫子没而微言絶。"

〔2〕逝將千祀：已過去將近一千年。

〔3〕闕里：孔子故里。在今山東曲阜市闕里街，因有兩石闕而得名。

〔4〕黌（hóng）校：學校。

〔5〕魯郡：治所在今山東曲阜市。

〔6〕上民：賢民。對孔子後代的尊稱。　孔景：人名。本書僅此一見，其事不詳。　孔子墓：在今山東曲阜市城北孔林內。

　　是歲，婆皇國遣使獻方物。[1]

〔1〕婆皇國：古國名。亦名嫛皇國，在今馬來西亞的馬來半島內的彭亨。

　　二十年春正月，於臺城東西開萬春、千秋二門。[1]

〔1〕臺城：禁城。爲禁省（中央機構）所在地，在今江蘇南京市雞鳴山南乾河沿北。

　　二月甲戌，江州刺史庾登之爲中護軍。庚申，[1]以廬陵王紹爲江州刺史。仇池爲索虜所没。甲申，車駕於白下閱武。[2]

〔1〕庚申：據中華本考證，是月壬申朔，無庚申。本文上有甲戌，爲初三日，下有甲申，爲十三日，在甲戌、甲申之間有庚辰（初九），疑“庚申”爲“庚辰”之訛。

〔2〕白下：地名。在今江蘇南京市。

　　三月辛亥，安西將軍、荆州刺史衡陽王義季進號征西大將軍。以巴西、梓潼二郡太守申坦爲梁、南秦二州刺史。[1]

[1]申坦：人名。魏郡魏人。其父申永在劉裕平南燕時歸順，歷任青、兗二州刺史。申坦亦歷任太守、刺史，後以討元凶劉劭功，任太子右衛率、寧朔將軍、徐州刺史，以病卒。本書卷六五有附傳。

夏四月甲午，立第六皇子誕爲廣陵王。[1]

[1]誕：人名。即劉誕。字休文，後改封竟陵王。本書卷七九有傳。　廣陵王：王爵名。王國在今江蘇揚州市西北蜀崗上。

五月癸丑，中護軍庾登之卒。

秋七月癸丑，以楊文德爲征西將軍、北秦州刺史，封武都王。[1]辛酉，以南蠻校尉蕭思話爲雍州刺史。甲子，前雍州刺史劉真道、梁南秦二州刺史裴方明有罪，下獄死。

[1]楊文德：人名。氐族領袖楊難當之侄。楊難當反宋進攻漢中，被擊敗後投奔北魏。魏主拓跋燾攻占仇池，氐人起兵，擁立楊文德爲主，歸順南朝宋，故封文德爲武都王。後北魏反攻，文德戰敗歸宋，死於宋。事見本書卷九八《略陽清水氏楊氏傳》。丁福林《校議》據《通鑑》卷一二四及本書《略陽清水氏楊氏傳》考證，認爲楊文德應爲征西大將軍，而非征西將軍。

八月癸未，以廷尉陶愍祖爲廣州刺史。[1]

[1]陶愍祖：人名。丹陽秣陵（今江蘇南京市）人，餘事
不詳。

冬十二月庚午，以始興内史檀和之爲交州刺史。[1]
壬午，詔曰："國以民爲本，民以食爲天。故一夫輟稼，
饑者必及。倉廩既實，禮節以興。自頃在所貧罄，家無
宿積。賦役暫偏，則人懷愁墊；[2]歲或不稔，而病乏比
室。誠由政德弗孚，[3]以臻斯弊；抑亦耕桑未廣，地利
多遺。宰守微化導之方，萌庶忘勤分之義。永言弘濟，
明發載懷。[4]雖制令亟下，終莫懲勸，而坐望滋殖，庸
可致乎。有司其班宣舊條，務盡敦課。遊食之徒，咸令
附業，考覈勤惰，行其誅賞，觀察能殿，嚴加黜陟。古
者躬耕帝籍，敬供粢盛，仰瞻前王，思遵令典。便可量
處千畝，[5]考卜元辰。[6]朕當親率百辟，致禮郊甸，庶幾
誠素，將被斯民。"[7]

[1]檀和之：人名。高平金鄉人，檀憑之之子，在交州功業顯
著，封雲杜縣子，後任太子左衛率。孝武帝時，因討元凶功，以爲
右衛將軍，後加散騎常侍，出爲南兗州刺史。

[2]愁墊：陷入愁苦深淵。墊，陷入、陷没。

[3]弗孚：不令人信服。弗，"不"的委婉之詞。直言曰不，
婉言曰弗。

[4]明發載懷：内心感激朝廷的恩德。陸機《思親賦》："存顧
復之遺志，感明發之所懷。"意爲懷念親恩，此處"明發"有孝思
之意，引申爲感激朝廷弘濟之恩。

[5]量處千畝：酌量安排籍田。千畝，古帝王爲表示重視農業

生產，於春耕時都要躬耕籍田千畝。實際是一種儀式。《國語·周語上》："王耕一墢，班三之，庶人終於千畝。""千畝"遂成爲籍田的代稱。

[6]考卜元辰：占卜確定良辰。元辰，吉祥的時間。

[7]庶幾誠素，將被斯民：希望以真誠的實意，來感動百姓。誠素，亦作"誠愫"。

是歲，河西國、高麗國、百濟國、倭國並遣使獻方物。

是歲，諸州郡水旱傷稼，民大饑。遣使開倉賑恤，給賜糧種。

二十一年春正月己亥，南徐、南豫州、揚州之浙江西，[1]並禁酒。大赦天下。諸逋債在十九年以前，一切原除。去歲失收者，疇量申減。尤弊之處，遣使就郡縣隨宜賑恤。凡欲附農，而種糧匱乏者，並加給貸。營千畝諸統司役人，[2]賜布各有差。戊午，衛將軍臨川王義慶薨。辛酉，以太子詹事劉義宗爲南兖州刺史。[3]

[1]南徐、南豫州、揚州之浙江西：各本同，據中華本考證，《南史》於"南徐"下有"南兖"二字。揚州之浙江西，指錢塘江以西諸郡縣。

[2]營千畝諸統司役人：指在籍田上由各機構管理的服役農民。

[3]劉義宗：人名。字伯奴，賜爵新喻男，後進爵爲侯。本書卷五一有附傳。

二月庚午，以領軍將軍趙伯符爲豫州刺史。己丑，司徒、錄尚書事江夏王義恭進位太尉，[1]領司徒。庚寅，

以右衛將軍沈演之爲中領軍。[2]辛卯，立第七皇子宏爲
建平王。[3]甲午，以廣陵王誕爲南兗州刺史。

[1]太尉：官名。東漢位列三公之首，魏晉時爲名譽宰相，無
職掌。一品。東晉末年劉裕任太尉則有實權。

[2]沈演之：人名。字臺眞，吳興武康（今浙江德清縣）人。
本書卷六三有傳。

[3]宏：人名。即劉宏。字休度。本書卷七二有傳。　建平王：
王爵名。王國在今重慶巫山縣。

夏四月，晉陵延陵民徐耕以米千斛助恤饑民。[1]

[1]晉陵：郡名。治所在今江蘇常州市。　延陵：縣名。治所
在今江蘇丹陽市西延陵鎮。　徐耕：人名。其事不詳。

五月壬戌，以尚書何尚之爲中護軍，諮議參軍劉道
錫爲廣州刺史。[1]

[1]劉道錫：人名。彭城呂人，劉道産之弟。本書卷六五有
附傳。

六月，連雨水。丁亥，詔曰：“霖雨彌日，水潦爲
患，百姓積儉，易致乏匱。二縣官長及營署部司，各隨
統檢實，給其柴米，必使周悉。”
秋七月丁酉，揚州刺史始興王濬加中軍將軍，南豫
州刺史武陵王駿加撫軍將軍。[1]乙巳，詔曰：“比年穀稼
傷損，淫亢成災，亦由播殖之宜，尚有未盡。南徐、

兗、豫及揚州浙江西屬郡，自今悉督種麥，以助闕乏。速運彭城下邳郡見種，[2]委刺史貸給。徐、豫土多稻田，而民間專務陸作，可符二鎮，[3]履行舊陂，相率修立，并課墾闢，使及來年。凡諸州郡，皆令盡勤地利，勸導播殖，蠶桑麻紵，各盡其方，不得但奉行公文而已。”

[1]武陵王駿：“駿”各本作“贊”，三朝本作“諱”。據中華本考證，時劉駿爲武陵王，劉贊爲宋明帝第九子，後亦封爲武陵王，時尚未生，故改作“駿”。

[2]彭城下邳郡：即徐州下邳郡，時徐州治在彭城，故稱。下邳郡，治所在今江蘇睢寧縣西北古邳鎮東。 見（xiàn）種：現有種子。

[3]可符二鎮：要傳遞符書給徐、豫二州。符，符書，政府下達的文件。

八月戊辰，征西大將軍、荆州刺史衡陽王義季爲征北大將軍、開府儀同三司、南兗州刺史，征北將軍、南徐州刺史南譙王義宣爲車騎將軍、荆州刺史。[1]南兗州刺史廣陵王誕爲南徐州刺史。

[1]南徐州刺史：各本並脱“南”字，中華本據本書卷六八《南郡王義宣傳》補。

九月甲辰，以大沮渠安周爲征西將軍、涼州刺史，封河西王。

冬十月己卯，以左軍將軍徐瓊爲兗州刺史，[1]大將軍參軍申恬爲冀州刺史。

[1]徐瓊：人名。曾任豫州刺史劉粹司馬，餘事不詳。

二十二年春正月辛卯朔，改用御史中丞何承天《元嘉新曆》。[1]壬辰，撫軍將軍、南豫州刺史武陵王駿改爲雍州刺史，湘州刺史南平王鑠爲南豫州刺史。

[1]御史中丞：官名。西漢時爲御史大夫的副手，東漢時爲御史臺長官，掌監察、執法，爲“三獨坐”之一。南朝時稱南司，其職責頗重，但士族多不樂任此職。四品。　何承天：人名。東海郯人，著名天文學家。本書卷六四有傳。　《元嘉新曆》：元嘉以前的各種曆書均把冬至定在赤道斗二十一度，《元嘉新曆》認爲冬至日在赤道斗十七度。但《元嘉新曆》仍不够精密，導致日月方位、行星出没、冬至夏至時間不够準確的原因，在於何承天雖然承認歲差，但没有把歲差應用於曆法的制定，故爲以後的《大明曆》所代替。

二月辛巳，[1]以侍中王僧朗爲湘州刺史。[2]甲戌，立第八皇子禕爲東海王，[3]第九皇子昶爲義陽王。[4]

[1]二月辛巳：是月辛酉朔，辛巳爲二月二十一日，下文之甲戌爲二月十四日，此處把辛巳記在甲戌之前，頗難理解，疑“辛巳”爲“辛未”之訛。辛未爲二月十一日。

[2]王僧朗：人名。琅邪臨沂人，王景文之父。文帝時官至侍中，湘州刺史，孝武帝時任尚書左僕射，明帝時以后父爲特進、左光禄大夫，卒賜元公。事見本書卷八五《王景文傳》。

[3]禕：人名。即劉禕。字休秀。本書卷七九有傳。　東海王：王爵名。王國在今山東蒼山縣南。

[4]昶：人名。即劉昶。字休道。本書卷七二有傳。　義陽王：王爵名。王國在今河南信陽市。

夏六月辛亥，以南豫州刺史南平王鑠爲豫州刺史。

秋七月己未，以尚書僕射孟顗爲尚書左僕射，中護軍何尚之爲尚書右僕射。雍州刺史武陵王駿討緣沔蠻，[1]移一萬四千餘口於京師。乙酉，征北大將軍、南兗州刺史衡陽王義季改爲徐州刺史。

[1]緣沔蠻：沿著沔水（漢水）流域居住的蠻族。

九月己未，[1]開酒禁。

[1]九月己未：據中華本考證，各本並作“乙未”，局本作“己未”。按：是月丁巳朔，無乙未，初三爲己未，今從局本。

冬十月，起湖熟廢田千頃。[1]

[1]湖熟：縣名。治所在今江蘇南京市江寧區東南湖熟鎮。廢田：本書《州郡志一》：“湖熟令，漢舊縣。吳省爲典農都尉。”按：此廢田即吳典農都尉所墾辟的屯田，後荒廢。

十二月乙未，太子詹事范曄謀反，[1]及黨與皆伏誅。丁酉，免大將軍彭城王義康爲庶人。庚戌，以前豫州刺史趙伯符爲護軍將軍。

[1]太子詹事范曄謀反：對范曄謀反事史學界有三種不同意見：

一是王鳴盛、陳澧認爲范曄没有"謀反"（參見王鳴盛《十七史商榷》卷六一《范蔚宗以謀反誅》、陳澧《陳澧集·申范》）。二是束世澂認爲范曄甥謝綜與孔熙先謀反，范曄知情不舉，稱爲"謀反"也不算冤枉，但范曄謀反是爲穩定政權的一次政變醞釀，有進步意義（參見束世澂《范曄與後漢書》，《歷史教學》1961 年第 2 期）。三是陳光崇認爲，范曄對謀立劉義康爲帝一事，知情不舉是事實，但説范曄是"謀首"，是官僚之間的傾陷。並認爲立劉義康爲帝很難説有什麼進步意義（參見陳光崇《論范曄之死》，《史學史資料》，1980 年第 1 期）。

二十三年春正月丁巳，以長沙內史陸徽爲益州刺史。庚申，尚書左僕射孟顗去職。遷漢川流民於沔次。[1]

[1]漢川：各本均作"漢州"，按：時無"漢州"，中華本據《元龜》卷四八六改。　沔次：沔水附近。次，近旁，旁邊。

二月癸卯，以左衛將軍劉義賓爲南兗州刺史。[1]

[1]劉義賓：人名。劉道憐之子。本書卷五一有附傳。

三月，索虜寇兗、豫、青、冀，刺史申恬破之。[1]

[1]索虜寇兗、豫、青、冀，刺史申恬破之：此句中華本標點爲"索虜寇兗、豫，青、冀刺史申恬破之。"丁福林《校議》據本書卷五《文帝紀》、卷六五《杜驥傳》《申恬傳》考證："北魏南侵時，青州刺史爲杜驥，冀州刺史爲申恬……今標點以青冀二州刺史皆歸之申恬，非也。"故據標點本《通鑑》改正。

夏四月丁未，大赦天下。

六月癸未朔，日有蝕之。交州刺史檀和之伐林邑國，剋之。[1]

[1]"六月癸未朔"至"剋之"：丁福林《校議》云："《通鑑》卷一二四記上事在是年五月。《考異》云：'《本紀》在六月，《傳》在五月，當是六月賞檀和之等。今從《傳》。'"

秋七月辛未，以散騎常侍杜坦爲青州刺史。[1]

[1]杜坦：人名。京兆杜陵人，杜冀之兄。原居關中，劉裕北伐，隨軍南遷。歷任後軍將軍、龍驤將軍、青冀二州刺史。事見本書卷六五《杜冀傳》。

八月癸卯，揭陽赭賊攻建安郡，[1]燔燒城府。

[1]揭陽：嶺名。在今廣東揭陽市西北，地當閩、粵二省交界要隘。　赭賊：對揭陽暴動軍的蔑稱。可能是囚徒暴動，囚徒穿赭衣，故被稱爲赭賊。　建安郡：治所在今福建建甌市。

九月己卯，車駕幸國子學，策試諸生，答問凡五十九人。

冬十月戊子，詔曰："庠序興立累載，胄子肄業有成。近親策試，覩濟濟之美，緬想洙、泗，[1]永懷在昔。諸生答問，多可採覽。教授之官，並宜沾賚。"賜帛各有差。

[1]洙、泗：水名。即洙水和泗水。洙水源出今山東新泰市東北，泗水源於山東泗水縣東，二水在泗水縣北合流而下，至曲阜北又分流爲二水，洙水在北，泗水在南。孔子曾在洙泗間聚徒講學，因此洙泗成爲孔子講學的代稱。

十二月丁酉，以龍驤司馬蕭景憲爲交州刺史。[1]

[1]蕭景憲：人名。曾任安西參軍、交州司馬，並兩任行交州刺史，在交州頗有政績。

是歲，大有年。築北堤，立玄武湖，[1]築景陽山於華林園。[2]

[1]玄武湖：湖名。在江蘇南京市城東北玄武門外。古名桑泊，孫權定都建業，始引水入城成湖，並在此操練水軍，故稱練湖，宋元嘉時改稱玄武湖。

[2]華林園：又稱華林苑。在玄武湖南，爲皇家苑囿。中有景陽山，爲人造山。

二十四年春正月甲戌，大赦天下，文武賜位一等。繫囚降宥，諸逋負寬減各有差。孤老、六疾不能自存，人賜穀五斛。蠲建康、秣陵二縣今年田租之半。[1]

[1]建康：縣名。治所在今江蘇南京市。　秣陵：縣名。治所在今江蘇南京市中華門外故報恩寺附近。

三月壬申，護軍將軍趙伯符遷職。

夏五月甲戌，青州刺史杜坦加冀州刺史。

六月，京邑疫癘，丙戌，使郡縣及營署部司，普加履行，給以醫藥。是月，以貨貴，制大錢一當兩。[1]

[1]制大錢一當兩：這是江夏王劉義康提出來的讓大錢人爲的增值建議，左僕射何尚之反對，認爲“若今制遂行，富人貨貨自倍，貧者彌增其困，懼非所以欲均之意”。中領軍沈演之贊成，“謂若以大錢當兩，則國傳難朽之寶，家贏一倍之利”。説明“制大錢一當兩”，是對富人有利的舉措。

秋七月乙卯，以林邑所獲金銀寶物，班賚各有差。

八月乙未，征北大將軍、徐州刺史衡陽王義季薨。癸卯，以南兗州刺史劉義賓爲徐州刺史。

九月己未，以中領軍沈演之爲領軍將軍。辛未，以太子詹事徐湛之爲南兗州刺史。

冬十月壬午，豫章胡誕世反，[1]殺太守桓隆之，[2]前交州刺史檀和之南還至豫章，因討平之。壬辰，以建平王宏爲中護軍。

[1]胡誕世：人名。豫章南昌（今江西南昌市）人，胡藩第十六子。謀反的目的是立劉義康爲帝。

[2]桓隆之：人名。其事不詳。

十一月甲寅，立第十皇子渾爲汝陰王。[1]

[1]渾：人名。即劉渾。字休淵。本書卷七九有傳。　汝陰王：

王爵名。王國在今安徽阜陽市。

二十五年春正月戊辰，詔曰："比者冰雪經旬，薪
粒貴踊，貧弊之室，多有窘罄。[1]可檢行京邑二縣及營
署，賜以柴米。"

[1]窘罄：匱乏，窮盡。

二月庚寅，詔曰："安不忘虞，經世之所同；治兵
教戰，有國之恒典。故服訓明恥，然後少長知禁。頃戎
政雖修，而號令未審。[1]今宣武場始成，[2]便可剋日大習
衆軍。當因校獵，肆武講事。"
閏月己酉，大蒐于宣武場。[3]

[1]號令未審：號令不明。
[2]宣武場：練兵的場所。在玄武湖西，雞籠山北。
[3]大蒐：皇帝五年一次的軍事大檢閱。《公羊傳》桓公六年
何休注："故比年簡徒，謂之蒐；三年簡車，謂之大閱；五年大簡
車徒，謂之大蒐。"

三月庚辰，車駕校獵。
夏四月乙巳，新作閶闔、廣莫二門，[1]改先廣莫門
曰承明，開陽曰津陽。[2]乙卯，以撫軍將軍、雍州刺史
武陵王駿爲安北將軍、徐州刺史。癸亥，以右衛將軍蕭
思話爲雍州刺史。[3]

[1]閶闔：城門名。是臺城（苑城）的東南門。　廣莫：城門

名。是建康外城的北東門。

[2]承明：城門名。是建康外城的南東門。　津陽：城門名。是臺城（苑城）的北東門。

[3]右衛將軍：丁福林《校議》云："本書《蕭思話傳》作'左衛'。"

五月己卯，罷大錢當兩。

六月庚戌，零陵王司馬元瑜薨。[1]庚申，安北將軍、徐州刺史武陵王駿加兗州刺史。丙寅，車騎將軍、荊州刺史南譙王義宣進位司空。

[1]零陵王：王爵名。王國在今湖南永州市。　司馬元瑜：人名。晋恭帝司馬德文之子。晋恭帝被廢後，宋封其爲零陵王，德文死，元瑜襲封。

秋七月壬午，左光禄大夫王敬弘薨。[1]

[1]秋七月壬午，左光禄大夫王敬弘薨：丁福林《校議》云："《建康實録》卷一二亦記王敬弘於元嘉二十五年卒。而本書《王敬弘傳》則於二十三年後即云：'明年，薨於餘杭之舍亭山，時年八十八。'《南史·王裕之傳》亦云敬弘於二十四年卒，未知孰是。"

八月己酉，以撫軍參軍劉秀之爲梁、南秦二州刺史。甲子，立第十一皇子彧爲淮陽王。[1]

[1]彧：人名。即劉彧。後來的宋明帝。本書卷八有紀。　淮

陽王：王爵名。王國在今江蘇淮安市淮陰區西古泗水西岸。

九月辛未，以尚書右僕射何尚之爲尚書左僕射，領軍將軍沈演之遷職，吳興太守劉遵考爲領軍將軍。

二十六年春正月辛巳，車駕親祠南郊。

二月己亥，車駕陸道幸丹徒，謁京陵。

三月丁巳，[1]詔曰：“朕違北京，[2]二十餘載，雖云密邇，瞻塗莫從。今因四表無塵，[3]時和歲稔，復獲拜奉舊塋，展罔極之思，[4]饗讌故老，申追遠之懷。固以義兼於桑梓，[5]情加於過沛，[6]永言慷慨，感慰實深。宜聿宣仁惠，覃被率土。[7]其大赦天下。復丹徒縣僑舊今歲租布之半。行所經縣，蠲田租之半。二千石官長並勤勞王務，宜有沾錫。[8]登城三戰及大將戰亡墜没之家，老病單弱者，普加贍恤。遣使巡行百姓，問所疾苦。孤老、鰥寡、六疾不能自存者，人賜穀五斛。”遣使祭晉故司空忠肅公何無忌之墓。[9]乙丑，申南北沛下邳三郡復。[10]又詔曰：“京口肇祥自古，著符近代，衿帶江山，表裏華甸，[11]經塗四達，[12]利盡淮、海，城邑高明，[13]土風淳壹，苞總形勝，[14]實唯名都。故能光宅靈心，[15]克昌帝業。頃年岳牧遷回，軍民徙散，廛里廬宇，不逮往日。皇基舊鄉，地兼蕃重，[16]宜令殷阜，式崇形望。[17]可募諸州樂移者數千家，給以田宅，并蠲復。”

[1]三月丁巳：是月丁卯朔，無丁巳，下文之乙丑也不在三月內。據中華本考證：“四月丙申朔，二十二日丁巳，三十日乙丑。”丁福林《校議》認爲：“《建康實錄》卷一二載上事在二月，今考

是月丁巳爲二十一日，乙丑爲二十九日。"録此以備一説。

[2]北京：即京口（今江蘇鎮江市），又稱京鎮。劉裕起家之地，因在建康北，故稱北京。

[3]四表無塵：天下無有戰事。四表，四方極遠的地方，泛指天下。無塵，無征塵，無戰爭。

[4]罔極之思：無窮的懷念。罔極，《漢書》卷五六《董仲舒傳》："施之罔極。"顔師古注："罔亦無也。極，盡也。"

[5]桑梓：《詩·小雅·小弁》："維桑與梓，必恭敬止。"朱熹《集傳》："桑、梓二木，古者五畝之宅，樹之墻下，以遺子孫給蠶食具器用者也。"桑梓父母所植，故"桑梓"有故鄉或故鄉父老之意。

[6]情加於過沛：感情超過劉邦到沛縣的探望。過，探望，前來拜訪。

[7]覃（tán）被率土：普遍施及國家所轄的地方。率土，"率土之濱"的省略。《詩·小雅·北山》："率土之濱，莫非王臣。"《爾雅》："遹、遵、率、循、由、從，自也。"自土之濱者，舉外以包内，猶言四海之内。

[8]沾錫：賞賜。沾，受益、沾光。錫，賜予。《詩·大雅·崧高》："王錫申伯。"鄭玄《箋》："王乃賜申伯。"

[9]忠肅公：諡號。按《諡法》："危身奉上曰忠。""剛德克就曰肅。""執心決斷曰肅。"　何無忌：人名。東海郯人。東晉末桓玄篡位，與劉裕共同起兵討桓玄，因功封安城郡開國公。後被盧循戰敗，厲聲説："取我蘇武節來。"執節督戰而死。《晉書》卷八五有傳。

[10]南北沛：二郡名。南沛郡治所在今安徽天長市西北梁鎮。北沛郡治所在今安徽蕭縣西北。

[11]表裏華甸：山河險阻精華薈萃之地。表裏，即"表裏山河"之省。《左傳》僖公二十八年："表裏山河，必無害也。"杜預注："晉國外河而内山。"後遂以"表裏山河"喻爲山河險阻的形

勢。華甸，精華薈萃之地。喻指首都、中原或中國。此指京口。

[12]經塗四達：道路四通八達。經塗，亦作"經途"。南北向
的道，此處泛指道路、交通。

[13]城邑高明：城市建築高而爽亮。高明，《禮記·月令》：
"可以居高明，可以遠眺望。"鄭玄注："高明謂樓觀也。"此處泛
指城市高爽。

[14]苞總形勝：包含了所有形勝。苞，同"包"。

[15]光宅靈心：賦有高尚的心意。《尚書·堯典》序"光宅天
下。"曾運乾《正讀》："光，猶廣也。宅，宅而有之也。"靈心，
對帝王心意的贊美之辭。

[16]蕃（fān）重：蕃屏重地。蕃，同"藩"。藩屏，捍衛。

[17]式崇形望：以示尊崇著名勝地。形望，著名的地理區域。

　　五月丙寅，詔曰："吾生於此城。及盧循肆亂，[1]害
流茲境。先帝以桑梓根本，實同休戚，復以蒙稚，猥同
艱難，情義繾綣，[2]夷險兼備，舊物遺蹤，猶存心目。[3]
歲月不居，逝踰三紀，時人故老，與運零落。眷惟既
往，倍深感嘆。可搜訪于時士庶文武今尚存者，具以名
聞。人身已亡而子孫見在，優量賜賚之。"車駕水路發
丹徒，壬午，至京師。丙戌，婆皇國，壬辰，婆達
國，[4]並遣使獻方物。

[1]盧循：人名。字于先，小名元龍，范陽（今河北涿州市）
人，盧湛之曾孫。與孫恩共同舉兵反晉。孫恩死後，代爲領袖，一
度占領廣州，後爲劉裕所鎮壓。《晉書》卷一〇〇有傳。

[2]繾綣：纏綿。形容感情深厚。

[3]猶存心目：還記在心中。心目，心和眼睛，泛指記憶。

　［4］婆達國：古國名。亦稱叢婆婆達。在今印度尼西亞爪哇島，或指蘇門達臘島。

　　秋七月辛未，以江州刺史廬陵王紹爲南徐州刺史，廣陵王誕爲雍州刺史。

　　八月己酉，以中護軍建平王宏爲江州刺史。癸丑，以南豐王朗爲湘州刺史。

　　冬十月，廣陵王誕改封隨郡王。[1]甲辰，以中軍將軍、揚州刺史始興王濬爲征北將軍、開府儀同三司、南徐兖二州刺史，南徐州刺史廬陵王紹爲揚州刺史。

　［1］隨郡王：王爵名。王國在今湖北隨州市。

　　二十七年春正月辛未，制交、寧二州假板郡縣，[1]俸禄聽依臺除。[2]辛卯，百濟國遣使獻方物。

　［1］制交、寧二州假板郡縣：皇帝命令交、寧二州刺史可以權宜任命郡守、縣令。制，皇帝的命令。《史記》卷六《秦始皇本紀》：皇帝“命爲制，令爲詔”。假板，官制用語。亦作“假版”。朝廷給予某地方官權宜任命下級官吏的權力。
　［2］臺除：中央政府給予。

　　二月辛丑，右將軍、豫州刺史南平王鑠進號平西將軍。辛亥，[1]索虜寇汝南諸郡，陳南頓二郡太守鄭琨、汝陽潁川二郡太守郭道隱委守走。[2]索虜攻懸瓠城，[3]行汝南郡事陳憲拒之。[4]以軍興減百官俸三分之一。[5]

[1]辛亥：各本並作"辛巳"，中華本據《通鑑考異》改。

[2]鄭琨：人名。滎陽開封人，曾任宣威將軍兼陳、南頓太守。孝武帝時任編帥，參與平定劉義宣之亂，後任高平太守。　南頓：郡名。治所在今河南項城市西南。　郭道隱：人名。時任綏遠將軍兼汝陽、潁川二郡太守，餘事不詳。

[3]懸瓠城：城名。一作"壺城"。即今河南汝南縣城。

[4]汝南郡：治所在今河南汝南縣。　陳憲：人名。時陳憲本官爲右軍行參軍。此次陳憲守城堅決，立下大功，戰後受到宋文帝的詔令嘉獎，提升爲龍驤將軍，汝南、新蔡二郡太守。事見本書卷九五《索虜傳》。

[5]軍興：有三義：征集財物以供軍用；軍事行動的開始；戰時的法令。此處用第一義。

三月乙丑，淮南太守諸葛闡求減俸祿同內百官，於是州及郡縣丞尉並悉同減。戊寅，罷國子學。乙酉，以新除吏部尚書蕭思話爲護軍將軍。

夏四月壬子，安北將軍、徐兗二州刺史武陵王駿降號鎮軍將軍。[1]

[1]安北將軍、徐兗二州刺史武陵王駿降號鎮軍將軍：錢大昕《考異》："案：《孝武紀》亦云'坐汝陽戰敗，降號鎮軍'。及以《百官志》證之，則中、鎮、撫三號比四鎮，班在四安、四平之上。由安北改鎮軍，乃是敘遷，非左降也。至次年降號北中郎將，乃爲真降耳。"武陵王駿，據中華本考證："'駿'宋本作'譁'，三朝本、北監本、毛本、殿本作'贊'，今據《孝武帝紀》訂正。"鎮軍將軍，官名。主要爲中央軍職，但亦可出任地方軍政長官兼理民政。三品。

六月丁酉，侍中蕭斌爲青、冀二州刺史。[1]

[1]蕭斌：人名。南蘭陵人，蕭思話族弟。歷官南蠻校尉、侍中、輔國將軍、青冀二州刺史，曾鎮壓過司馬順則之亂。事見本書卷七八附傳。

秋七月庚午，遣寧朔將軍王玄謨北伐。[1]太尉江夏王義恭出次彭城，總統諸軍。乙亥，索虜碻磝戍委城走。

[1]寧朔將軍：官名。幽州地區的軍事長官，兼管烏桓事。四品。　王玄謨：人名。字彥德，太原祁人。本書卷七六有傳。

冬閏月癸亥，玄謨攻滑臺，不克，爲虜所敗，退還碻磝。辛未，雍州刺史隨王誕遣軍攻弘農城，[1]克之。丙戌，又克關城。[2]

[1]弘農：郡名。治所在今河南靈寶市。
[2]關城：即函谷關城，在今河南靈寶市東北。

十一月戊子，索虜陷鄒山，[1]魯、陽平二郡太守崔邪利没。[2]甲午，隨王誕所遣軍又攻陝城，[3]克之。癸卯，左軍將軍劉康祖於壽陽尉武戍與虜戰，[4]敗，見殺。丁未，大赦天下。

[1]鄒山：山名。即鄒嶧山，在今山東鄒城市。
[2]陽平：郡名。治所在今山東滕州市。　崔邪利：人名。清

河東武城人。魏軍至陽平，崔邪利即藏於穴中，被魏俘獲，投降後官至中書，死於北魏。

[3]陝城：地名。在今河南三門峽市。

[4]劉康祖：人名。彭城呂人。本書卷五〇有傳。　壽陽尉武戍：軍事要塞名。也稱尉武亭。在今安徽壽縣西。　與虜戰：與北魏庫仁真之軍作戰。

十二月戊午，内外纂嚴。[1]乙丑，冗從僕射胡崇之、太子積弩將軍臧澄之、建威將軍毛熙祚於盱眙與虜戰，[2]敗，並見殺。庚午，虜僞主率大衆至瓜步。[3]壬午，内外戒嚴。

[1]内外纂嚴：全國軍隊嚴裝戒備。

[2]冗從僕射：官名。負責宮禁侍衛，無營兵，屬領軍將軍。五品。　胡崇之：人名。亦名胡宗之。曾任崇武將軍，參與鎮壓謝晦之亂，後任龍驤將軍、秦州刺史，討伐楊難當時，爲魏軍所敗。此次與魏軍戰於盱眙，被殺。　太子積弩將軍：官名。本書《百官志》、卷五五《臧燾傳》作“太子左積弩將軍”，爲東宮侍從武官。臧澄之：人名。東莞莒人，臧燾之孫。事見本書《臧燾傳》。建威將軍：官名。五威將軍之一，領兵。四品。　毛熙祚：人名。滎陽陽武（今河南原陽縣）人，毛德祖之侄。　盱眙：地名。在今江蘇盱眙縣。

[3]虜僞主：對北魏太武帝拓跋燾的蔑稱。《魏書》卷四有紀。本書卷九五《索虜傳》亦載其事。　瓜步：地名。在今江蘇南京市六合區。

二十八年春正月丙戌朔，以寇逼不朝會。丁亥，索虜自瓜步退走。丁酉，攻圍盱眙城。是月，寧朔將軍王玄謨自碻磝退還歷下。[1]

[1]歷下：地名。在今山東濟南市歷下區。

二月丙辰，索虜自盱眙奔走。癸酉，詔曰："玁狁孔熾，[1]難及數州，眷言念之，[2]鑒昧興悼。[3]凶羯痍挫，[4]迸跡遠奔，彤傷之民，宜時振理。凡遭寇賊郡縣，令還復居業，封屍掩骼，賑贍饑流。東作方始，[5]務盡勸課。貸給之宜，事從優厚。其流寓江、淮者，並聽即屬，并蠲復稅調。"甲戌，太尉、領司徒江夏王義恭降爲驃騎將軍、開府儀同三司。辛巳，鎮軍將軍、徐兗二州刺史武陵王駿降號北中郎將。壬午，車駕幸瓜步，是日解嚴。

[1]玁（xiǎn）狁（yǔn）孔熾：語出《詩·小雅·六月》。玁狁，古族名。亦作"獫狁"。北狄、匈奴的古稱。此處代指鮮卑北魏。

[2]眷言念之：回想這件事。眷，回顧。

[3]鑒昧：亦作"鑒寐"。和衣而卧，輾轉難以入睡。

[4]凶羯痍挫：凶惡的羯人受到創傷和挫折。羯，古族名。匈奴的別部，五胡之一，曾建立過後趙政權。此處代指鮮卑北魏。

[5]東作方始：春耕正在開始。東作，春耕。《尚書·堯典》："寅賓出日，平秩東作。"孔傳："歲起於東。而始就耕，謂之東作。"

三月乙酉，車駕還宮。壬辰，征北將軍始興王濬解南兗州。庚子，以輔國將軍臧質爲雍州刺史。戊申，徐州刺史武陵王駿爲南兗州刺史。甲寅，護軍將軍蕭思話爲撫軍將軍、徐兗二州刺史。

夏四月癸酉，婆達國遣使獻方物。索虜僞寧南將軍魯爽、中書郎魯秀歸順。[1]戊寅，以爽爲司州刺史。

[1]寧南將軍：北魏官名。武職，領兵將軍。　魯爽：人名。小字女生，扶風郿（今陝西眉縣）人。本書卷七四有傳。　中書郎：北魏官名。草擬詔書，監察百官，品位不高，權任很重。　魯秀：人名。魯爽之七弟，小字天念。事見本書卷七四《魯爽傳》。

五月乙酉，亡命司馬順則自號齊王，[1]據梁鄒城。[2]丁巳，[3]婆皇國，戊戌，河南王，並遣使獻方物。己巳，[4]驃騎將軍江夏王義恭領南兗州刺史。戊申，以尚書左僕射何尚之爲尚書令，太子詹事徐湛之爲尚書僕射、護軍將軍。壬子，以後將軍隨王誕爲安南將軍、廣州刺史。

[1]司馬順則：人名。暴動首領，餘事不詳。　齊王：司馬順則自封的爵號，無實土。

[2]梁鄒城：城名。在今山東鄒平縣。

[3]丁巳：是月甲申朔，無丁巳，亦無下文之己巳，此二日干支有誤。

[4]己巳：丁福林《校議》云："元嘉二十八年五月甲申朔，無己巳日。考上出'戊戌'，爲十五日，下出'戊申'，爲二十五日，此'己巳'或'乙巳'之訛。"

六月壬戌，以北中郎將武陵王駿爲江州刺史，以振武將軍、秦郡太守劉興祖爲青、冀二州刺史。[1]

[1]秦郡：治所在今江蘇南京市六合區。　劉興祖：人名。彭城人，劉懷慎之子。歷官南康相、少府、青冀二州刺史，入齊後任寧蠻校尉，永明十一年（493）被王奐所害，死於獄中。

秋七月甲辰，安東將軍倭王倭濟進號安東大將軍。[1]

[1]倭王倭濟：日本古代帝王。據中日史學家考證，倭王倭濟是雄略、安康兩天皇之父允恭天皇（見沈仁安《倭五王遣使除授考》，《日本研究》1990 年第 4 期）。

八月癸亥，梁鄒平，斬司馬順則。

冬十月癸亥，高麗國遣使獻方物。

十一月壬寅，曲赦二兗、徐、豫、青、冀六州。是冬，徙彭城流民於瓜步，淮西流民於姑孰，[1]合萬許家。

[1]姑孰：地名。在今安徽當塗縣。

二十九年春正月甲午，詔曰：“經寇六州，居業未立，[1]仍值災潦，饑困荐臻。可速符諸鎮，[2]優量救恤。今農事行興，務盡地利。若須田種，隨宜給之。”

[1]居業未立：“立”各本並作“能”，中華本據《元龜》卷一九五改。

[2]速符諸鎮：趕快傳遞符書給各軍鎮。

二月庚申，虜帥拓跋燾死。庚午，[1]立第十二皇子休仁爲建安王。[2]

[1]庚午：各本並作“庚午”。中華本以爲是月庚戌朔，無庚午，故據《南史》改爲“戊午”。按：是月有庚午，爲二月二十一日，中華本誤改，今改回。

[2]休仁：人名。即劉休仁。本書卷七二有傳。 建安王：王爵名。王國在今福建建甌市南松溪南岸。

夏四月戊午，訶羅單國遣使獻方物。以驃騎參軍張永爲冀州刺史。[1]

[1]張永：人名。字景雲，吳郡吳人。本書卷五三有附傳。冀州：僑置，治所在今山東濟南市。

五月甲午，罷湘州并荆州。以始興、臨賀、始安三郡屬廣州。[1]丙申，詔曰：“惡稔身滅，[2]戎醜常數，虐虜窮凶，著於自昔。未勞資斧，已伏天誅，子孫相殘，親黨離貳，關、洛僞帥，並懷内款，[3]河朔遺民，注誠請效。拯溺蕩穢，今其會也。可符驃騎、司空二府，各部分所統，東西應接。歸義建績者，隨勞酬獎。”是月，京邑雨水。

[1]以始興、臨賀、始安三郡屬廣州：此三郡原屬湘州。臨賀，郡名。治所在今廣西賀州市八步區東南賀街。始安，郡名。治所在今廣西桂林市。

　　[2]惡稔身滅：惡貫滿盈，必定滅亡。按：此指北魏太武帝拓跋燾被殺害之事。

　　[3]内（nà）款：歸順，降附。内，古“納”字。

　　六月己酉，遣部司巡行，賜樵米，給船。撫軍將軍蕭思話率衆北伐。[1]以征北從事中郎劉瑀爲益州刺史。[2]

　　[1]“六月己酉”至“率衆北伐”：丁福林《校議》據《通鑑》卷一二六云，蕭思話北伐在五月，與此有異。

　　[2]征北從事中郎：官名。征北將軍府屬官，或主吏事，或分掌諸曹，或參謀議，地位較高。六品。　劉瑀：人名。字茂琳，劉穆之之孫。本書卷四二有附傳。

　　秋七月壬辰，汝陰王渾改封武昌王，[1]淮陽王彧改封湘東王。[2]丁酉，省大司農、太子僕、廷尉監官。[3]

　　[1]武昌王：王爵名。王國在今湖北鄂州鄂城區。
　　[2]湘東王：王爵名。王國在今湖南衡陽市。
　　[3]大司農：官名。漢爲九卿之一，掌管全國租賦和國家財政開支，東晋以後，國家財政歸尚書省主管，大司農所掌唯倉儲、園苑及供膳之庶務。三品。　太子僕：官名。太子詹事屬官，主管東宮車馬及太子親族。五品。　廷尉監：官名。助廷尉平決詔獄。六品。

　　八月丁卯，蕭思話攻碻磝，不拔，退還。
　　九月丁亥，以平西將軍吐谷渾拾寅爲安西將軍、秦河二州刺史。[1]己丑，撫軍將軍、徐兗二州刺史蕭思話加冀州刺史，兗州如故。[2]

[1]秦河二州：丁福林《校議》據《通鑑》卷一二六、本書卷
九六《鮮卑吐谷渾傳》、卷六《孝武帝紀》考證，認爲在“秦”字
之前佚一“西”字，應爲“西秦河二州刺史”。

[2]撫軍將軍、徐兗二州刺史蕭思話加冀州刺史，兗州如故：
此爲解除蕭思話的徐州刺史，保留兗州刺史，另加冀州刺史。按：
徐州爲實州，治彭城，爲美缺，冀州爲僑置州，治歷下，無實土，
以實州易僑州以示懲罰。故錢大昕《考異》曰：“是時冀州刺史張
永失律，思話爲統帥，亦當任咎，故解徐州，除冀州刺史代永，仍
兼領兗州也。紀所書未核。”

冬十月癸亥，司州刺史魯爽攻虎牢不拔，退還。

十一月壬寅，揚州刺史廬陵王紹薨。

十二月辛未，以驃騎將軍、南兗州刺史江夏王義恭
爲大將軍、南徐州刺史，錄尚書事如故。

三十年春正月戊寅，以司空、荆州刺史南譙王義宣
爲司徒、中軍將軍、揚州刺史。以南兗州并南徐州。庚
辰，以領軍將軍劉遵考爲平西將軍、豫州刺史。壬午，
以征北將軍、南徐州刺史始興王濬爲衛將軍、荆州刺
史。戊子，江州刺史武陵王駿統衆軍伐西陽蠻。[1]癸巳，
以豫州刺史南平王鑠爲撫軍將軍、領軍將軍。

青、徐州饑，二月壬子，遣運部賑恤。[2]

[1]西陽蠻：古民族名。居住在今河南光山縣一帶的少數民族。
[2]運部：官署名。宋置，有賑恤災民職能，餘事不詳。

甲子，上崩于含章殿。[1]時年四十七。謚曰景皇帝，[2]廟曰中宗。三月癸巳，葬長寧陵。世祖踐阼，[3]追改謚及廟號。[4]

[1]上崩于含章殿：宋文帝劉義隆實被太子劉劭的親信張超之刺殺於合殿中閣。事見本書卷九九《劉劭傳》。《南史》卷二《宋文帝紀》作"二月甲子，元凶劭構逆，帝崩于合殿"。

[2]景：按《謚法》："布義行剛曰景。""由義而濟曰景。"

[3]世祖：宋孝武帝劉駿廟號。

[4]追改謚及廟號：即改謚景帝爲文帝，改廟號中宗爲太祖。

史臣曰：[1]太祖幼年特秀，顧無保傅之嚴，[2]而天授和敏之姿，自稟君人之德。及正位南面，歷年長久，綱維備舉，[3]條禁明密，罰有恒科，爵無濫品。故能内清外晏，四海謐如也。[4]昔漢氏東京常稱建武、永平故事，[5]自兹厥後，亦每以元嘉爲言，斯固盛矣。授將遣帥，乖分閫之命，[6]才謝光武，[7]而遥制兵略，至於攻日戰時，莫不仰聽成旨。雖覆師喪旅，將非韓、白，[8]而延寇感境，[9]抑此之由。及至言漏衾衽，[10]難結商豎，[11]雖禍生非慮，[12]蓋亦有以而然也。嗚呼哀哉！

[1]史臣曰：本書作者沈約對宋文帝一生的評價。

[2]顧無保傅之嚴：没有太保、太傅的嚴格教導。顧，發語詞。保，太保，皇帝的師傅，位上公，用作贈官，名義尊崇，無職掌。一品。傅，太傅，品位尊榮與太保同。此處保傅非實指，乃泛指皇帝老師。

[3]綱維備舉：法制齊備。綱維，總綱和四維，借喻法度。備

舉，具備並實行。

[4]四海謐如：天下平靜。

[5]建武：漢光武帝劉秀年號（25—56）。　永平：漢明帝劉莊年號（58—75）。

[6]乖分閫之命：違反任命將帥的政令。分閫，出任將帥或封疆大吏。命，政令。《禮記·緇衣》：“《甫刑》曰：‘苗民匪用命。’”鄭玄注：“命，謂政令也。”

[7]才謝光武：才幹不如漢光武帝劉秀。光武，東漢開國皇帝劉秀的謐號。《後漢書》卷一有紀。

[8]韓：人名。即韓信。漢初名將，與蕭何、張良共稱漢初三傑。《史記》卷九二、《漢書》卷三四有傳。　白：人名。即白起。秦代名將，與王翦齊名。《史記》卷七三有傳。

[9]延寇：誘引敵寇。　感境：邊境形勢使人憂慮。各本均作“汭境”，據《南史》卷二《宋文帝紀》改。

[10]言漏衾衽：言語泄露於寢室之內。衾衽，被子和臥席。此指文帝欲廢太子劉劭、賜始興王劉濬死之事，泄露給濬母潘貴妃，潘妃又轉告其子濬，促使劭、濬合謀叛殺。事見本書卷九九《二凶傳》。

[11]難（nàn）結商豎：禍難聯結於商賈小人。此指嚴道育、王鸚鵡引發的禍難。商豎，是對嚴、王的蔑稱。四川帛氏奴趙廣結合商賈暴動反宋事件。

[12]雖禍生非慮，蓋亦有以而然也：禍患雖然產生於意料之外，但也有其必然的原因。意爲禍患是由文帝政治失誤引起的。